BEIJING
JINRONG
PINGLUN

北京金融评论

《北京金融评论》编辑部 编

2015年第4辑

中国金融出版社

责任编辑：张翠华
责任校对：孙　蕊
责任印制：丁淮宾

图书在版编目（CIP）数据

北京金融评论（Beijing Jinrong Pinglun）．2015年第4辑/《北京金融评论》
编辑部编．—北京：中国金融出版社，2016.1
ISBN 978 - 7 - 5049 - 8284 - 1

Ⅰ．①北… Ⅱ．①北… Ⅲ．①金融—文集 Ⅳ．①F83 - 53

中国版本图书馆 CIP 数据核字（2016）第 000798 号

出版
发行　　中国金融出版社

社址　北京市丰台区益泽路 2 号
市场开发部　（010）63266347，63805472，63439533（传真）
网上书店　http：//www. chinafph. com
　　　　　（010）63286832，63365686（传真）
读者服务部　（010）66070833，62568380
邮编　100071
经销　新华书店
印刷　北京市松源印刷有限公司
尺寸　185 毫米 ×260 毫米
印张　16. 25
字数　270 千
版次　2016 年 1 月第 1 版
印次　2016 年 1 月第 1 次印刷
定价　38. 00 元
ISBN 978 - 7 - 5049 - 8284 - 1/F. 7844
如出现印装错误本社负责调换　联系电话（010）63263947

学术委员会及编委会名单
Academic Committee and Editorial List

学术委员会

顾　　问：赵海宽　周叔莲　吴念鲁

委　　员：张健华　李稻葵　贾　康　何德旭
　　　　　谷克鉴　贺力平　吕　铁　王建新

编委会

主　　编：李　超

副 主 编：付喜国　严宝玉

执行主编：余　剑　李宏瑾

执行编委：吴逾峰　王极明

顾　　问：向世文　王建平　郭左践　单　强　姜再勇　贺同宝　杨　立
　　　　　郝敬华　王珍军　易映森　王建宏　余静波　杨书剑　果雪英
　　　　　王金山　冯贤国　刘安林　蔡志斌　吴玲会　崔炳文　郭党怀
　　　　　邱火发　杨　伟　马　琳　王晓龙　江友青　陈信健　杨　宾
　　　　　臧　炜　李洪林　毕　伟　吴　越　徐　明　汤银莲　章　平
　　　　　张佑君　杨梅英　刘永佶　叶春明

编　　委：肖　鹰　余　辉　孟彦君　李景欣　余国文　晁妍娟　宋效军
　　　　　刘彦雷　黄礼健　尹海峰　王学利　孙宏军　魏　杰　徐　强
　　　　　杨　鹏　张　华　樊　隽　光文兰　李牧羊　王新通　孙　霖
　　　　　张　轩　罗施毅　朱平平　杨国防　万金雷　焉琼跃　宋　勤
　　　　　蒋　虹　王玉杰　张国胜　孙衍琪　李建军　雷晓阳　董洪福
　　　　　林晓东　李玉秀　李海辉

前　言
Preface

　　2015年是全面深化改革推进之年，也是依法治国开局之年，重大金融改革举措渐次实施，步入新常态的一年尤为关键。

　　历史从来都是在直面问题中展开其波澜壮阔的画卷。当前，经济发展进入新常态，金融改革任务繁重，宏观政策面临挑战。在"破旧立新"的过程中，困难矛盾交织，新旧理念碰撞，我们再次站在变革和转型的十字路口上。

　　越是改革发展的关键时期，越是研究工作大有作为的时期。面对"新常态"给金融业带来的新情况、新变化，越需要坚持问题导向，以新的思维探索金融研究方向，以新的机制推动金融理论发展，以新的举措促进金融研究成果转化。面对错综复杂的形势挑战，越需要研究工作者脚踏实地，坚持理论联系实际，以开拓创新的进取精神、主动作为的工作状态、敢于啃硬骨头的勇气，开辟研究工作的新天地，以新的业绩成就新的梦想。

　　金融改革发展的丰富实践，既为金融研究注入了新的活力，拓展了广阔舞台，也给《北京金融评论》提出了更高的要求。2015年，我们将继续秉承"评论传播思想，思想指导实践"的理念，弘扬主旋律，凝聚正能量，传播新思想。为理论研究者提供路径，为政策制定者提供借鉴，为金融实践者提供平台。让观点在这里碰撞，思想在这里交流，理论在这里升华。而今迈步从头越，让我们用清醒的头脑，认清脚下的路；用辛勤的付出，收获希望的果实；用坚定的信念，共创美好的未来。

李超

目 录
Contents

1

工 作 交 流

风 险 管 理

金 融 服 务

分 析 研 究

高管论坛

区域金融合作与区域协同发展[①]

——以金融服务京津冀协同发展为例

付喜国[②]

摘要： 本文基于区域金融合作与区域协同发展相关理论，梳理了京津冀经济金融协同发展的有利条件，分析了当前金融服务京津冀协同发展面临的主要问题，提出金融服务京津冀协同发展，应以异地业务同城亿为目标，强化金融协同顶层设计，推进政策制度和金融产品服务创新。

关键词： 区域金融合作　区域协同发展　异地业务同城化

一、引言

区域金融是一个国家金融结构与运行在空间上的分布状态。随着经济金融一体化的加快，区域金融合作与区域协同发展日益受到广泛关注。但总体来看，国内外学者对区域金融发展与区域经济发展两者间关系的研究是相对零散的，没有形成独立的分析框架和相对完整的理论体系（支大林和于尚燕，2008）。其研究脉络起源于借鉴金融发展理论的观点，在经济增长模型中引入金融因素（Tobin，1955；Goldsmith，1969；McKinnon，1973；Shaw，1973 等），但金融发展理论只偏重于研究金融在国民经济系统内的运动，忽视了考察金融在地域间的运动问题，无法从根本上解释金融区域化现象。随着研究的深入，研究者开始利用空间和地理的视角考

---

① 本文获得北京市社会科学界联合会重点学术活动资助项目的资助，在此表示感谢。

② 作者简介：付喜国，中国人民银行营业管理部副主任。本文仅系作者学术思考，不代表所在单位意见。

察区域金融问题，形成金融地理学的主要研究方向，并衍生出信息腹地理论（Thrift，1985；Porteous，1995）、信息不对称理论（Gehrig，2000）、信息外在性理论（Davis，1990）和路径依赖理论（Arthur，1994）。

我国学者从地理学、金融学、区域经济学、产业经济学等不同视角对区域金融合作与区域协同发展也开展了广泛研究。张军洲（1995）首次对区域金融概念内涵要素进行了界定，并对区域经济发展与金融成长相关性、区域资金流动、区域融资机制构造、区域经济和金融运行特征及转轨过程中的区域金融动态进行了系统研究。殷得生和肖顺喜（2000）提出区域间的非同质性决定了金融资源的空间供给与需求的不对称性，从而决定了区域金融的存在，而且区域金融具有自身的成长、运动、传导与协调机制。刘仁伍（2003）以区域金融结构和金融发展的实证结果，肯定金融发展理论的积极成果，并弥补了金融发展理论在新型市场经济和转轨经济中应用的不足。张凤超和刘湛（2006）发展了区域金融合作中的"行政地域空间"和"金融地域空间观"，认为金融一体化是金融地域系统内部金融产业成长趋势的一般规律，是指通过金融核心扩散效应的发挥，促进金融腹地的金融产业成长状态逐渐改善，从而带动整个金融低于系统的金融资源配置效率最大化。

近年来，中央为优化国家经济发展空间布局，作出推动京津冀协同发展的重大决策部署。加快创新金融服务方式，加强区域金融合作，推动京津冀金融市场融合，促进金融要素有序流动，对实现京津冀协同发展具有重要意义。鉴于此，本文基于区域金融合作与区域协同发展相关理论，梳理京津冀经济金融协同发展的有利条件，分析了当前金融服务京津冀协同发展面临的主要问题，提出金融服务京津冀协同发展的相关建议。

二、京津冀经济金融协同发展具备良好条件

（一）京津冀经济总量较大，互补性强

京津冀地区以占全国2%的土地、8%的人口，创造了超过10%的经济总量。三地产业结构梯度明显，对接协作潜力巨大。2014年，京津冀三地三次产业结构分别为0.7:21.4:77.9、1.3:49.4:49.3和11.7:51.1:37.2。随着京津冀协同发展的不断推进，将更好地促进北京和天津两地人才、技术、信息等高端要素外溢，实现京津地区资源和环境压力的进一步疏解，提升区域整体协调发展水平；而河北省可利用环绕京津的地理区位，以及在资源禀赋、产业基础、消费市场、级差地租等方面的优势，积极承接产业转移和要素溢出，促进经济跨越式发展。

（二）京津冀金融总体规模较大，发育程度较好，合作空间大

2014年末，京津冀三地全部金融机构本外币存款余额16.9万亿元，占全国的12.1%；全部金融机构本外币贷款余额10.5万亿元，占全国的14.4%；三地社会融资规模总计22 873亿元，占全国的13.9%，为促进京津冀经济发展提供了坚实的资金基础。同时，在资金分布上，三地存在显著的不均衡，区域资金回报率和成本差异较大。2014年，北京市金融机构存贷差达46 445亿元；而河北省作为工业大省，不少企业仍面临资金匮乏的局面，对资金跨区域流动需求较大。随着三地协同发展的不断深化，市场主体对各类金融要素跨地区自由有序流动和合理高效配置，以及金融基础设施有效布局、金融市场加速融合、金融产品和服务创新等方面都提出了新的更高的要求，为进一步释放北京、天津金融业的产业竞争力、资本辐射力和创新引领力，促进河北积极承接京津金融产业转移和金融功能外溢，提升三地金融支持合力，创造了良好机遇。

三、金融服务京津冀协同发展面临的主要问题

（一）缺乏金融协同发展的总体规划，未形成区域金融整体布局和合力

基于京津、京冀签署的政府间合作框架协议，京津、京冀已分别签署了金融合作协议，在优化区域金融资源配置、加强科技金融创新合作、建立区域金融合作综合改革试验区等方面进行有益探索。2015年，作为顶层设计的《京津冀协同发展规划纲要》出台，为三地金融协同发展的进一步深化奠定了良好基础。但这些协议和规划在内容上，缺乏专门针对金融协同的顶层设计和权威协调机构，不利于京津冀金融协同发展过程中矛盾和分歧的有效解决，且使三地金融协同发展缺少整体统一的发展规划和行动指南。就目前来看，三地间不少金融合作还仅仅停留在规划设计阶段，金融合作的广度和深度有待进一步拓展；由于条块和行业分割，三地政府金融管理部门、金融监管部门在推动京津冀区域金融协同发展方面的信息交流和工作协作仍显不足，整体合力未能有待发挥；三地金融机构对金融协同发展的具体路径尚不明晰，在金融服务京津冀协同发展方面缺少有效的操作指引。

（二）金融市场相对分割，阻碍了金融要素跨区域快速有序流动

地方行政区划、财税体制、金融监管属地化等因素，导致三地金融市场相对分

割，区域金融功能定位模糊，金融组织结构趋同，金融资源存在重复配置，一定程度上阻碍了金融要素的快速流动，削弱了金融对区域经济发展的引领和推动作用。三地金融业跨区域协同联动依然有限，协同效率有待提升。

（三）融资类金融服务未完全有效对接，金融创新滞后于区域经济协同和产业优化升级

为有效助推京津冀协同发展，各商业银行总行、京津冀辖内分行都相应成立京津冀协同发展工作组，统筹推进协同发展相关工作；各行在三地的分支行之间也进一步加强区域对接和项目联动，围绕京津冀一体化的重点领域和重点行业，采取内部银团、供应链融资、集团授信等形式，为三地协同发展提供信贷支持；同时，创新结构融资方式，加强与信托、租赁、保险、理财等表外资金合理对接，满足京津冀地区多样化的融资需求。但目前仍有部分融资需求不能有效对接，资金支持渠道不畅。

一是在对公金融服务方面，部分项目因实施主体涉及政府融资平台客户，资金支持存在障碍。随着京津冀交通一体化、生态环境保护、产业升级转移等重点领域在京津冀协同发展中率先取得突破，高速公路、园区开发等基础设施项目融资需求较大，在当前 PPP 模式尚未大规模开展、融资平台企业未完全通过政府发债解决融资问题的背景下，其大量融资仍需依赖银行；且部分园区类项目大多涉及拆迁，也不适合采用 PPP 模式融资。但由于多数基础设施项目实施主体涉及政府融资平台客户，银行因无法及时有效掌握平台客户债务分类结果和分类原则，在金融支持方面存有顾虑。

二是在个人金融服务方面，京津冀三地房地产权属部门尚未实现信息共享，银行办理异地住房贷款业务时不易判断借款人持有房屋数量；河北省部分地区建委无法实现网上签约，贷款行无法及时了解项目实际销售情况，贷后管理工作较为困难；京津冀三地个人贷款抵押登记标准和流程存在差异，给银行提供金融服务带来一定难度。

（四）跨区域资金结算未完全实现同城化

对公结算方面，当前主要有电汇、网上银行和支票三种方式。其中，通过电汇和网上银行进行日常结算不受城市限制、方便快捷。金额 50 万元（含）以内的支票，可通过全国支票影像交换系统实现异地结算。50 万元以上的支票尚无法实现异地结算，但从当前支付结算工具使用偏好和业务发展实际看，随着经济发展和交易金额上升，支票结算数量和占比会逐年减少。因此，对公结算实现同城化的发展方

向不是建立投入大且效率低的三地支票交换机制，而应是大力推广网银和电汇交易，减少支票使用量，实现资金结算的快捷高效。

个人结算方面，目前客户通过ATM或柜台可办理异地转账、异地存取款、银行卡异地改密和挂失等业务；通过手机银行、网上银行转账可实现跨区域交易手续费减免。但由于成本原因，多数行暂时无法全面实现ATM及柜台异地转账、异地存取款手续费减免，而是按照地区号划分本异地账户，京津冀三地分行间、河北分行辖内各二级分行间使用各渠道进行资金划转均需收取异地结算手续费。多数行目前仅对部分高端客户提供手续费减免服务，只有部分中小银行已实现ATM及柜台异地转账、异地存取款免收手续费。

（五）城乡金融服务资源配置不均，农村基础金融服务相对薄弱

京津冀城乡基础金融服务配置不均衡，农村金融服务多样性不足，支付环境有待改善，真正贴合"三农"的产品服务创新力度不够，政策扶持力度有待加强。

四、金融服务京津冀协同发展的政策建议

金融服务京津冀协同发展，应以异地业务同城化为目标，从强化金融协同顶层设计、推进政策制度创新、加大金融产品服务创新力度三个方面着力（见图1）。

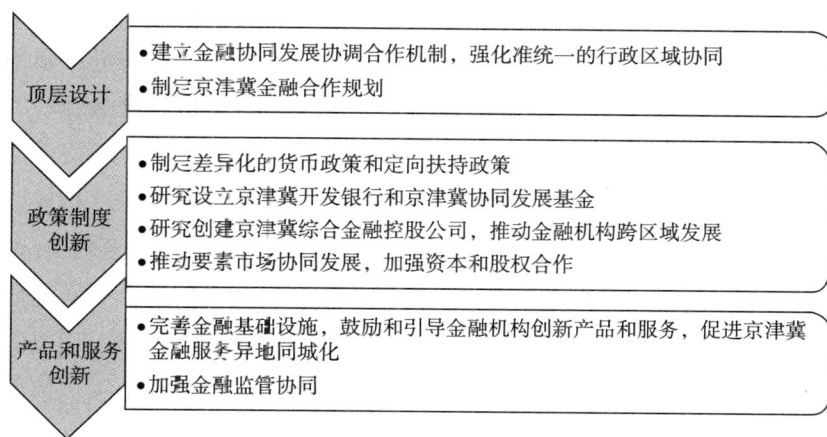

顶层设计
- 建立金融协同发展协调合作机制，强化准统一的行政区域协同
- 制定京津冀金融合作规划

政策制度创新
- 制定差异化的货币政策和定向扶持政策
- 研究设立京津冀开发银行和京津冀协同发展基金
- 研究创建京津冀综合金融控股公司，推动金融机构跨区域发展
- 推动要素市场协同发展，加强资本和股权合作

产品和服务创新
- 完善金融基础设施，鼓励和引导金融机构创新产品和服务，促进京津冀金融服务异地同城化
- 加强金融监管协同

图1　金融服务京津冀协同发展政策框架设计

在推动京津冀金融服务同城化的过程中，应坚持"实事求是、有所为有所不为"的原则，对于纯属思维定式和利益固化造成的制度藩篱，要勇于冲破自家"一亩三分地"的观念束缚，立足金融协同发展的大格局，密切配合，有序推进各类矛

盾和问题的解决；对于因金融产品和服务创新滞后导致的金融支持不足，要引导和鼓励金融机构加大产品和服务创新力度，更好地满足区域协同发展中多元化的金融服务需求，切实发挥金融支撑作用；但对于部分跨区域金融服务，如部分异地现金业务，考虑到风险和现实成本等因素，则不应刻意苛求同城化。

（一）强化协同发展顶层设计，建立京津冀金融协同发展协调合作机制

依托京津冀协同发展总体规划，建立三地金融协同发展协调合作机制，统筹制定覆盖整个京津冀区域的金融合作规划。由三地政府金融管理部门、金融监管部门联合成立区域金融协同发展总体协调机构，负责京津冀区域金融协同发展的总体规划设计、区域金融资源的协调整合与优化配置，及时协调和解决金融协同发展中相关重点难点问题，并进一步引导三地政银企之间的联动，搭建政银企对接平台，从战略高度共同推进区域金融一体化深入开展。研究制定符合京津冀协同发展要求的区域金融合作规划，明确三地在整个区域金融发展中的定位、目标和任务，确定时间表、路线图，落实责任分工。

（二）推进政策制度创新，优化区域金融资源配置

一是研究制定差异化的货币政策和定向扶持政策，支持京津冀协同发展的融资需求。建议参照服务小微企业、服务"三农"等信贷优惠政策，制定服务京津冀协同发展的金融扶持政策，在授信额度、利率、贷款条件等方面区别对待，综合运用差别存款准备金、再贷款、再贴现等货币政策工具，支持金融机构进一步增强服务京津冀协同发展的能力。同时，积极发挥债券市场功能，支持符合条件的创业投资企业、股权投资企业、产业投资基金发行企业债券，吸引和带动各类资金流向符合京津冀协同发展战略的重点领域和薄弱环节，拓宽市场化资金来源；指导中国银行间市场交易商协会，加快产品和服务方式创新，进一步拓宽三地企业债务融资渠道。

二是推动京津冀区域内金融机构有效布局，促进金融资源整合。研究创建京津冀综合金融控股公司，探索以股权为纽带，实现银行、证券、保险、信托、租赁、担保等机构有效融合；研究推动区域内城市商业银行、其他中小金融机构跨行政区设立分支机构；研究设立京津冀开发银行，并推动三省市按一定比例共同出资设立京津冀协同发展基金，重点支持回报期较长的基础设施及其他重大项目；鼓励北京、天津的高端金融资源向河北输出，进一步发挥辐射带动作用，提升整个京津冀地区的金融发展水平，推动京津冀协同发展。

三是促进要素市场协同合作。推动三地同类的要素市场相互挂牌，各有特色的要素市场加强资源聚集；依托2014年成立的"京津冀产权市场发展联盟"，在目前

已实现三地产权交易信息联网发布的基础上，进一步就资本和股权合作开展有益探索，积极发展统一完善的区域产权交易机制，通过共享区域产权交易所，进一步便利区域中小企业、高新技术企业开展产权交易及投融资活动。

（三）推进京津冀金融服务异地同城化，营造良好的区域金融生态环境

一是完善金融基础设施功能，推进京津冀支付清算、异地存储、信用担保业务同城化。探索建立京津冀一体化支付体系，大力推广网上银行和电汇交易，推动无纸化票据交换模式。鼓励和引导银行开发新系统或新产品，面向经常在京津冀地区流动的人员（如异地经商、异地务工和常住地与工作地分离等情况的人员）发行特殊功能的借记卡，给予结算费用减免，打通京津冀个人结算同城化"最后一公里"。推进农村支付服务环境改善，逐步消除城乡基础金融服务差异。支持天津、河北符合条件的县开展农村承包土地的经营权和农民住房财产权抵押贷款试点。推动区域信用体系建设，大力推进小微企业和农村信用体系建设；鼓励信用中介机构开展跨区域服务。统一京津冀地区抵押登记办理标准和流程，提高信贷支持效率。完善京津冀地区个人住房信息统一查询机制，为三地联合开展个人购房业务提供良好的信息基础。

二是完善金融监管协同，探索建立京津冀金融统计数据共享机制，加强跨地区金融风险和资金流动的监测，建立和完善区域金融稳定协调机制、反洗钱协调合作机制、金融监管协调机制，共同防范金融风险。

参考文献

［1］安虎森，彭桂娥．区域金融一体化战略研究——以京津冀为例［J］．天津社会科学，2008（16）：65－71.

［2］陈建华．京津冀一体化与金融合作［J］．中国金融，2014（3）：58－59.

［3］李文增．京津冀经济金融协同发展战略研究［J］．环渤海经济瞭望，2014（6）：3－5.

［4］刘仁武．区域金融结构和金融发展理论与实证研究［M］．北京：经济管理出版社，2002.

［5］王琰．京津冀区域金融协同发展的构想与建议［J］．华北金融，2014（7）：44－47.

［6］殷得生，肖顺喜．体制转轨中的区域金融研究［M］．上海：学林出版社，2000.

［7］张凤超，刘澄．"泛珠三角"区域金融合作机制研究［J］．经济纵横，

2006（7）：8－11.

[8] 张军洲.中国区域金融分析［M］.北京：中国经济出版社，1995.

[9] 支大林，于尚燕.区域金融理论与实证研究［M］.北京：商务印书馆，2008.

[10] Arthur, W. B. "Increasing Returns and Path Dependence in the Economy", University of Michigan Press, 1994.

[11] Davis, E. P. "International Financial Centers – An Industrial Analysis", Discussion Paper, Bank of England, 1990.

[12] Gehri, T. "Cities and Geography of Financial Centers", Cambridge University Press, 2000.

[13] Goldsmith, R. N. "Financial Structure and Development", Yale University Press, 1969.

[14] McKinnon, R. I. "Money and Capital in Economic Development", Brookings Institution, 1973.

[15] Porteous, D. J. "The Geography of Finance: Spatial Dimensions of Intermediary Behavior", Aldershot, Avebury, 1995.

[16] Shaw, E. "Financial Deepening in Economic Development", Oxford University Press, 1973.

[17] Thrift, N. J. "Files and Germs: a Geography of Knowledge", In D. Gregory and J. Urry, Social Relations and Spatial Structures, Macmilan, 1985 .

[18] Tobin, J. "A Dynamic Aggregative Modle" , Journal of Political Economy, 1955（53）：103－115.

京津冀区域金融生态环境建设研究[①]

文洪武[②]

摘要： 金融生态环境是整个经济社会生态系统的重要组成部分。对于京津冀协同发展中的三地而言，金融生态环境的改善是实现经济金融协调发展的关键所在。在此基础上，本文以金融生态理论为基础，分析了金融生态环境建设的重要意义，探寻三地金融生态环境发展中存在的突出问题，并对三地金融生态环境提出了优化建议和对策。

关键词： 京津冀　区域金融生态　对策　建议

一、概念界定与研究综述

从国外看，英国生态学家泰斯勒（1935）最早提出生态系统概念，并把在经济活动中逐渐形成的具有鲜明结构特征和功能特点的区域"秩序结构"称为区域金融生态。从国内看，乔海曙最早将金融与生态结合起来进行研究，而正式提出金融生态概念的是中国人民银行行长周小川，他指出法律环境会直接影响金融生态，金融生态是由法律制度环境、市场体系的完善程度、企业改革等因素构成的。徐若金最早将金融生态环境与金融生态区分开来阐述，认为金融生态是各个金融组织在长期的相互作用过程中，发挥一定作用的动态平衡系统。段福印、李方构建了城市金融生态评价指标体系，比较上海与北京、深圳金融生态情况的差异，提出了改善上海金融生态的政策建议。

---

① 本文为2015年度河北省社会科学发展研究课题《京津冀区域金融协同发展研究》（课题编号：2015020214）的阶段性成果。

② 作者简介：文洪武，中国人民银行石家庄中心支行副行长。本文仅代表个人观点，与所在单位无关。

基于以上理论，本文为金融生态环境作如下定义：金融生态环境是指各类金融主体与外部金融环境之间相互作用，互相影响形成的一个动态平衡系统。广义上的金融生态环境主要指金融运行的外部环境，包含政治、经济、文化、地理、人口等一切与金融业相互影响、相互作用的社会、自然因素的总和。狭义上的金融生态环境是指包括会计与审计准则、行政管理体制、法律制度环境、社会诚信状况、中介服务体系、企业的发展状况等方面的微观层面的金融环境。

二、区域金融生态环境建设的重要意义

优化区域金融生态环境，对于促进京津冀金融协同发展意义重大。第一，优化金融生态环境有助于增强区域金融竞争力。良好的区域金融生态环境将有效缓解区域金融市场的信息不对称，从而扩大金融市场的交易规模，促进区域金融的融合和发展。第二，优化金融生态环境有助于提升金融资源的集聚性。经济金融法制健全、政府治理水平高、社会信用环境好的区域，能够为金融资源的注入提供更好的政策环境和法律保障，能够让金融资源的效率得到最优体现。第三，优化金融生态环境有助于形成良好的金融秩序。良好的金融生态环境能够逐渐形成一种内在的无形机制，使得货币流动、智力循环和信息传递更加顺畅、高效，为金融机构降低交易成本，避免无谓损耗，创造一个自我协调、自我发展的良好环境。

三、京津冀区域金融生态环境建设情况

（一）三地金融生态环境建设概况

北京市在金融生态环境建设方面拥有其他城市或地区难以比拟的首都优势。2002 年初，北京明确提出发展金融业，后相继出台《关于促进首都金融业发展的意见》等多项政策措施支持金融业的发展。《北京市专利保护和促进条例》的正式实施确保了专利权人的合法权益，对促进科技进步和金融创新起到积极作用。在信用环境方面，北京市是全国金融信用环境建设相对较早和比较完善的城市之一，十几年间，北京市通过出台促进信用建设的制度措施、推进信用信息社会共享、完善社会信用体系建设、改善农村支付环境、开展诚信兴商宣传、打击制售假币、洗钱、非法集资以及外汇违法违规行为等多种手段，有力地维护了金融市场秩序，营造重信践诺的金融环境。在金融基础设施建设方面，北京市构建了"十农"金融服务体系，改善了农村支付环境、建立了科技金融服务平台。2012 年，中国人民银行成立

了金融消费者权益保护局，次年，《中国人民银行金融消费权益保护工作管理办法（试行）》出台，为金融消费者权益保护方面的法律出台提供有益借鉴。

天津市作为京津大都市经济圈和环渤海经济圈的核心城市，具有独特的经济、政治和文化区位优势。2006 年，国务院批准天津滨海新区为全国综合配套改革试验区。2008 年，国务院要求天津"推进金融改革创新，创建与社会主义市场经济体制相适应的现代金融服务体系"，为天津市带来了良好的发展机遇。2009 年以来，天津陆续出台了多项地方性法规和部门规章。从 2008 年专业信用服务机构的成立、2012 年滨海高新区中小企业信用体系试验区的建设到 2013 年小贷公司和融资性担保公司首批接入征信系统，天津市的信用环境不断得到改善。在金融基础设施建设方面，天津市广泛推广电子票据、网上支付、移动支付等多种新兴支付工具的应用，全国率先推出"津通卡"、社保金融 IC 卡，启动了"农村金融服务站"项目建设。

与北京市和天津市相比，河北省的金融业发展相对缓慢。2009 年，河北省政府成立了河北省金融工作办公室，职能是加强金融市场监管，处置化解金融风险，为金融业发展营造良好的社会环境。2014 年，河北省政府出台了《关于加快金融改革发展的实施意见》，在发挥金融支撑作用、发展各类金融组织、加快金融创新和推动金融对外交流合作四个方面部署了具体工作任务。在信用环境建设方面，河北省社会信用体系建设领导小组在促进信息共享、推进试验区建设、加大诚信宣传、推动政务公开、开展部门联合惩戒、开展失信行为专项治理等方面做了大量工作，有效改善了信用环境。在金融基础设施建设方面，河北省大力推广金融 IC 卡在公共服务领域的应用，唐山迁西公交车应用金融 IC 卡项目已于 2014 年底上线；金融支付结算系统不断完善。

（二）三地金融生态环境建设合作建设情况

第一，津冀在资本市场开展合作。2010 年 8 月，津冀两地在沧州共同设立了天交所渤海股权交易中心，可为河北省成长型企业、中小企业、高新技术企业和私募基金提供快捷、高效、低成本的融资；并为非上市公司股权交易提供挂牌交易平台；还将发挥市场孵化筛选功能，为国内沪深两市主板、中小企业板及创业板市场和境外证券交易所筛选和输送优质成熟的上市后备企业。

第二，河北与京津签署金融合作协议。2013 年 5 月 20 日和 22 日，河北省与北京市、天津市分别签署了合作框架协议。其中包括：鼓励天津金融机构在河北发起组建村镇银行；鼓励探索河北特色资源和商品在渤海商品交易所挂牌上市；发挥天津场外交易市场功能和作用，积极为河北企业提供融资服务；共同争取国家在津冀交汇处探索建立金融一体化综合改革试验区等内容。

728946434336645337

第三，京津冀拟设立金融改革综合试验区。三地拟在北京大兴、河北廊坊和天津武清三地交界处联合设立小范围金融改革综合试验区，在试验区内试行金融活动同城化，推进票据交换同城化、生活缴费便利化，研究探索进一步扩大跨区域投融资新渠道，尝试通过金融改革与创新助推三地实体经济发展。

第四，京津签署合作协议。2014年8月6日，北京市和天津市签署了《贯彻落实京津冀协同发展重大国家战略推进实施重点工作协议》。京津两市将在金融产品创新、科技金融发展、基础设施建设、区域要素市场等诸多领域进行互利合作，力争实现经济共赢、协同发展。

四、三地金融生态环境协同建设的现实问题

目前，京津冀区域金融生态环境在协同建设方面还存在不少现实问题。一是缺乏行之有效的区域合作规划。就目前的金融合作看，只局限于两地或三地的某个政府部门之间或行业协会就某个项目展开，就区域金融生态环境建设方面，缺乏高层次的、行之有效的区域长期发展规划。二是行政区划带来的利益博弈影响合作进程。在缺少合作机制的顶层设计的情况下，三地政府的利益博弈行为以及分税制的税收体制将为三地协同建设带来困境。三是金融行业条块分割的现状影响合作力度。基于行政区划的限制和金融行业纵向管理的现状，区域内各金融企业之间基本处于分割状态，在管理政策、业务方向、资金调拨等方面难以协调。

五、推进区域金融生态环境建设的政策建议

（一）优化政府职能，建立三地政府协同发展工作机制

一是研究成立由三地政府牵头、政府职能部门和金融管理部门参与的"京津冀区域金融协同发展领导小组"，职责是研究制定区域金融生态环境建设的总体规划，出台政策措施；对三地政府职能部门和金融管理部门工作进行监督、检查；定期召开小组会议，反馈工作进度，协调解决遇到的重大问题并提出方案措施。二是成立区域金融生态环境建设合作委员会，就重大合作问题进行探讨，对合作项目进行先行先试，为京津冀整个区域的合作建设提供可复制、可推广的实践经验。三是建立三地协作交流机制，在区域金融生态环境建设的政策和标准、规划基础资料和成果、专家和技术人才等方面，建立统一的信息库，实现资源和信息共享。四是建立三地金融安全预警机制。

（二）发挥比较优势，协调推进区域金融生态环境建设

一是发挥北京市金融决策优势，研究完善区域金融协同发展政策，制定形成促进区域金融协同发展的政策链条，确保区域协同发展的制度基础。二是发挥天津市金融创新优势，先行先试大力发展离岸金融业务；发展OTC市场，完善区域证券市场体系；滨海新区可进行金融机构创新，推动银行、证券、保险、信托等行业间的深度合作与融合，并逐步将业务范围延伸至京津冀其他地区，为三地金融业的发展注入活力和动力。三是河北省利用毗邻优势，借力改善金融生态环境。

（三）完善法制环境，为区域合作提供法律保障

一是制定有关金融债权保护、地方国有金融资产管理、信用管理、房产抵押登记等方面的规范性文件，有效保护金融资源产权所有者的合法权益。二是加大金融诉讼案件的执法力度，充分发挥司法审判职能作用，提高金融案件审判、执行工作的质量和效率，维护正常的信用秩序。三是明晰金融产权界定，从法律层面对金融机构的贷款行为进行规范。四是提高依法行政水平，规范执法主体，严格执法程序，提高金融执法队伍的素质。

（四）完善区域金融监管体系，切实提高监管效能

一是建立区域金融监管联席会议机制，明确"一行三会"及相关部门职责分工，建立信息交流、资源共享、协同工作的机制，强化监管的协同性，确保对金融机构的监管口径一致性。二是研究对金融控股公司的监管办法，明确金融控股公司的法律地位和监管主体，并依据金融控股公司的组织结构确定主要监管部门，切实将金融控股公司纳入金融监管范畴。三是加强对金融创新的监督管理，一方面，督促金融机构完善内控制度和风险管理方面，把住风险源头；另一方面，加强金融监管立法，完善对金融产品和服务创新的风险规定。四是逐步完善对金融机构创新产品的事后监督机制。

（五）加快区域信用体系建设，营造诚信社会环境

一是建立区域公共信息共享平台，逐步公开税务、质检、工商、司法等政务信息，提高政府公信力水平。二是建设区域信用信息系统，实现各部门信用信息系统的互联互通，治理交易主体信用缺失问题。三是加强对征信市场主体的管理，促进市场发展壮大。四是注重宣传，营造诚实守信的社会价值氛围。

（六）加快金融基础设施一体化建设，实施金融信息化战略

加快区域金融基础设施建设，推进信息化金融战略，对于推进京津冀地区金融协同发展至关重要。金融机构要加快自身的基础设施更新和信息化建设，做好各种软硬件设备的升级扩容工作；相关部门要推进金融 IC 卡、新型金融支付结算工具的广泛应用；改善农村金融环境，加快金融基础设施一体化建设。

（七）加强金融消费者维权，保障金融主体合法权益

一是加大立法支持，制定区域性的规章或管理办法，对区域金融市场的个人金融信息保护工作提供框架和准则。二是构建监管协调机制，三地"一行三会"分支机构应加强工作协调，明确各自职责分工，实现信息共享，在充分发挥各监管机构各自优势的基础上实现保护政策取向的统一，形成保护合力。三是加强执法队伍素质建设。四是关注互联网金融安全。

（八）促进区域金融文化建设，创造良好文化氛围

一是加强金融文化实施主体的自律性建设，要求各类金融机构在业务开展过程中，严格遵循各自制定的各项制度、规章、措施，按照经营理念拓展业务，坚守正确的价值取向。二是加快金融文化建设队伍培育，组建政治觉悟高、责任心重、业务本领强的金融人才队伍。

参考文献

［1］乔海曙．树立金融生态观［J］．生态经济，1999（5）：18－19．

［2］周小川．完善法律制度，改进金融生态［J］．金融时报，2004－12－07．

［3］易宪容．利率市场化的金融生态［J］．互联网周刊，2004（12）：70－71．

［4］高新才．营造金融生态环境，推动西部经济发展［J］．甘肃金融，2004（1）：4－9．

［5］徐诺金．论我国金融生态环境问题［J］．金融研究，2005（11）：31－38．

［6］李扬．中国城市金融生态研究——初步研究［J］．福建金融，2005（7）：4．

［7］李扬，王国刚，刘煜辉．中国城市金融生态环境评价［M］．北京：人民出版社，2005．

［8］段福印，李方．城市金融生态比较与上海金融生态改善［J］．上海金融，2011（5）：16－21．

［9］戴宏伟，张艳慧．京津冀金融业发展与协作路径分析［N］．河北经贸大学学报，2013，34（5）．

［10］刘国宏．基于金融生态视角的区域金融中心城建研究［D］．博士论文，2012．

［11］李文增．京津冀区域经济金融协同发展协调机制研究［J］．求知，2014（6）．

［12］李嘉晓．区域金融生态环境：理论阐析、优化价值与优化对策［N］．哈尔滨工业大学学报，2007（5）．

［13］曹亚廷．社会信用体系中的公共信息与征信系统［J］．征信，2015（2）．

［14］夏伟亮．个人金融信息保护工作现状与建议［J］．中国征信，2015（3）．

［15］吴朝平．互联网金融领域消费者权益保护问题探讨［J］．征信，2015（2）．

［16］郑杨．论金融生态环境建设与金融法制化［J］．上海金融，2006（4）．

［17］曹凤岐．改革和完善中国金融监管体系［N］．北京大学学报，2009（7）．

［18］苗青．论我国金融消费者权益保护的司法困局及监管完善［J］．经济法论坛，2012（11）．

理论实践

促进房地产市场平稳健康发展 营造经济新常态良好条件

孙 丹 苏乃芳 李宏瑾[①]

摘要： 当前我国正面临着错综复杂的经济形势，国民经济正处于"结构调整阵痛期、增长速度换挡期、前期政策消化期"的"三期叠加"阶段，经济发展进入新常态。但是，动力机制的转换不可能一蹴而就，在国际环境复杂严峻、国内需求总体偏弱、经济下行压力加大的情况下，我们仍不能放弃投资这一稳定经济增长的最有力手段，否则经济可能面临"换挡失速"的风险。保持投资的稳定增长能够稳住经济增速，能够为调结构转方式创造有利条件，促进经济新旧常态的平稳转换。为此，本文指出稳投资是当前保持经济稳定增长和顺利迈向新常态的关键所在，而促进房地产市场平稳健康发展、保持房地产投资的合理增速能够为稳增长提供重要支撑。

关键词： 新常态 稳增长 房地产市场

一、引言

当前中国经济正面对复杂多变的国际环境，国民经济正处于"结构调整阵痛期、增长速度换挡期、前期政策消化期"的"三期叠加"阶段，经济增速放缓，进入中高速增长的新常态发展时期。2014 年四个季度我国 GDP 同比分别增长 7.4%、7.5%、7.3% 和 7.3%[②]，全年增长 7.4%。虽然从 2011 年末以来中国经济增速出现趋势性下降，特别是 2014 年创下了 1991 年以来的新低，但经济增速总体而言仍处于合理区间，经济运行也更加平稳，无论是同比增速还是环比季调增速，均是有统

---

① 作者简介：孙丹、苏乃芳、李宏瑾，均供职于中国人民银行营业管理部。
② 除特别注明外，文中数据均来源于 Wind 数据库。

计数据以来波动最小的一年（以年内各季增速标准差计算）。2014 年中央经济工作会议强调，认识新常态、适应新常态及引领新常态，是目前及今后一段时间内我国经济发展的大逻辑。经济新常态的核心是经济增长速度由高速转为中高速，经济结构优化升级，经济发展方式由要素驱动、投资驱动转向消费驱动、创新驱动（人民日报社论，2014）。

　　但是，在经济向新常态过渡的进程中，在新旧动力转换的过程中，由于外部需求有所收缩，国内诸多矛盾聚合，我国经济仍存在较大的下行压力，若对困难应对不力，可能面临落入"中等收入陷阱"的危险。根据"收敛理论"，处于起飞阶段的经济体在经历一段时期的经济高速增长后，随着人均资本存量或人均收入水平不断接近高收入国家，经济增速会出现一定程度的趋势性下降。因此，虽然很多国家经济迅速发展并达到中等收入水平，但成功完成向高收入水平跨越的案例却非常少，这就是"中等收入陷阱"（Gill and Kharas，2007）。一国经济达到中等收入水平并接近高收入水平时，曾推动其经济迅猛发展的劳动力成本和由于采用的技术等优势因素将不复存在，为实现经济快速增长必须寻求新的增长来源。世界银行和国研中心课题组（2013）发现，在 1960 年 101 个中等收入经济体中，仅有 13 个经济体在2008 年成为高收入经济体。很多后起国家由于剧烈的外部冲击（如很多东南亚国家）和不当的国内政策（如很多拉美国家），无法顺利实现从低收入阶段向高收入阶段的跨越。Eichengreen，Park and Shin（2012）对近 50 个经济体的经验研究表明，经济减速最有可能发生在人均收入为美国 58% 的水平，此后经济增速将平均下降至少 2 个百分点，而中国以购买力平价计算的人均收入将在 2015 年或之后不久就达到美国 58% 的这一临界水平。除人均收入水平外，长期以来，支撑我国经济以高速持续增长的技术条件、要素禀赋、国际经济等诸多优势因素已发生了根本性的变化，未来中国潜在产出增速将出现趋势性下降，经济面临着落入"中等收入陷阱"的危险。

　　成功跨越"中等收入陷阱"，必须寻求新的增长来源，但是动力机制的转换不可能一蹴而就，在经济新旧常态的转换期，在动力机制的过渡期，我国经济仍需要保持中高速增长，这一过程中仍需要发挥投资的关键作用，否则经济可能面临"换挡失速"的风险，我国可能陷入"中等收入陷阱"，造成的损失无法估量。正如英国《金融时报》首席评论员马丁·沃尔夫指出的，高速增长的经济就像骑自行车，应当保持必要的速度才能够平稳前行，否则对于高度不平衡的经济体，经济增长放缓将面临更多的困难[1]，而这显然不利于成功跨越中等收入陷阱。从我国的情况看，在社保和收入分配体制改革取得重大进展之前，消费对经济增长尚不能形成稳定支撑（陆磊，2013），中国经济新的增长动力尚未完全形成。而投资是经济运行中的可调节变量，当前中国正站在经济转型的十字路口，保持投资的稳定增长能够稳住经济增速，确保经济平稳运行，确保居民就业和收入持续增加，能够为调结构转方式创造有利条件，促进经济新旧常态的平稳转换，最终达到经济保持中高速增长和迈向中高端水平"双目标"，实现稳政策稳预期和促改革调结构"双结合"。2015年是中国经济新常态的攻坚期，国际环境复杂严峻，国内需求总体偏弱，经济下行压力加大，中国经济面临多重挑战。本文通过综合分析，对当前形势做出了几点判断，并就如何更好地保持经济稳定增长提出相关建议。

二、稳定投资增速是保持我国经济稳定增长的关键环节

（一）投资在拉动我国经济增长的过程中发挥着关键性的作用

2008 年国际金融危机之后，我国外需增长乏力，拉动内需成为稳定我国经济增长的主要切入点，而"三驾马车"之一的投资在这一过程中发挥着关键性的作用（贾健、徐展峰、葛正灿，2012）。无论是对 GDP 增长的拉动还是对 GDP 增长的贡献率，投资的作用都要显著高于消费，且在作用的稳定性上超过了净出口（见图1）。以 2013 年为例，在国内外诸多不利因素的影响下，经济面临较大的下行压力，但经过多方努力，当年投资依旧保持了较高增速，有力地支撑了经济增长。2013年，投资对国内生产总值增长的拉动为 4.2%，比上年提高 0.6%，对国内生产总值增长的贡献率为 54.4%，比上年提高 7.4%。

（二）投资增速放缓是经济增速下滑的重要原因，稳投资是稳增长的关键

2014 年，我国经济增速出现一定下滑，全年 GDP 增长 7.4%，增速较上年回落0.3 个百分点。从"三驾马车"的情况看，我国投资增速明显下滑，全国固定资产投资（不含农户）同比增长 15.7%，增速较上年回落 3.9 个百分点；全年投资对

---

[1]　马丁·沃尔夫. 中国需谨慎应对"新常态". 英国《金融时报》中文版，http：//www.ftchinese.com/story/001061449，2015 – 04 – 09.

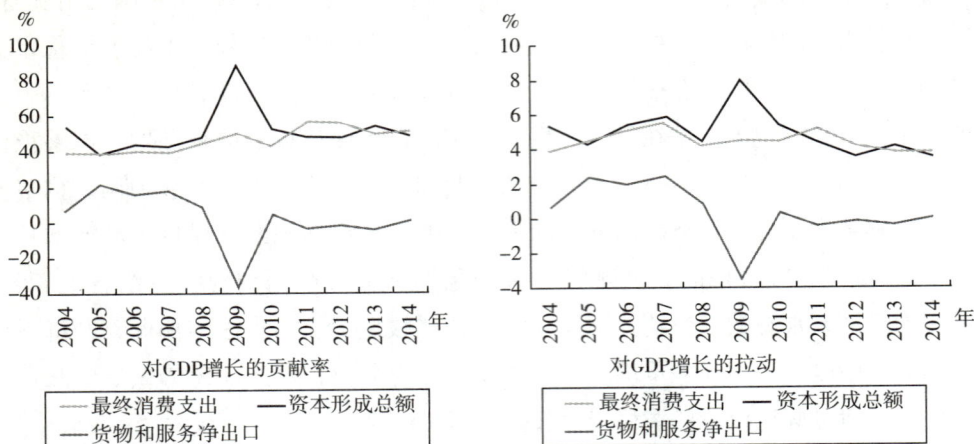

图1 三大需求对GDP增长的贡献率和拉动

GDP增长的拉动为3.6%，较上年下滑0.6个百分点，对GDP增长的贡献率为48.5%，较上年下滑5.9个百分点。消费增速相对保持平稳，全年社会消费品零售总额同比增长10.9%（扣除价格因素），增速较上年回落0.6个百分点；全年消费对GDP增长的拉动为3.8%，较上年下滑0.1个百分点，对GDP增长的贡献率为51.2%，较上年提高1.2个百分点。净出口增长明显，全年进出口差额23 506亿元，比上年增加7 412亿元；全年净出口对GDP增长的拉动由负值回归零点，较上年提高0.3个百分点，对GDP增长的贡献率为0.3%，较上年提高4.7个百分点。与消费和净出口相比，投资的表现不尽如人意，固定资产投资增速放缓已经成为经济增速回落的主要原因，因此，稳投资是保持经济稳定增长的关键所在。

（三）房地产开发投资增速的下滑更需要引起关注

固定资产投资增速下滑的原因主要有两个方面。一是周期性因素。目前我国经济在"三期叠加"的背景下下行压力较大，2014年我国工业生产者价格指数保持了上年的下降趋势，全年同比下降1.9%，与上年降幅持平。PPI持续紧缩说明实体经济依旧面临较大的内需不振、产能过剩压力，导致各生产领域投资增速下降，这也是年初以来固定资产投资增速下滑的重要原因。二是结构性因素，主要是固定资产投资中占比较高的制造业、房地产业和基础设施建设投资增速降低。2014年我国基建投资、制造业投资和房地产投资分别同比增长20.29%、13.50%和11.10%，比上年分别降低0.89个、4.96个和9.18个百分点，房地产业投资减速最为显著。

在固定资产投资增速下滑的诸多影响因素中，房地产开发投资增速的下滑更需要引起关注。一是房地产投资在固定资产投资中占有重要地位。最近十几年间，在

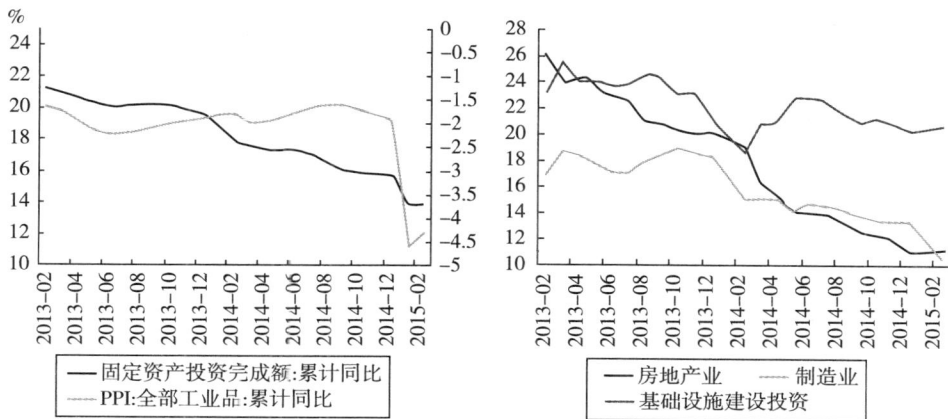

注：固定资产投资变化情况与PPI（右轴）基建投资、制造业投资、房地产投资的累计增长率。

图2　固定资产投资及其构成部分的累计同比增长率以及PPI

我国经济发展过程中，房地产业的作用日益突出，在固定资产投资统计中，房地产投资占有重要地位。2004年以来，在固定资产投资中，房地产开发投资的占比持续稳定在20%以上，尤其是2011年以后，占比显著增加（见图3）。二是房地产开发投资增速下滑更加明显。2014年，全国房地产开发投资总额为95 036亿元，同比增长10.5%，增幅比上年下降9.3个百分点。其中住宅投资完成额同比增长9.2%，增幅比上年下降10.2个百分点。由于房地产开发投资在固定资产投资中占有重要地位，房地产市场的平稳运行对稳定经济增速意义重大，因此房地产开发投资增速的下滑更需要引起关注。

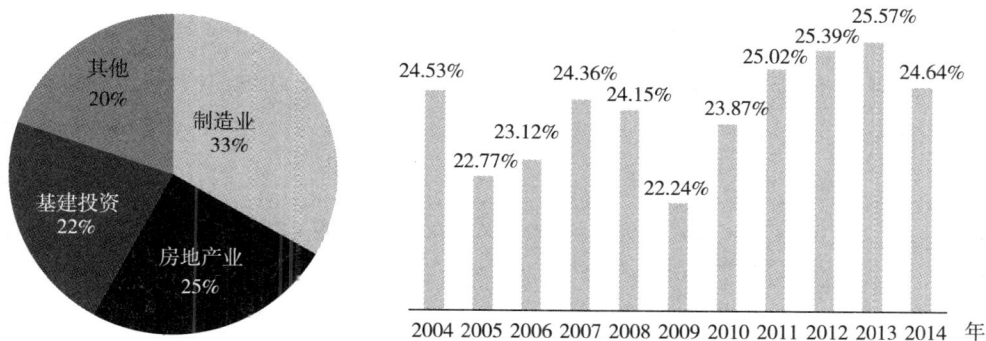

固定资产投资构成（2014年累计值)　　　　房地产投资在固定资产投资中的比重

图3　固定资产投资构成

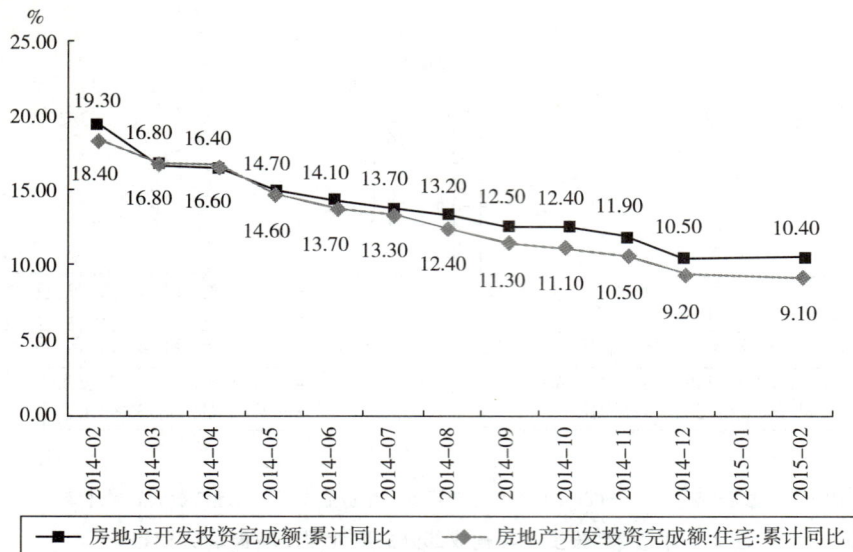

图4 房地产开发投资完成额同比增长率

三、房地产市场平稳健康发展、投资的合理增速能够为稳增长提供重要支撑

（一）房产开发投资与经济增长之间存在长期稳定的正向均衡关系

房地产业的迅速发展对经济增长具有重要的拉动作用，房地产投资增速加快将带动经济增速上行，而房地产业表现低迷必然对经济增长产生下行压力（况伟大，2011）。分析发现，房地产开发投资同比增长率与GDP同比增长率高度相关（见图5）。

我们对2004年以后的房地产开发投资同比增长率与GDP同比增长率进行实证分析。首先，通过ADF平稳性检验发现，各变量都是I（1）序列且存在长期协整关系（限于篇幅，不报告具体检验结果），以GDP同比增长率作为因变量进行回归，结果如表1所示。回归结果显示，房地产投资增速对GDP增速有显著影响，回归系数为0.13。也就是说，若房地产投资同比增速下降约8%，那么GDP同比增速将下降约1%。即使是在2008年国际金融危机以后，以上数量关系仍然是稳健的。

我们进一步将房地产投资增速与GDP增长率置于VAR框架，并对其进行Granger因果检验，结果如表2所示。通过AIC准则确定VAR系统的滞后阶数为2，VAR系统的特征根都落在单位圆以内，模型是稳定的（限于篇幅，不报告具体结果）。在确立VAR系统后，我们对变量进行Granger因果关系检验。由表2的结果发

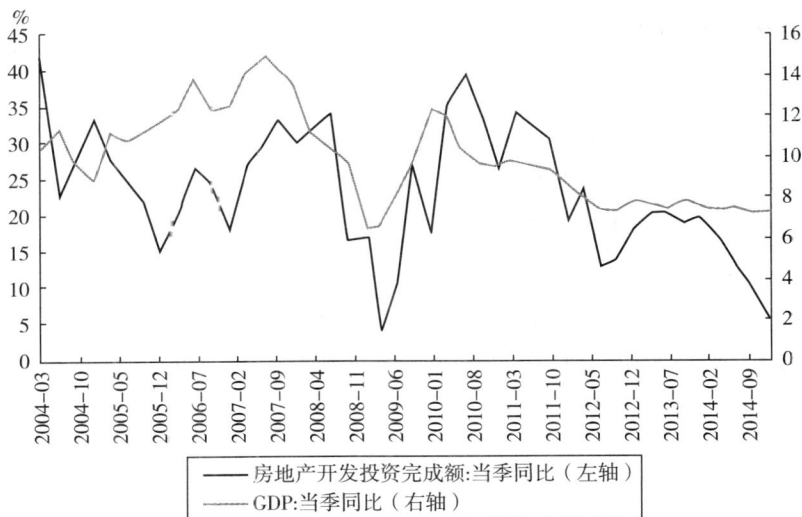

图5 房地产投资与经济增长率

现，房地产投资增速是 GDP 增长率的 Granger 原因，房地产投资增速放缓将带动经济增速下滑。同时 GDP 增长率也是房地产投资增速的 Granger 原因，二者相互影响。

表1 房地产投资与经济增长率的实证分析结果：回归分析

样本期	2004—2014 年	2008—2014 年
常数项	6. 8834	6. 2061
	(0. 9633) ***	(0. 4062) ***
房地产投资	0. 1318	0. 1180
	(0. 0383) ***	(0. 0127) ***
Adjusted R^2	0. 2415	0. 4901
S. E.	1. 9920	1. 1339
Wald F	11. 8169 ***	86. 1458 ***

注：括号内为 Newey – West 标准差，＊＊＊代表显著性水平1% 。

表2 房地产投资与经济增长率的实证分析结果：Granger 因果检验

VAR Granger Causality/Block Exogeneity Wald Tests			
Dependent variable：GDP			
Excluded	Chi – sq	df	Prob.
INV	6. 347	2	0. 0419
Dependent variable：INV			
Excluded	Chi – sq	df	Prob.
GDP	13. 8660	2	0. 0010

（二）房地产市场的变动可以通过诸多渠道影响经济增长

一是财富效应及预期效应。在房地产市场出现低迷时，住房销量萎缩、房价下跌及房地产开发投资增速下滑等现象往往伴随发生。在中国家庭的总资产构成中，由于房产占有较大比重，房价下跌将导致居民财富的缩水，且居民还可能产生房价继续下跌的预期，其对未来财富的预期贴现值也将进一步下降，可能导致私人消费的减少（迟晓燕，2010）。实证分析显示，房地产开发投资与城镇居民人均消费性支出的增长率高度相关（见图6），动态相关系数分析显示，滞后半年的房地产投资增长率与城镇居民人均消费性支出增长率相关系数最高，为0.31（p值＝0.05），房地产投资是消费支出的先行指标，投资增速下滑会拖累居民消费支出的增长。

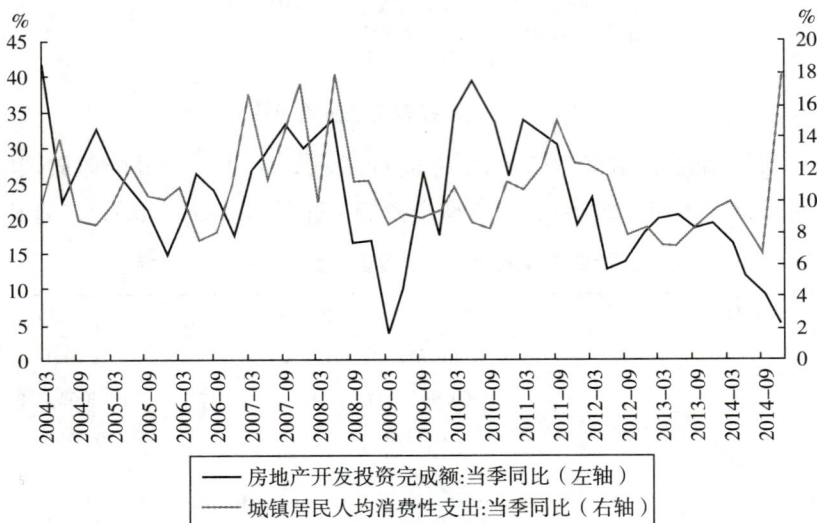

图6　房地产投资与人均消费支出

二是行业关联效应。普遍认为，房地产业具有融资量大、波及面广、产业链长、对相关产业带动作用明显等特点（黄力，2009；见图7）。房地产市场的低迷将影响其产业链上多个相关产业的变动，直接和间接导致对其他产业的产品和服务需求的回落，并进一步导致相关供给的减少，和房地产业联系比较紧密的水泥、钢铁、家电、装修等行业的需求很可能会因此下降，进而引起该行业投资增速的下滑。

三是财政效应。目前，房地产业的相关税收是中央及地方政府重要的收入来源，其中，土地出让收入已经成为地方政府最重要的预算外资金来源，对地方财政意义重大。房地产市场持续低迷，政府的土地出让收入和税收收入将因此出现萎缩，公共投资和政府消费的增长也会因此受限，政府借助财政手段对宏观经济进行调控的

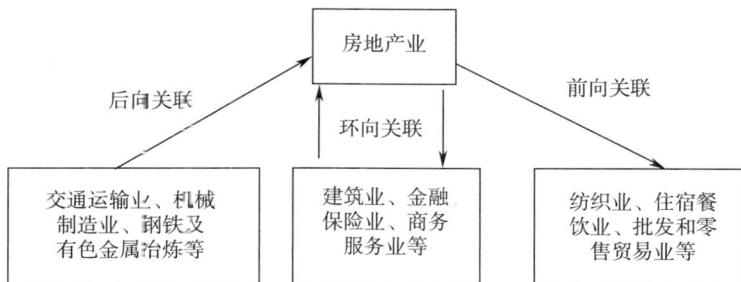

图7　房地产业的行业关联效应

能力也将减弱。财政部相关数据显示，2014 年，由于受到商品房销售增幅回落等因素影响，房地产业相关税收收入增速也出现大幅下降，其中，房地产营业税同比增长 14.2%，增速比上年同期回落 19.4 个百分点。

四是金融杠杆及金融风险。房地产业属于资金密集型产业，对金融资本的依赖程度很高。房地产价格出现下跌会导致房地产开发贷款和购房贷款的违约风险上升，由于购房贷款的信用质量较高，同时房地产开发贷款余额在银行贷款余额中占比较低，我国爆发大规模金融风险的可能性不大。但违约风险上升将促使银行对房地产贷款的发放更为谨慎，同时，房地产价格的下跌还会导致其抵押价值的缩水，进而冲抵银行业自有资本，以上因素均会促使银行在一定程度上减少对房地产相关信贷资金的投放，金融杠杆率将因此下降，其对投资的放大作用也会因此受限，并最终影响到实体经济的增长。

四、当前房地产市场发展需要关注的情况和问题

（一）房地产市场整体步入成熟理性的新常态，投资增速可能进一步下滑

自 1998 年住房商品化改革以后，我国房地产市场出现了连续 10 多年的快速发展，房价持续上涨。然而，2014 年随着经济发展进入减速换挡期，房地产市场也进入长周期"拐点"，市场预期出现一定变化，楼市全面繁荣、开发商积极拿地、房地产投资收益高涨的时代已成为历史，市场景气程度明显回落，房价出现明显的下降趋势。12 月，70 个大中城市新建商品住宅价格环比下降的城市有 68 个，上涨的城市有 2 个；二手住宅价格环比下降的城市有 60 个，上涨的城市有 8 个。由于完善房地产调控长效机制是当前及今后一段时期相关部门工作的主要方向，房产税、不动产登记等相关工作将有序推进，保障房建设、棚户区改造力度也将不断加大，这

将从供给和需求两方面遏制投机、投资购房需求。此外，在经历了多轮的楼市起伏之后，无论是房地产开发企业还是购房者本身，心态都在不断发生变化，决策也更加成熟理性。随着房地产调控政策逐步走向缓和，此前持续向下的房地产市场可能进入缓冲期，但从政策端向投资端传导存在时滞，预计 2015 年房地产投资增速将进一步下滑。从第一季度数据来看，全国房地产开发投资 16 651 亿元，同比增长 8.5%，增速比 2014 年全年进一步回落 2.0 个百分点；其中住宅开发投资同比增长 5.9%，增速比 2014 年全年回落 3.3 个百分点。未来，若调控政策保持现状或进一步放松，投资增速有望企稳，但随着房地产市场整体步入成熟理性的新常态，以往楼市的火爆行情恐怕难以再现。

（二）商品房销售呈现负增长，给房地产投资带来下行压力

受此前持续的紧缩性房地产调控政策和相关货币政策的影响，2014 年以来，商品房销售额和销售面积均同比下降，且降幅呈现扩大趋势（见图 8）。全年的商品房销售面积总计 120 649 万平方米，较上年下降了 7.6%，全年的商品房销售额总计 76 292亿元，较上年下降了 6.3%。进入 2015 年，尽管房地产调控和货币政策有所放松，但由于此前房地产需求购买力大幅透支，再加上新常态下购房者决策日趋成熟理性，多种因素都制约了购房需求的进一步释放，表现为商品房销售的进一步下行。2015 年第一季度，全国商品房销售面积 18 254 万平方米，同比下降 9.2%，降幅比 2014 年全年扩大 1.6 个百分点，全国商品房销售额 12 023 亿元，同比下降 9.3%，降幅比 2014 年全年扩大 3.0 个百分点。

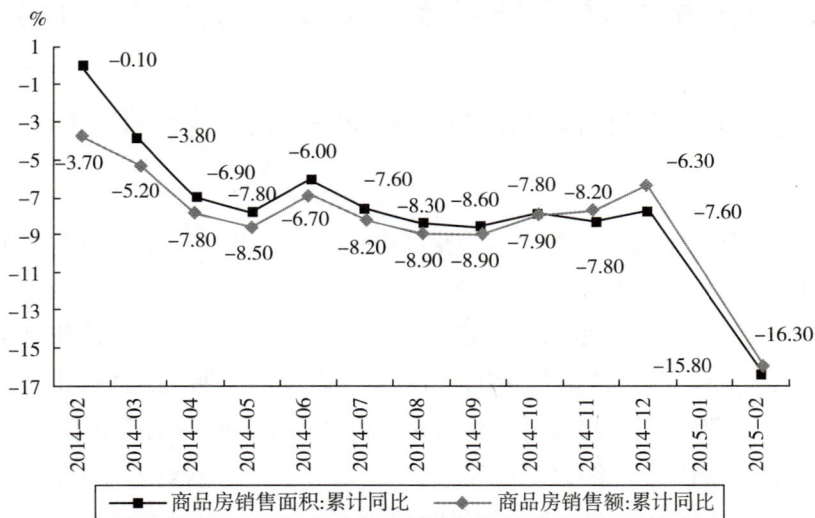

图 8　商品房销售同比增长率

商品房销售持续负增长将影响开发商的销售回款，并使其形成不良预期，开发商的拿地热情、开发热情因此下降，房地产投资面临下行压力。通过对商品房销售额同比增速与房地产开发投资同比增速的历史数据进行比较，发现商品房销售额是投资的先行指标，领先时间在半年左右（见图9）。通过动态相关系数分析，我们发现领先半年时销售增速与投资增速的相关系数最高，达到 0.59 （p 值 = 3.87 × 10^{-12}）。因此，房地产投资增速大幅下滑，很大程度上是受到房地产销售负增长的影响。

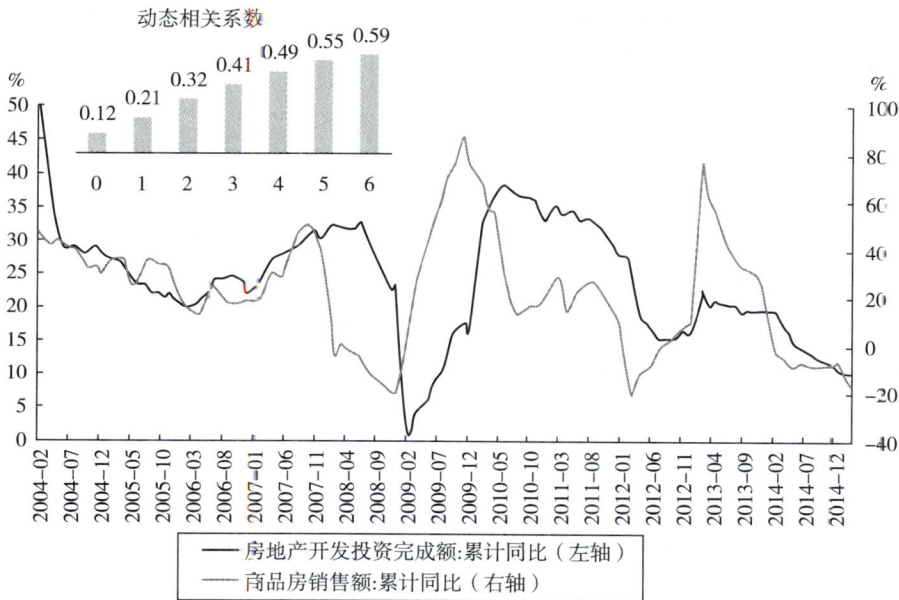

图9 房地产投资与销售的相关性

（三）房地产调控政策效应仍需进一步观察，市场去库存尚需时日

2014 年，房地产调控政策开始放松调整。2014 年 9 月 30 日，央行与银监会共同出台《中国银行业监督管理委员会关于进一步做好住房金融服务工作的通知》，这是 2009 年后首次重大的房地产政策放松调整，主要针对居民首套房购房需求，包括下调首套房利率下限、放松首套房认定标准、下调首付款比例等。2015 年 3 月 30 日，央行、住建部、银监会联合出台的《关于个人住房贷款政策有关问题的通知》，规定二套房贷款最低首付比例降至四成。同时，财政部发布《关于调整个人住房转让营业税政策的通知》，规定个人将购买 2 年以上（含 2 年）的普通住房对外销售的，免征营业税。从 2014 年第四季度新政出台以来的情况来看，商品房销售没有明显好转，这一方面是由于此前房地产需求购买力的透支；另一方面则是由于市场持

续低迷下消费者的持币待购。而第一季度末出台的政策，下调二套房最低首付比例对改善性需求释放的刺激作用可能不如预想中明显。主要是由于改善性购房者对利率的敏感度高于首付比例，"9·30"新政后，购房者仍将倾向于享受有利率优惠的首套房政策，其做法主要是结清原有住房贷款或者卖一买一。由于消费者预期难以在短期内迅速转变，过剩住宅的销售与过剩产能的消化也很难一蹴而就，房地产政策效果仍需要进一步观察，去库存过程将持续进行，房地产开发投资可能将在一段时期内保持低速增长。

（四）房地产开发企业资金来源增速下滑，不利于房地产开发投资的平稳增长

近年来货币政策保持稳健，但监管部门加强了对房地产领域的信贷风险防控，限制了资金流量，融资环境偏紧，房地产市场资金供给不足。2014年，房地产开发企业到位资金121 991亿元，同比减少0.1%，增速较上年降低26.6个百分点。其中，国内贷款、利用外资、自筹资金和其他资金同比增长8%、19.7%、6.3%、−8.8%，增速较上年降低25.1个、13.1个、15.0个、37.7个百分点。进入2015年，资金来源增速进一步下滑，第一季度房地产开发企业到位资金27 892亿元，同比下降2.9%，降幅比2014年扩大2.8个百分点。其中，国内贷款、利用外资、自筹资金和其他资金同比增长−6.1%、11.3%、1.1%、−5.2%，与2014年相比，除其他资金增速因房地产调控政策放松降幅收窄以外，其他类型资金来源增速全面下行，来自国内贷款的资金下降最为显著。房地产开发企业资金来源的下滑必将制约房地产开发投资的扩大，不利于房地产业投资的平稳增长。

五、几点建议

2015年是中国经济"新常态"的攻坚期，国际环境复杂严峻，国内需求总体偏弱，经济下行压力加大，中国经济面临多重挑战。在经济发展方式由要素驱动、投资驱动转向需求驱动、创新驱动的过程中，我们仍不能放弃投资这一拉动经济的有力手段，否则经济可能面临"换挡失速"的风险，而保持投资的稳定增长能够稳住经济增速，为调结构转方式创造有利条件。从现实的情况看，稳投资是当前保持经济稳定增长的关键所在，而促进房地产市场平稳健康发展、保持房地产投资的合理增速能够为稳增长提供重要支撑。本文据此提出以下建议：

（一）严格贯彻执行最新的房地产调控政策，促进居民购房需求合理释放

2014年9月以来际续出台的房地产调控政策体现了进一步放松调控的意图，政府部门应严格贯彻执行相关政策，合理引导房地产市场预期，促进居民购房需求有序释放，加快房地产市场去库存步伐。应严格贯彻执行"首套房利率下限下调、首套房认定标准放松、首付款比例下调、支持非本地居民住房贷款、缩短放贷审批周期"等政策内容，督促金融机构满足居民家庭合理的住房贷款需求，促进居民购房需求平稳释放。税务部门应认真落实"将个人住房转让营业税的免征年限由5年降低为2年"的调控政策，降低住房交易成本，活跃二手房市场。监管部门应积极将系列限制放松政策、信贷支持政策、税收优惠政策落到实处，提升购房者的购房能力，带动商品房销售的回暖和房地产市场的复苏，促使房地产投资平稳增长。

（二）增强金融机构个人住房贷款投放能力，继续支持房地产开发企业的合理融资需求

积极推进信贷资产证券化改革，鼓励金融机构通过发行住房抵押贷款支持证券（MBS）等多种措施筹集资金，拓宽银行整体的资产负债表，增加银行的房贷投放能力，不断优化组合贷款授信流程，提高放款效率。继续支持房地产开发企业的合理融资需求，稳妥开展房地产投资信托基金（REITs）试点，增加房地产企业的融资能力，推动房地产企业资金成本下降，缓解当前房地产企业资金来源紧张的局面，这有利于保持房地产开发投资的平稳增长，促进房地产市场平稳健康发展。

（三）加大保障性安居工程的建设力度，探索实物保障与住房补贴并举的新模式

加大城镇棚户区和城乡危房改造力度，将城市危房改造也纳入棚户区改造范围，合理确定保障房建设规模，为保障性安居工程建设工作提供充足的土地供给和资金保障。不断健全保障房建设、管理长效机制，有必要对现有的多种保障房类型进行合并简化，形成明晰的保障房供应体系，并不断完善保障房后续使用和管理相关机制。探索实物保障与住房补贴并举的新模式，加快住房保障货币化工作进程。住房供给总体过剩、结构性过剩的地区，可尝试将符合条件的存量商品房转为公租房和安置房，通过向城镇居民发放住房补贴，满足其住房需求，适当加快房地产市场去库存步伐。

（四）合理安排土地供应规模，积极促进土地结构调整

提高土地供应政策的针对性，土地供给要做到有供、有限。住房供过于求的地区，要适当控制土地供应规模和速度；住房供应明显过剩的地区，应减少土地供应量甚至暂停供应；而住房供求矛盾依旧比较突出的一线热点城市，应加快土地储备开发进度，保证土地规模持续增加，稳定地价信号。积极改善土地供应结构，盘活存量土地资源。提高土地供应的规划性，增加中小套型普通商品住房和保障性住房用地占比；对与市场需求存在错配的在建商品住房项目，在不改变相关必要规划条件的情况下，允许其调整住房户型，主动适应市场需求变化；对于住房供给过剩地区未开发的房地产用地，应探索调整土地用途相关机制，促进土地合理有效利用。

参考文献

［1］迟晓燕．房地产财富效应对其消费及投资的影响分析［J］．建筑经济，2010（11）．

［2］黄力．房地产业与其相关产业的关联效应分析［D］．上海师范大学，2009．

［3］贾健，徐展峰，葛正灿．我国货币供应与投资的关系问题研究［J］．南方金融，2012（6）．

［4］况伟大．房地产投资、房地产信贷与中国经济增长［J］．房地产导刊，2011（1）．

［5］陆磊．结构调整中的金融改革［J］．南方金融，2013（10）．

［6］刘祺阳，罗志刚．我国房地产政策的演变与调控绩效［J］．江汉论坛，2014（9）．

［7］人民日报社论．主动适应新常态　奋力开创新局面［N］．人民日报，2014－12－11．

［8］盛朝晖．2003年以来我国房地产调控回顾及市场运行分析［J］．南方金融，2013（9）．

［9］世界银行和国研中心课题组．2030年的中国［M］．北京：中国财政经济出版社，2013．

［10］汪亮，宁凌．"十一五"以来中央政府房地产政策变迁分析［J］．行政事业资产与财务，2014（16）．

［11］Eichengreen B., D. Park and K. Shin. When Fast – Growing Economies Slow Down：International Evidence and Implications for China［J］. Asian Economic Papers,

2012, 11 (1).

[12] GillI. and H. Kharas, eds.. An East Asian Renaissance : Ideas for Economic Growth [R]. World Bank, 2007.

互联网金融与利率市场化关系分析与实证研究

龙　勇　李丽玉　牛润盛　唐丽杰　肖瑜洁　王旭涛①

摘要： 金融创新和金融监管相伴而生，利率管制和不完全市场化引致互联网金融创新发展。本文在梳理互联网金融、利率市场化相关研究基础上，构建了互联网金融与利率市场化关系图，系统全面分析了互联网金融与银行存贷款利率、货币市场利率以及中央银行利率调控关系。实证结果表明，互联网金融与货币市场利率有关联性，长期看两者同向变动，短期看互联网金融产品收益率有正效应且持续时间长，互联金融产品收益率对 SHIBOR 的负效应较小且持续时间短；互联网金融与银行存贷利率关联性不明显，主要因为互联网金融虽发展规模还小不足以对银行存款市场形成实质性冲击；银行存贷利率和货币市场利率关联性不明显，主要因为利率双轨制和资金市场割裂。因此，建议加强互联网金融行业自律，保持健康可持续发展；加速利率市场化进程，形成统一的市场化利率体系；转变中央银行货币利率调控方式，加强互联网金融行业监管；加快金融机构创新驱动，加速与"互联网＋"融合。

关键词： 互联网金融　货币市场　SHIBOR　贷款基础利率 LPR

一、引言

随着互联网信息技术广泛应用和科学技术创新发展，"互联网＋"时代已经到来。互联网信息技术与金融的有机结合，引发了互联网金融产品和服务的快速发展。2014 年，互联网金融一词首次出现在《政府工作报告》中。2015 年 7 月 18 日，中

---

① 作者简介：龙勇，中国人民银行汕尾市中心支行行长。李丽玉、牛润盛（执笔）、唐丽杰、肖瑜洁、王旭涛均供职于中国人民银行汕尾市中心支行。

国人民银行等十部委发布《关于促进互联网金融健康发展的指导意见》，确立了互联网支付、网络借贷、股权众筹融资、互联网基金销售等互联网金融主要业态的监管职责分工，有利于规范市场秩序和促进互联网金融的健康发展。

金融创新和金融监管相伴而生。互联网金融发展的根本原因是银行存款利率管制导致的资金价格扭曲，金融产品和服务不能满足实体经济需求。目前，中国实质上是利率双轨制，一方面商业银行存款利率未全面放开；另一方面货币市场已实现利率市场化，导致资金价格差异较大和利率扭曲。同时，国有大型企业占用大量金融资源，小微企业金融需求无法满足，而互联网金融在一定程度上纠正了利率扭曲和满足了小微企业金融需要。

2015年5月，中国人民银行将商业银行存款利率浮动区间的上限调整为基准利率的1.5倍。随着利率市场化进一步推进，以高收益吸引客户的"余额宝"等互联网金融产品收益率发生变化，其发展将受到极大影响。因此，深入研究互联网金融和利率市场化互动关系，对于准确研判互联网金融未来发展前景、完成利率市场化改革具有重要的理论价值和现实意义。

二、相关概念及研究

（一）互联网金融相关概念

关于互联网金融定义和概念，众说纷纭，莫衷一是。本文采用中国人民银行等十部委发布《关于促进互联网金融健康发展的指导意见》及中国人民银行编制的《中国金融稳定报告2014》的定义和分类标准。互联网金融是传统金融机构与互联网企业（以下统称从业机构）利用互联网技术和信息通信技术实现资金融通、支付、投资和信息中介服务的新型金融业务模式。主要业态分为互联网支付、网络借贷、股权众筹融资、互联网基金销售以及金融机构创新型互联网平台等。互联网金融具有支付方式、信息处理、资源配置等功能（谢平和邹传伟，2012）。

互联网支付是指通过计算机、手机等设备，依托互联网发起支付指令、转移货币资金的服务。主要有第三方支付、网上银行、移动支付等表现形式。2014年末，全国共有第三方支付机构269家。艾瑞资讯网的统计数据显示，2014年前3个季度第三方互联网交易规模达到57 292.4亿元，同比增长60.9%，连续几年保持高速增长态势，越来越广泛应用于网购、理财，以及旅游业、服务业等多个领域。

网络借贷包括个体网络借贷（又称P2P网络借贷）和网络小额贷款。个体网络借贷是指个体和个体之间通过互联网平台实现的直接借贷。个体网络借贷平台为投资方和融资方提供信息交互、撮合、资信评估等中介服务。网贷之家的统计数据显示，2015 年 5 月末 P2P 网络借贷平台有 1 946 家，贷款余额 1 932 亿元，成交量 2 347亿元。网络小额贷款是指互联网企业通过其控制的小额贷款公司，利用互联网向客户提供的小额贷款。主要有京东、苏宁"供应链金融"、阿里小额信贷平台等模式。京东、苏宁的供应链金融模式以电商企业的未来收益作担保，获取银行授信并贷款给供货商。阿里小贷利用平台物流、信息流、资金流，通过大数据技术评价客户信用等级，开发应收账款抵押贷款、信用贷款等金融产品，并将不良贷款率控制在 1% 以下。

股权众筹融资主要是指通过互联网形式进行公开小额股权融资的活动。例如，2014 年末"天使汇"平台创业项目超过 1.6 万个，认证投资人 2 200 多人，完成项目融资 10 多亿元。相比传统金融投资方式，众筹融资参与门槛较低，且投资者可直接支持自己看好的创意和创新项目，同时也能分享项目成功后带来的独特回报，具有创新性、"科技金融"特性。

互联网基金销售是指基金、银行理财产品、保险产品等金融产品借助互联网渠道和电商平台实现快速和规模化销售的模式，分为基于自有网络平台的基金销售和基于第三方平台的基金销售两类。余额宝、微信理财通等产品就是基金公司通过第三方支付平台的直销行为，客户可以方便地实时购买和赎回基金。余额宝从 2013 年 6 月开始以来，销售规模迅速扩大，并成为最大规模基金，截至 2015 年 3 月末，销售规模达 7 717.2 亿元。

金融机构创新型互联网平台有两类。一是传统金融机构开拓互联网销售和服务渠道，为客户搭建的电子商务和金融服务综合平台，客户可以在平台上进行销售、转账、融资等活动。目前大中型商业银行都有网上银行，实力雄厚的商业银行还自建电商平台，如工商银行"融 e 购"。二是不设立实体分支机构，完全通过互联网开展业务的专业网络金融机构。如众安在线财产保险公司仅从事互联网相关业务，通过自建网站和第三方电商平台销售保险产品，2015 年 1 月成立的微众银行，也没有实体机构，通过人脸识别技术和大数据信用评级发放贷款。

（二）利率市场化相关概念

利率市场化是指市场在利率定价过程中起决定性作用，金融机构根据资金状况和对市场判断来自主调节利率，形成中央银行调控利率为基础，货币市场利率为中介，及市场供需决定的存贷款利率的利率体系，包括利率决定、利率传导、利率结构和利率管理的市场化等内容。

我国利率体系主要包括三个层次：中央银行利率、商业银行利率和货币市场利率。

中央银行利率包括存款准备金利率、中央银行再贷款利率和再贴现利率。商业银行利率是指商业银行和其他存贷款机构在吸收公众存款和发放贷款时所使用的利率。货币金融市场利率包括银行间同业拆借市场利率、回购利率、债券市场利率等。中央银行利率调控逐渐由直接方式向间接方式转变，货币市场利率市场化基本完成，形成以上海银行间同业拆放利率（Shanghai Inter–Bank Offered Rate，SHIBOR）为基准的市场化利率体系。银行存款利率化是利率市场化的最后一步，也是"最惊险的一跳"。银行存款利率虽未全面放开，但上浮空间较大，2015 年 3 月银行存款利率浮动区间的上限调整为基准利率的 1.5 倍，各商业银行的存款利率定价已经出现差异。

（三）相关研究概述

关于互联网金融研究，谢平和邹传伟于 2012 年首次提出互联网金融的概念。互联网金融改变了金融消费方式，拓宽了融资渠道，金融消费者可以更及时、便捷的获取金融服务，弥补了以商业银行为主的金融组织体系在"小微"金融服务的不足，促进普惠金融发展，具有积极意义（陈林，2013；宫晓林，2013）；互联网金融和支付方式创新，加速了金融脱媒，改变了货币政策传导路径和货币供应量，增加了货币政策调控难度（胡小文，2014；陈林，2013）；互联网金融参与者众多，准入门槛低、法律法规缺失、资金和信息安全等问题，可能引发系统性风险，应该创新金融监管方式和防范风险（张晓朴，2014）。

关于利率市场化研究，易纲（2009）系统总结了改革开放三十年以来中国利率市场化改革的历程和利率双轨制成就，一方面放松利率管制，推动金融机构自主定价，逐步放宽存贷款利率限制；另一方面发展和完善市场利率体系，初步建立了以 SHBIOR 为代表的短期基准利率和以国债收益率曲线为代表的中长期基准利率体系。随着存款利率上限进一步放开，我国利率市场化将开创新局面，金融市场主体必须积极应对，转变经营管理理念，引入战略资本和民营资本，丰富金融产品和服务，增强利率定价能力，拓展中间业务，走差异化和多元化发展之路（罗熹，2013；廖原和牛润盛，2014）。

关于互联网金融研究和利率市场化关系研究。利率管制和资金价格扭曲是互联网金融发展的诱因；互联网金融兴起也推进利率市场化进程（孙一铭，2014）。在不同利率市场化水平下，银行存贷款利率对互联网金融影响有差异。完全利率市场化条件下，互联金融产品收益率和各市场均衡利率由市场决定，并存在联动效应；在利率管制条件下，提高银行存款利率上限会使互联网金融产品收益率上升，而银行贷款利率下限的变化对互联网金融产品收益率的影响不显著（缪海斌，2014）。互联网金融优先放开了小额短期存款利率（如余额宝），相当于全面放开银行存款利率，实现完全利率市场化；数据模拟显示，互联网金融增加融资成本，纠正存款利率管制带来的利率扭曲（戴国强和方鹏飞，2014a、b）。

与现有文献不同，本文在梳理互联网金融、利率市场化相关研究的基础上，构建互联网金融与利率市场化关系图，系统全面分析互联网金融与银行存贷款利率、货币市场利率以及中央银行利率调控关系，然后运用现代计量经济模型进行科学量化分析，并有针对性地提出合理化建议。

三、互联网金融与利率市场化关系分析

（一）互联网金融与银行存贷款利率市场化

互联网金融直接与商业银行存贷款形成竞争或替代关系（见图1），从而影响银行存贷款利率定价有借鉴价值。一是互联网理财基金与银行存款形成竞争。互联网

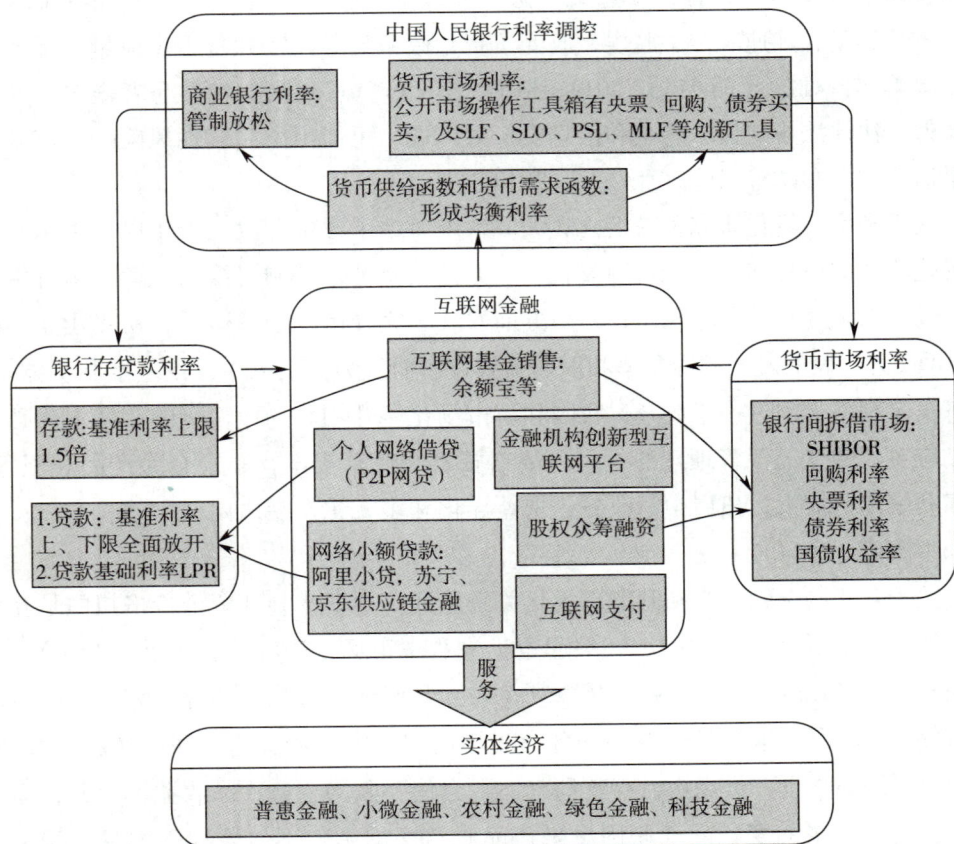

图1　互联网金融与利率市场化关系

金融产品丰富、收益率高吸引了很多存款客户，从而能导致银行存款流失，引起银行负债结构变化，个人存款减少而企业存款和同业存款增加。银行存款分流促使商业银行开发类似"余额宝"的理财产品，增加银行负债成本，实质上突破存款利率上限，推动存款利率市场化。

二是互联网金融的"小微"特性与银行信贷形成替代关系。网络小额贷款利用大数据定价也与传统信贷定价模式不同；微众银行既无营业网点，也无营业柜台，更无须财产担保，通过人脸识别技术和大数据信用评级发放贷款，创新了贷款利率定价模式。互联网金融增加了小微企业融资渠道，一定程度上分流了银行贷款客户，特别是小微企业客户，从而引起银行贷款需求变化势必会引起贷款利率变化，促进贷款利率市场化。2015 年 5 月末，国内活跃 P2P 网贷平台 1 946 家，成交量 2 347 亿元，贷款余额 1 932 亿元，平均期限一般 6 个月，平均贷款利率 20% 左右（见表1）；阿里小额信贷截至 2014 年上半年末，累计发放贷款 2 000 亿元，累计服务小微企业 80 万家，贷款余额 150 亿元，贷款平均成本 12% ~ 18%，因资金占用仅周期 120 天从而折算成年化平均贷款利率仅 6% ~7%，不良贷款率控制在 1% 以下。这些互联网金融产品根据客户信用等级、行为模式、风险确定贷款利率，有效满足了小微信贷需求的，规模虽小但会冲击信贷管理模式，促进贷款利率市场化和差异化。

表1　　　　　　　　　　P2P 借贷平台数及成交量

年份	成交量（亿元）	贷款余额（亿元）	运营平台数（个）	问题平台数（个）	投资人（万人）	借款人（万人）	平均贷款利率（%）	平均期限（月）
2012 年前	31	13	50	10	2.8	0.8	18.90	6.9
2012	212	55	200	16	5.1	1.9	19.10	5.9
2013	1 058	263	800	92	25	15	21.30	4.7
2014	2 528	1 036	1 575	367	116	63	17.90	6.1
2015 – 05	2 347	1 932	1 946	661	127	28	15.06	6.9

数据来源：网贷之家官网。

（二）互联网金融与货币市场利率市场化

互联网金融与货币市场利率密切关联，利率定价也以市场利率为基础。比如，余额所筹资金主要投资于银行协议存款，其收益率紧盯货币市场利率；网络借贷、众筹融资等产品利率或收益率在市场基准利率基础上充分考虑各种风险溢价。余额宝从 2013 年 6 月以来，销售规模迅速扩大并成为最大规模基金，截至 2015 年 3 月末，销售规模达 7 717. 2 亿元，用户数 1. 5 亿户，平均收益率 4%，远高于同期活期存款利率，具有典型"普惠金融"特点。余额宝在 2014 年 2 月销售规模突破 5 000 亿元后增速放缓，并非互联网基金发展遇到瓶颈，而是余额宝的"鲇鱼效应"带动了银行理财产品、基金公司等"类宝宝"迅速发展，形成广泛的市场竞争（见图 2）。互联网金融基金紧盯货币市场利率，使购买互联网金融产品个人或企业直接受益于利率市场化。

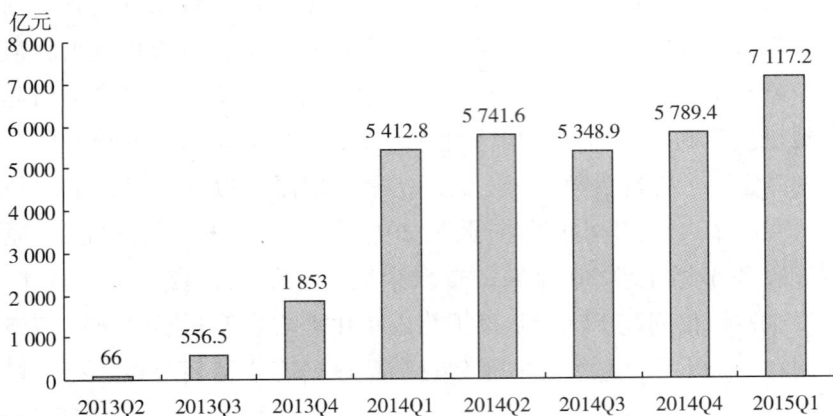

图2　余额宝销售规模变化（2013Q2—2015Q1）

（三）互联网金融与中央银行利率调控

互联网金融导致货币供给和需求函数变，从而影响市场均衡利率，并增加中央银行利率调控难度和复杂性。

一是互联网金融加快了货币流通，改变了货币结构，增加了货币需求不确定性，从而改变了货币需求函数。持币动机包括交易动机、预防动机和投机动机。其中，交易动机、预防动机与收入呈正相关关系，与利率负相关；投机动机与利率呈正相关。互联网基金收益率高，投机性货币需求上升，交易性货币需求、预防性货币需求下降，改变了货币需求结构，增加了货币需求的不稳定性；互联网支付采取电子化方式，资金划转瞬间到账，提升货币流通速度，改变了货币需求函数。

二是互联网金融削弱货币供应的可控性、可测性与相关性，改变了货币供给函数并增加中央银行货币供给的复杂性。传统意义上，中央银行通过货币政策工具调节商业银行的超额存款准备金率，从而调控货币供应量及市场利率。货币政策传导路径单一，且可控性强。互联网金融时代，互联网基金、P2P 网贷、股权众筹等业态可直接将资金借给资金需求方，相当于在中央银行之外增加了一笔基础货币，增加了金融市场中货币供应渠道，货币供应量可控性减弱。同时，互联网金融提高了各层次货币流动性，传统观念中货币（现金、存款）向虚拟货币（互联网支付账户）拓展，模糊了货币内涵和界限，降低了货币供应量的可测性。互联网支付引起法定准备金率、超额准备金率和现金比率变化，增加了货币乘数计算复杂度，加大了金融市场实际货币供应量与央行预期供应量的差距，减弱了实体经济与货币供应量、社会融资规模等中间指标的相关性。

四、实证分析

（一）数据说明

为进一步实证分析互联网金融对货币市场利率，商业银行利率的实际影响，我们选取相关数据进行分析。受数据限制，互联网金融产品收益率暂且用余额宝年化收益率代替，并以 IR 表示；货币市场利率用银行间市场 SHIBOR 的隔夜拆借利率；由于存贷款基准利率是不定期公布，日度数据基本没有变化，可用贷款基础利率（Loan Prime Rate，LPR）表示其银行管制利率变化。相关数据来源于中国人民银行官网、中国货币网、余额宝官网，经整理。描述性统计分析的样本区间从 2013 年 5 月 30 日至 2015 年 6 月 19 日（除去节假日）；因贷款基础利率 LPR 的数据从 2013 年 10 月 25 日开始，计量模型的样本区间从 2013 年 10 月 25 日至 2015 年 6 月 19 日，有 414 个样本观测值。

（二）描述性分析

1. 在样本区间 2013 年 5 月 30 日至 2015 年 6 月 19 日，整体上互联网金融产品收益率高于银行间拆借利率 SHIBOR，低于贷款基础利率；在 2013 年 6 月、11 月 SHIBOR 和互联网金融产品收益率都出现局部峰值，市场流动性偏紧，2015 年 3 月以来两次降息，SHIBOR 和互联网金融产品收益率也开始下降；贷款基础利率基本维持在 5.60%；互联网金融产品（余额宝）收益率明显高于银行活期存款基准利率 0.35%，在 1 年期定期存款基准利率 3.0% 上下波动（见图 3）。

2. 从分布图和 JB 统计量看，互联网金融产品收益率、贷款基础利率 LPR 和 SHIBOR 都不服从偏度为 0、峰度为 3 的正态分布；互联网金融产品收益率集中分布在平均值左侧，贷款基础利率则呈锯齿形分布且波动不大，SHIBOR 有明显的"尖峰厚尾"特征。从离散程度看，SHIBOR 的离散系数最大，IR 次之，LPR 最小（见图 4 和表 2）。

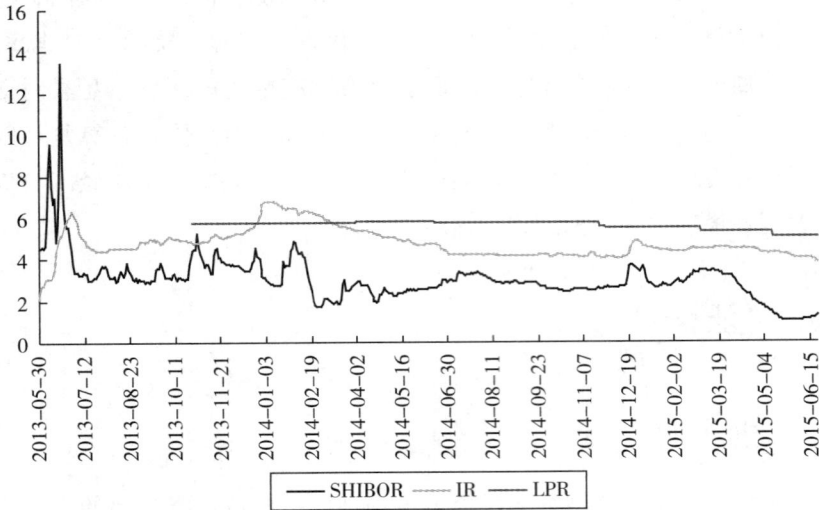

图 3　互联网金融产品（余额宝）收益率、贷款基础利率与 SHIBOR 对比

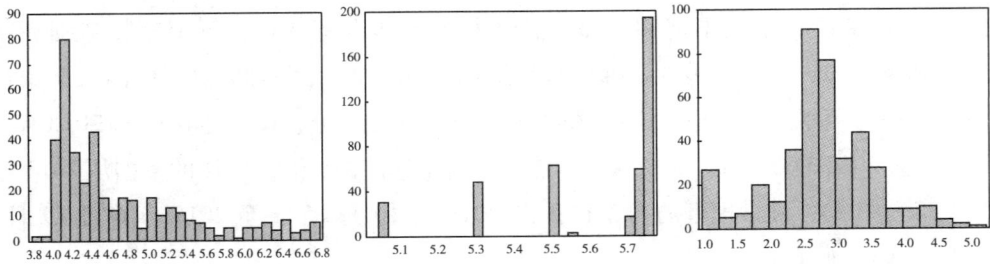

图 4　互联网金融产品（余额宝）收益率、贷款基础利率 LPR、SHIBOR 分布图

表 2 　　　　　　　　　　　　**IR、LPR 与 SHIBOR 描述统计量**

	IR	LPR	SHIBOR
平均值	4.74	5.61	2.78
中位数	4.48	5.73	2.77
最大值	6.76	5.77	5.23
最小值	3.85	5.05	1.03
标准差	0.73	0.22	0.77
偏离度	1.22	−1.34	−0.14
峰值	3.52	3.59	3.47
JB 统计值	107.61	130.41	5.22
离散系数	0.15	0.04	0.28

（三）单整和协整

单位根检验结果显示，变量 IR、LPR 与 SHIBOR 在 5% 的显著水平下达到一阶平稳（见表3）。

表3　　　　　　　　　　　　各变量单位根检验结果

变量	ADF	临界值（5%）	P 值	结论
IR	−1.029	−2.868	0.744	非平稳
ΔIR	−8.169	−2.868	0.000	平稳
LPR	0.931	−2.868	0.996	非平稳
ΔLPR	−20.322	−2.868	0.000	平稳
SHIBOR	−2.551	−2.868	0.104	非平稳
ΔSHIBOR	−16.199	−2.868	0.000	平稳

协助检验结果显示，3 变量 IR、LPR 与 SHIBOR 以及两两之间，只有 IR 与 SHIBOR 在 5% 的显著水平下存在 1 个长期协整关系（见表4），方程如下。

$$IR = 3.967 + 0.279 * SHIBOR$$

$$S.E \qquad 0.044 \qquad 0.128$$

$$P 值 \qquad 0.000 \qquad 0.000$$

$$\overline{R}_2 = 0.085 \quad F = 39.599$$

方程在 1% 的显著水平下显著，拟合度 $\overline{R}_2 = 0.085$ 不高，主要是互联网金融产品（余额宝）收益率的日度数据受货币市场利率以外的随机性影响较多，SHIBOR 的系数 0.279，为正数，即从长期看，互联网收益率和货币市场利率同向变动。

表4　　　　　　　　　　　　协整检验结果

协整变量	原假设	特征根	迹统计量	临界值（5%）	P 值
IR、LPR 与 SHIBOR	没有协整向量	0.046	23.479	29.797	0.223
	至少一个协整向量	0.008	4.286	15.495	0.879
	至少两个协整向量	0.003	1.024	3.841	0.312
IR 与 LPR	没有协整向量	0.006	3.307	15.495	0.951
	至少一个协整向量	0.002	0.731	3.841	0.393
IR 与 SHIBOR	没有协整向量	0.039	17.614	15.495	0.024 **
	至少一个协整向量	0.003	1.226	3.841	0.268
LPR 与 SHIBOR	没有协整向量	0.025	11.352	15.495	0.191
	至少一个协整向量	0.002	0.794	3.841	0.373

注：＊＊代表在 5% 的水平下显著。

（四）格兰杰因果性检验

为分析互联网金融产品收益率与贷款基础利率 LPR 、SHIBOR 的短期关系，进行格兰杰因果关性检验。格兰杰因果关性检验结果受滞后阶影响，谨慎起见，分别选择滞后 1 期、2 期、3 期、4 期、5 期、10 期、15 期、20 期（工作日）（分别代表 1 周、2 周、3 周 1 个月），方便比对。

结果显示（见表5）。格兰杰因果关性检验显示，在 5% 的显著水平上，ΔIR 与 ΔLPR、ΔSHIBOR 与 ΔLPR 都不存在格兰杰因果关系；ΔIR 与 ΔSHIBOR 在 2 周内（滞后 10 期，）不存在格兰杰因果关系，在 15 期、20 期 ΔIR 与 ΔSHIBOR 互为格兰杰因果关系。说明互联网金融产品收益率与货币市场利率有联动性，但存在时滞。

表5　　　　格兰杰因果性检验结果

原假设	滞后1期 P值	滞后2期 P值	滞后3期 P值	滞后4期 P值	滞后5期 P值	滞后10期 P值	滞后15期 P值	滞后20期 P值
ΔIR 不是 ΔLPR 的原因	0.947	0.926	0.981	0.995	0.997	0.999	0.998	0.545
ΔLPR 不是 ΔIR 的原因	0.635	0.683	0.448	0.513	0.575	0.417	0.786	0.897
ΔIR 不是 ΔSHIBOR 的原因	0.307	0.474	0.681	0.806	0.351	0.330	0.007***	0.008***
ΔSHIBOR 不是 ΔIR 的原因	0.209	0.287	0.325	0.442	0.464	0.761	0.019**	0.001***
ΔSHIBOR 不是 ΔLPR 的原因	0.512	0.806	0.902	0.943	0.905	0.995	0.998	1.000
ΔLPR 不是 ΔSHIBOR 的原因	0.931	0.998	0.996	1.000	0.999	1.000	1.000	0.998

（五）脉冲响应分析

进一步分析互联网金融产品收益率 IR 与货币市场利率 SHIBOR 的动态变化关系，使用脉冲响应分析。结果显示，SHIBOR 的 1 个正向单位脉冲对互联网金融产品收益率的正效应逐步增加，在滞后 20 期达到 0.0704，且不收敛；互联网金融产品收益率 1 个正向单位脉冲对 SHIBOR 负效应逐渐增加，在滞后 8 期达最大值 −0.0142，之后缓慢收敛。说明货币市场利率 SHIBOR 对互联网金融产品收益率有正向影响，且持续时间较长；互联网金融产品收益率对 SHIBOR 的影响较小，且持续时间较短（见图5）。

（六）结论

1. 互联网金融与货币市场利率有关联性。长期看，互联网金融产品收益率和货

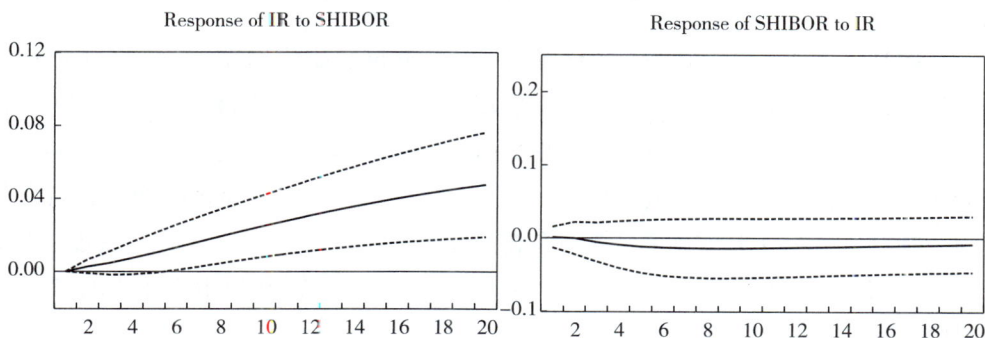

图 5　IR 与 SHIBOR 脉冲响应

币市场利率同向变动；短期看，货币市场利率 SHIBOR 对互联网金融产品收益率有正向效应，且持续时间较长；互联网金融产品收益率对 SHIBOR 的负向效应较小，且持续时间较短。

2. 互联网金融与银行存贷利率关联性不明显。主要因为银行利率管制使存贷利率缺乏变化，以及互联网金融虽发展规模还小而不足以对银行存款市场形成实质性影响。互联网金融虽对银行存贷款市场形成一定冲击，但目前效果还不显著，有待持续健康发展。

3. 银行存贷利率和货币市场利率关联性不明显。主要是利率双轨制下资金市场割裂造成的。应进一步放开银行存款利率上限，实现银行存贷市场和货币市场联动，有效推进利率市场化进程。

五、政策建议

（一）加强互联网金融行业自律，保持健康可持续发展

"互联网＋"技术广泛应，互联网金融广阔前景。然而 P2P 平台倒闭跑路、资金安全等事件给互联网金融发展造成负面影响，必须加强组织内控管理和行业自律。一是互联网金融从业机构要逐步完善内控制度，加强财务管理和风险控制，提高从业人员素质。二是尽快成立互联网金融协会，分业态类型制定行业经营管理标准，强化行业约束，加强信息披露、业务交流、信息共享，树立自律、诚信、守法的行业形象。

（二）加速利率市场化进程，形成统一的市场化利率体系

利率是资金的价格，利率市场化将为包括互联网金融机构在内的市场主体创造公平的竞争环境，为互联网金融金健康发展创造条件。一是积极培育以 SHIBOR 为核心，并参考央票利率、国债收益率曲线的基准利率体系，形成市场化利率调控和传导机制，培育和发展利率风险管理工具。二是进一步放宽直至消除商业银行存款上限。2015 年 5 月 1 日实施的《存款保险条例》为完全放开银行存款利率做好铺垫工作。全面取消管制后，银行存贷款利率将参考货币市场 SHIBOR 等利率体系，根据风险水平自主定价。

（三）转变中央银行货币政策调控方式，加强互联网金融行业监管

一是央行调控方式逐步由数量型向价格型转变。不断丰富货币政策工具箱，继续公开市场操作央票、回购、金融债券等传统工具，创新运用 SLF、SLO、PSL、MLF 等工具，并结合定向降准、差别准备金动态调整、杠杆率和流动性比率等工具，预调、微调市场利率。二是尽快落实互联网金融监管责任。在《关于促进互联网金融健康发展的指导意见》基础上，各监管部门要按照互联网金融业态特征，制定切实可行的监管办法和实施细则，建立和完善互联网金融数据统计监测体系，充分发挥金融监管协调部际联席会议制度的作用，加强监管协调，实现统计数据和信息共享。三是稳步推进互联网金融信用基础设施建设。由国务院征信业监管部门联合相关部门制定征信行业标准。可将中国人民银行个人征信系统和互联网金融平台嵌入式对接；可建立商业性互联网征信机构，开展互联网企业信用评级，增强市场信息透明度。

（四）加快金融机构创新驱动，积极与"互联网＋"融合

传统金融机构采用拥抱姿态迎接"互联网＋"时代到来。一是利用互联网技术、电子商务平台拓宽销售渠道。商业银行或利用自建平台，或与电商平台合作，有效整合上下游和线上线下资源，销售信贷产品和服务；证券、保险等机构既要利用互联网渠道销售现有金融产品，又要与互联网公司合作推出适合对网络客户销售的新型金融产品。二是运用"大数据"理念和技术，加强与互联网征信机构合作，控制信贷管理成本，提高风险管理能力和品定价能力。三是加速业务转型和综合化经营布局，逐步从重资产银行向轻资产银行的转变，全面拓展中间业务，提升中间业务的利润贡献率。

参考文献

[1] 谢平，邹传伟. 互联网金融模式研究 [J]. 金融研究，2012 (12).

[2] 中国人民银行金融稳定分析小组. 中国金融稳定报告2014 [R]. 中国金融出版社，2014.

[3] 陈林. 互联网金融发展与监管研究 [J]. 南方金融，2013 (11).

[4] 宫晓林. 互联网金融模式及对传统银行业的影响 [J]. 南方金融，2013 (5).

[5] 胡小文. 互联网金融的发展及影响 [J]. 金融会计，2014 (4).

[6] 张晓朴. 互联网金融监管的原则：探索创新金融监管模式 [J]. 金融监管研究，2014 (2).

[7] 易纲. 中国改革开放三十年的利率市场化进程 [J]. 金融研究，2009 (1).

[8] 汪宏程. 利率市场化的国际经验、条件与改革建议 [N]. 中国金融，2012 (15).

[9] 罗熹. 利率市场化下银行经营转型 [J]. 中国金融，2013 (3).

[10] 廖原，牛润盛. 中小商业银行适应利率市场化对策研究 [J]. 吉林金融研究，2014 (3).

[11] 孙一铭. 利率市场化视角下的互联网金融 [J]. 上海金融，2014 (6).

[12] 缪海斌. 利率市场化与互联网金融：传染效应与联动效应 [J]. 金融监管研究，2014 (9).

[13] 戴国强，方鹏飞. 监管创新、利率市场化与互联网金融 [J]. 现代经济探讨，2014 (7).

[14] 戴国强，方鹏飞. 利率市场化与银行风险——基于影子银行与互联网金融视角的研究 [J]. 金融论坛，2014 (8).

生态涵养区银行分支机构发展情况的探索

——以工商银行延庆支行为例

工商银行延庆支行课题组[①]

摘要： 根据北京市"十二五"规划关于区域协调的部署，北京市行政区县分为首都功能核心区、城市功能拓展区、城市发展新区和生态涵养发展区四类功能区。其中生态涵养发展区因建设"绿色北京"的需要，经济发展水平远远落后于其他三类区域。因此，地处生态涵养发展区的支行的经营策略应该与地处其他三类区域的支行有所不同。本文首先分析了延庆支行的外部经营环境和同业竞争形势，提出了制约延庆支行进一步发展的主要问题及相应的解决措施。希望通过对延庆支行的调研，为生态涵养发展区支行的经营发展提供借鉴。

关键词： 生态涵养区　银行　分支机构　发展

根据北京市"十二五"规划，生态涵养发展区包括延庆县、怀柔区、密云县、平谷区、昌平区、门头沟区、房山区等7个区县。工商银行北京分行在上述7个区县中分别设置了1家经营管理支行。这7家支行由于地处生态涵养发展区，与北京分行地处其他三类区域的27家支行在经营规模、经营效益、增长情况上存在较大差距。为了解生态涵养区支行的经营发展情况，本文对其中的典型代表——延庆支行进行了深入调研，希望在此基础上为这类支行的发展提供可资参考的建议。

一、生态涵养区支行外部经营环境

为保护首都的生态环境，建设"绿色北京"，生态涵养区被限制发展工业，企

[①] 课题组成员：姚毅，延庆支行党委书记、行长；刘艳艳，延庆支行党委委员、副行长；李涛，延庆支行行长助理；贺文辉，延庆支行高级经理；王宁，延庆支行综合管理部经理。

业数量及规模与北京市其他三类区域不可同日而语，这也直接导致了生态涵养区的经济发展水平明显滞后于其他区域。同时，为发展地区经济，生态涵养区以生态旅游为基础，走出了一条具有特色的发展道路，发展潜力也不可小觑。下面，本文以延庆县为代表，一窥生态涵养区支行的外部经营环境。

（一）生态涵养区经济发展水平明显滞后于其他区域

延庆县位于北京市西北部，常住人口31.6万人，东临北京怀柔区，南接北京昌平区，西与河北怀来县接壤，北与河北赤城县相邻，三面环山，一面临水，总面积1 994平方公里，林木绿化率约75%，是首都重要的水源涵养地、生态涵养发展区，同时也是北京建设国际一流和谐宜居之都的重要组成部分、"京津冀区域"协同发展的重要节点城市。

2013年，延庆县实现地区生产总值91.9亿元，比上年增长10%。其中，第一产业实现增加值11亿元，增长5.4%；第二产业实现增加值23.3亿元，增长7.4%；第三产业实现增加值57.6亿元，增长12.1%；产业结构由上年的12.5:26.1:61.4变化为12.0:25.4:62.6。按常住人口计算，全县人均地区生产总值达到29 190元。

通过对比可以发现，延庆县的地区生产总值明显低于其他行政区县，甚至低于生态涵养区中的其他区县。如图1所示，延庆县2013年GDP总量仅是城市功能拓展区——朝阳区的2%，生态涵养区——昌平区的16%，怀柔区的45%，密云县的47%，平谷区的55%。

亿元

	延庆县	怀柔区	密云县	平谷区	昌平区	朝阳区
2012年	83.2	186.5	178.5	153.2	506.3	3 627.7
2013年	91.9	200.4	196.3	168.5	557.2	3 963.6

图1　北京市部分区县GDP对比

同时，延庆县各项主要经济指标也明显低于其他区县。如表1所示，2014年1~8月，延庆县规模以上工业企业完成工业总产值39.4亿元，实现社会消费品零售额 62.3 亿元，全社会固定资产投资 40.3 亿元，财政收入 16 亿元，城镇居民人均可支配收入 22 197 元，各项主要经济指标与其他区县不在一个量级。

表1　　　　　北京市部分区县 2014 年 1~8 月主要经济指标对比　　　单位：亿元

区县名称	工业产值	社会消费品零售额	全社会固定资产投资	财政收入	城镇居民人均可支配收入（元）
延庆县	39.4	62.3	40.3	16	22 197
怀柔区	357.9	70.5	116.5	21.1	25 308
密云县	199.2	80.2	94	18	22 597
平谷区	173.8	54.1	102.9	35.1	23 959
昌平区	742.4	219.4	315.3	46.4	23 609
朝阳区	644	1 292.9	771.5	—	29 692

2014 年 8 月末，延庆县金融机构各项存款余额 259.1 亿元，远远低于其他区县，是昌平区的 17%，怀柔区的 63%，密云县的 66%，平谷区的 70%。延庆县 2014 年 8 月贷款余额 54.1 亿元，是昌平区的 15%，怀柔区的 40%，密云县的 33%，平谷区的 36%。具体情况如图 2 所示。

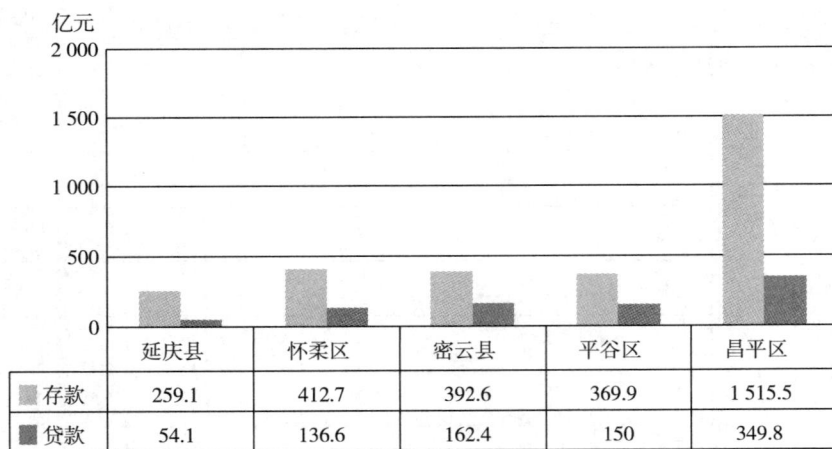

	延庆县	怀柔区	密云县	平谷区	昌平区
存款	259.1	412.7	392.6	369.9	1 515.5
贷款	54.1	136.6	162.4	150	349.8

图2　北京市部分区县 2014 年 8 月末存贷款对比

（二）生态涵养区经济具有明显特色和较大发展潜力

为提高经济发展水平，生态涵养区纷纷以生态旅游为基础，结合当地经济社会、自然环境等特点，走出了一条具有特色的发展之路，并且发展潜力巨大。以延庆县为例，近年来，延庆县深入实施生态文明发展战略，不断加快绿色产业发展，全面提升城市建设与管理水平，打造"县景合一"的国际旅游休闲名区，成功举办了2014年世界葡萄大会，还将承办2019年北京世园会、2022年冬奥会（申办中）等绿色发展大事。以下是延庆县"十二五"规划的部分重点内容：

延庆县"十二五"规划明确的奋斗目标："……深入实施生态文明发展战略，坚持高端一流标准，全面建设环境优美、生态宜居、富裕文明、幸福和谐的'绿色北京示范区'，为建设国际一流的旅游休闲名区、国际一流的低碳经济社会示范区、国际一流的宜居城市和美丽乡村奠定坚实的基础"。

延庆县产业发展规划：以旅游休闲产业为龙头做大三产：促进旅游休闲产业大发展、调整商业服务业结构布局、加快发展文化创意产业、大力培育体育休闲产业；以新能源和节能环保产业为主导做强二产：聚焦新能源和节能环保产业、改造提升传统优势工业、积极培育生产性服务业；以都市型现代生态农业为方向做优一产：加快农业产业结构调整、提高农业产业化水平、加强国际合作与交流；促进产业深度融合：促进第一、第三产业融合，提升乡村旅游品质；促进第二、第三产业融合，丰富工业旅游内容；促进三产的内部融合，催生新型旅游业态。

延庆县产业空间布局规划：一城："按照功能合理、环境优美、绿色低碳、交通便捷、公共服务设施完善的标准，建设宜居宜业新城，打造区域现代综合服务核心区"。一川："以川区为主，坚持有机循环和高端高效的发展方向，开发农业生产、生活、生态等多种功能，大力发展都市型现代生态农业"。两园："聚焦资源节约型、环境友好型工业，高标准建设八达岭经济开发区、东部山区农副产品加工基地两个现代工业园"。四带："依托资源禀赋，重点建设北山休闲度假产业带、环妫河泛创意设计研发及生态休闲产业带、八达岭长城文化旅游产业集聚带、东部山区沟域经济休闲观光产业带"。十个新的战略增长极：长城探戈坞森林音乐谷、大海坨国际山地休闲度假区、北山葡萄酒庄产业集聚区、城南高端商务中心区、北京妫河建筑创意产业园、城北中央温泉休闲商务区、康西草原马文化主题休闲区、野鸭湖湿地生态休闲度假区、百里山水画廊沟域经济示范区、四季花海创意农业示范区。具体见图3。

延庆县新城功能布局规划："加快发展南部，以京张城际铁路建设开通为契机，推动延庆经济开发区转型，大力发展专利服务、研发培训、现代物流等生产性服务业，吸引中小企业总部聚集，打造城南高端商务中心区"；"延伸发展西部，以建设北京妫河建筑创意产业园为重点，加快推进01街区开发，打造城西泛创意设计产业集聚区"；"提升发展北部，加快推进02、03街区开发，切实做好招商引资工作，积极引进高端度假会展项目，打造城北中央温泉休闲商务区"；"优化发展东部，加

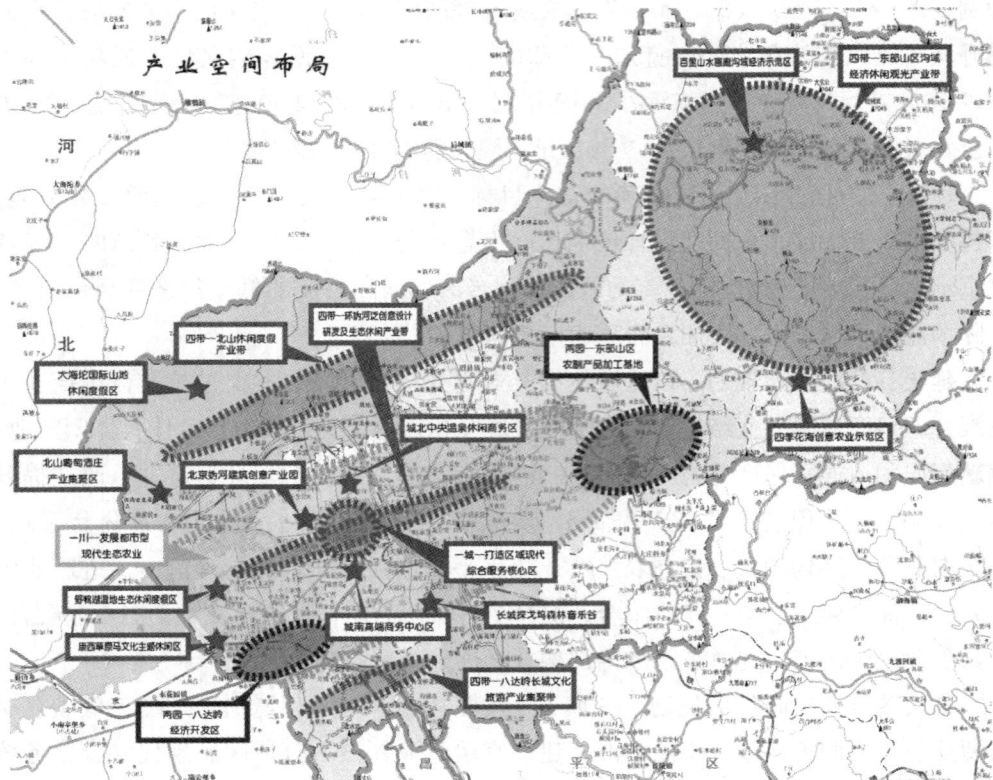

图3 延庆县产业空间布局规划

大环境秩序整治力度，开发京张公路县城段两侧功能，整合城东各种商业资源，打造城东特色商业集聚区和现代物流集散地"，具体见图4。

二、生态涵养区支行同业竞争形势

生态涵养区虽然银行同业数量较少，但由于资源有限，竞争仍然非常激烈。同其他区域一样，工商银行通常在生态涵养区的同业竞争中处于优势地位。同时，生态涵养区大部分属于农村地区，农业银行和农村商业银行凭借其专业优势在竞争中同样占据有利位置。以延庆支行为例：

延庆县内共有各类银行同业机构9家，包括：四大国有商业银行——工行、农行、中行、建行；政策性银行——农业发展银行；城市和农村商业银行——北京银行、北京农商银行；邮政储蓄银行；村镇银行。下面，以可比同业四大行作为比较对象，具体分析延庆支行在延庆县同业中的竞争形势。

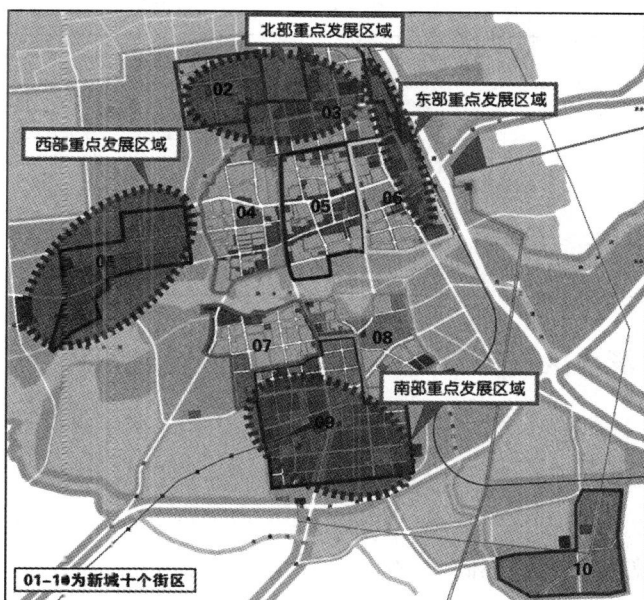

图4　延庆县新城功能布局规划

（一）生态涵养区支行具有稳固的市场地位

延庆支行利润和中间业务收入总量在延庆县四大行中排名第二，与农行具有较大差距，但远高于建行和中行；同时，延庆支行的利润和中间业务收入的人均、网均指标在延庆县四大行中排名第一，远高于其他三行。由此可见，延庆支行与其他三行相比具有较高的经营效率。具体如表2所示。

表2　　　　　延庆县四大行 2013 年度利润及中间业务收入比较　　　　单位：万元

银行名称	在岗人数	网点总数	利润	人均利润	网均利润	中间业务收入	人均中间业务收入	网均中间业务收入
工行	98	3	4 879	50	1 626	1 147	12	382
农行	196	8	7 418	38	927	1 421	7	178
中行	75	2	1 393	19	697	496	7	248
建行	121	4	3 600	30	900	—	—	—

延庆支行历来坚持"存款立行"的基本政策，存款是延庆支行的传统优势，截至 2014 年 9 月末，延庆支行存款总量在延庆县四大行排名第二，低于农行，远高于建行和中行，同时，延庆支行的人均和网均存款在延庆县四大行中排名第一，远高于其他三行。贷款方面，由于曾遭遇信贷停牌等历史因素，延庆支行的贷款无论从总量还是从网均、人均指标均落后于延庆县其他三大行。具体如表3所示。

表3　　　　　　　　　延庆县四大行 2014 年 9 月末存贷款比较　　　　　单位：万元

银行名称	在岗人数	网点总数	全部存款	人均存款	网均存款	全部贷款	人均贷款	网均贷款
工行	98	3	415 036	4 235	138 345	37 992	388	12 664
农行	196	8	688 111	3 511	86 014	125 409	640	15 676
中行	75	2	173 601	2 315	86 801	48 536	647	24 268
建行	121	4	335 671	2 774	79 919	139 124	1 150	34 781

（二）生态涵养区支行与同业相比仍存在一定的短板

2014 年 9 月末，延庆支行全部存款在延庆县全部同业占比为 16%，排名第三；在四大行占比为 26.51%，稳居第二，市场份额较同期提高了 0.44 个百分点。其中，延庆支行对公存款在延庆县全部同业和四大行占比分别为 23% 和 32%，排名均为第二；储蓄存款延庆县全部同业和四大行占比分别为 12% 和 22%，排名分别为第五和第三。具体如图 5 所示。

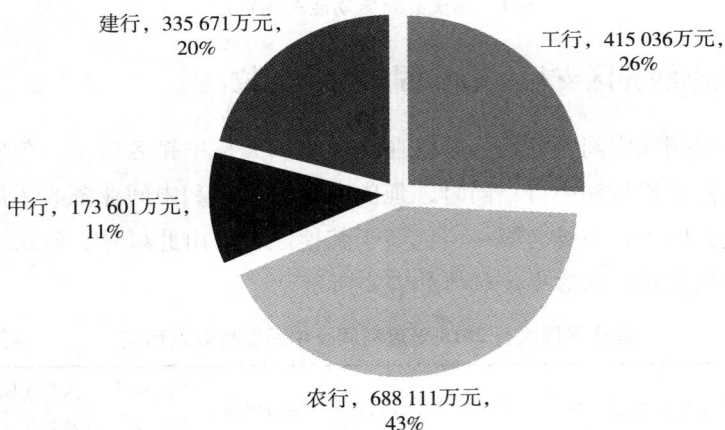

建行，335 671万元，20%
工行，415 036万元，26%
中行，173 601万元，11%
农行，688 111万元，43%

图 5　延庆县 2014 年 9 月末四大行全部存款情况比较

虽然由于历史原因，延庆支行贷款规模较小，与存款规模以及在延庆县内的市场地位不相匹配，但随着近年来对于贷款业务的重视和投入，延庆支行贷款呈现出较快的发展势头。截至 2014 年 9 月末，延庆支行全部贷款在延庆县四大行占比11%，市场份额较同期提高了 3 个百分点。同时，延庆支行全部贷款四大行增量占比为 29%。具体如图 6 所示。

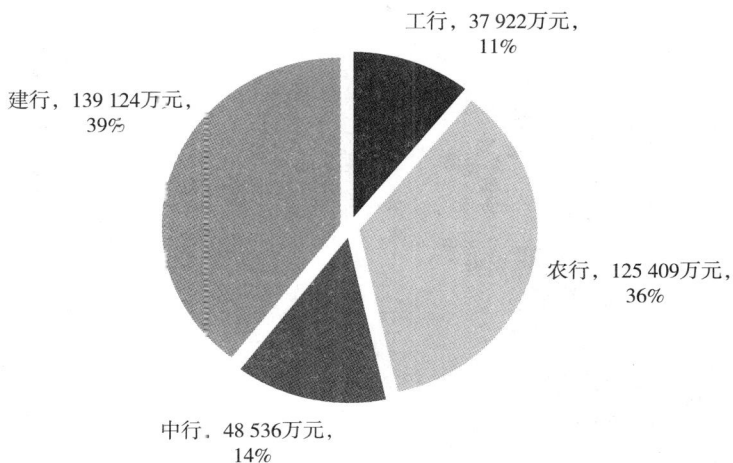

图6　延庆县 2014 年 9 月末四大行全部贷款情况比较

三、制约生态涵养区支行发展的主要问题及对策

虽然生态涵养区支行采取多种措施实现了较快的增长，但仍然存在一些主、客观因素，制约其进一步发展。本部分内容重点就四项问题进行分析，并提出相应的对策。

（一）提升网点竞争力，打破网点数量及布局的制约

生态涵养区支行的网点数量无论同其他区域的系统内支行相比，还是同本地区的同业相比，都显不足。特别是为配合股改上市，生态涵养区支行撤并了诸多网点，尤其是乡镇地区的网点，导致生态涵养区支行网点数量不足的同时，网点布局过于集中于城区，网点的辐射范围有限，制约生态涵养区支行的进一步发展。以延庆支行为例，延庆县银行同业网点布局情况如图7所示。

延庆支行目前共有3家营业网点，网点数量在延庆县全部同业中排名第五，在四大行中排名第三，与农商行、邮储银行、农行相去甚远。虽然3家自助银行在一定程度上弥补了营业网点的不足，但自助银行的服务能力与营业网点相比不可同日而语。同时，参考延庆县新城功能布局规划（见图4）可以看出，延庆支行3家营业网点全部集中在老城区04街区，3家自助银行也分布在老城区05和08街区，东南西北四个重点发展区域目前均无延庆支行的营业网点或自助银行。与此相比，其他同业的网点布局相对更加均衡，特别是农商行和邮储银行还有很多乡镇网点，方

图7　当前延庆县城内的银行网点布局情况

便农村客户办理业务。

网点数量少、布局过于集中在一定程度上制约了延庆支行的进一步发展：一是客户到网点办理业务相对不方便，且排队等候时间相对较长，影响客户——特别是个人客户的体验。从延庆支行储蓄存款在延庆县全部同业占比12%，排名第五可以看出，网点数量和布局对个人客户的影响。二是网点布局过于集中在老城区，缺少在重点发展新城的部署，辐射范围有限，影响延庆支行未来的发展。

为有效克服网点数量和布局对进一步发展的制约，延庆支行需从以下三个方面入手，克服相关困难：一是进一步提升现有网点的竞争力。支行营业部2014年第二季度北京分行百强网点排名108位，要争取利用1~2个季度的时间，进入分行百强网点；妫水北街支行2014年第二季度分行网点竞争力达标考核距离达标成绩仅差10分，要争取利用1~2个季度的时间实现网点竞争力考核达标；东街支行要在目前现有的条件下进一步提升网点竞争力，同时在延庆县重点发展城区寻找合适位置迁址新建。二是新建网点或自助银行。要在延庆县重点发展城区选择合适位置新建营业网点或自助银行，可重点考虑建设专门的财富管理中心，将工商银行打造成为延庆县的高端银行品牌，解决现有网点布局过于集中并且对重点新城缺乏辐射力的问题，以及高端客户因网点排队时间过长而流失的问题。三是加大业务分流力度。要引导客户使用自助银行，持续压降可分流率。同时，要提高网上银行、手机银行的产品覆盖率以及动户率，培养客户使用电子银行的习惯。要使全行上下充分认识到：电子银行的使用率越高，网点数量少的制约就越小。

（二）加强激励约束，打破人力资源状况的制约

受历史因素、地域限制以及实际情况的制约，生态涵养区支行的人力资源状况通常呈现出员工数量少、年龄偏大以及整体素质不高的问题，制约生态涵养区支行的发展。以延庆支行为例。

一是内设科室数量少，每个内设科室均对应多个分行部室，需要处理大量日常工作，人员紧缺。延庆支行组织结构如图8所示。二是员工数量少，截至2014年9月末，延庆支行在岗员工共计98人，其中前台员工24人，占比24.49%；销售类员工23人，占比23.47%。员工数量远远少于系统内其他支行以及延庆县同业。三是员工年龄偏大，在岗员工平均年龄42岁左右。35岁以下青年员工30人，占比30.61%；45岁以上中年员工57人，占比58.16%。支行年龄分布呈现出亚铃形，青年员工数量相对较少，30~45岁员工数量极少，而近几年内将有多名员工达到退休年龄。四是员工学历偏低，全日制本科及以上学历23人，占比23.47%；大专及以下学历41人，占比41.84%。学历偏低在一定程度上反映了员工的整体素质不高。

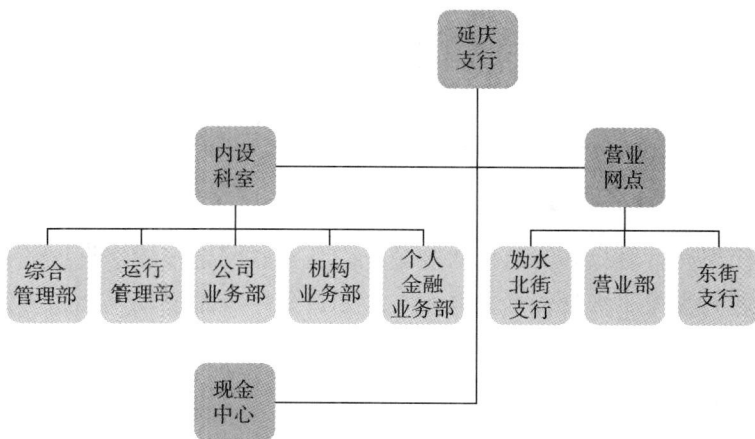

图8　延庆支行组织结构图

为解决人力资源状况的制约，延庆支行应从以下几个方面着手提高各岗位员工工作的积极性：一是高度重视对青年员工的培养和使用，敢于把青年员工放到重要岗位，敢于给青年员工较大的发挥空间。截至2014年9月，延庆支行青年员工占中层管理人员的比重已经达到27.78%，同时选聘5名青年员工担任科长助理。二是注重提高中年员工的工作积极性，研究建立相关奖励机制、转岗机制，激发占支行总人数一半以上的中年员工的活力和热情。三是提高管理人员的主动性和创造性，

修订完善中级管理人员考核办法，奖罚分明，发挥管理人员的核心作用和领导作用。此外，还要针对人员紧缺、退休人员增多的情况，提前合理规划员工需求数量，通过分行年度校园招聘补充新生力量。

（三）促进高附加值业务营销及业务处理能力提升

上述网点和人员的问题主要是客观问题，除此之外，生态涵养区支行还存在制约发展的主观问题，首当其冲就是高附加值业务营销能力不足。如图9所示，生态涵养区支行的中间业务收入远远落后于其他区域支行，同时，从增长情况、任务完成情况来看，生态涵养区支行的中间业务收入也不容乐观。

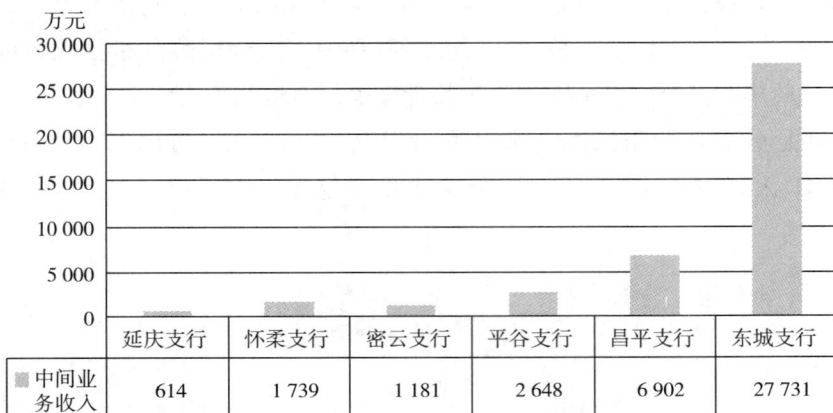

万元

	延庆支行	怀柔支行	密云支行	平谷支行	昌平支行	东城支行
中间业务收入	614	1 739	1 181	2 648	6 902	27 731

图9　2014年上半年部分支行中间业务收入情况对比

在利率市场化、直接融资取代间接融资以及互联网金融快速发展的经济金融环境下，商业银行如果不提早转型，将在未来的竞争中面临被动局面，生态涵养区支行更是如此。因此，生态涵养区支行需要通过提升高附加值金融产品的营销能力，积极培育中间业务收入新的增长点：贵金属业务要实施实物类产品打品牌、交易类产品创收入、融资类产品优化结构的经营策略，以拓户为抓手，加强对中高端客户的渗透营销，扩大账户贵金属、品牌金积存、积存金积存、贵金属递延业务等交易类贵金属客户规模。代客资金业务要积极优化产品结构，大力营销结售汇等高收益业务，扩大延庆支行结售汇收入。资产管理业务要通过公司客户的拓展，实现理财管理规模与收入共增长。同时，进一步加大对私人银行客户和国际业务客户的拓展力度。

除此之外，由于生态涵养区支行具有网点数量少，分布过于集中的特点，业务处理能力直接影响客户排队等候时间和到店体验，相对城区及近郊支行显得更为重要。以延庆支行为例。2014年9月，延庆支行辖属三个网点综合化率已达100%，网点柜口为 27 个，高低柜配比为 3.31:1，高于分行平均水平 1.95:1。前台柜员人均工作量 139 笔，虽高于分行平均水平 125 笔，但与诸多支行仍有差距。投放自助机具 53 台，自助机具单机日均总笔数 146 笔，远远低于大多数支行的水平。柜面可分流率 16.49%，高于分行可分流率 15.92% 的水平。

因此，生态涵养区支行需要从以下几个方面进一步提高业务处理能力：一是合理配置高低柜，进一步提高低柜的配置比例；二是加强对前台柜员的激励约束及业务知识培训，进一步提高前台柜员工作量，降低风险暴露水平；三是合理布放自助机具，加强大堂团队的分流引导能力，培养客户使用自助银行的习惯。

（四）抓住所在地区发展机遇，促进效益和规模增长

根据前述分析，生态涵养区经济发展水平较其他区域有较大差距，在很大程度上影响了生态涵养区支行的经营效益和发展水平。同时，随着生态涵养区以生态旅游为基础走出一条具有特色的发展道路，生态涵养区支行也应顺势而为，结合当地及本支行的特点，找准自身定位，在现有资源和条件的基础上实现快速可持续发展。下面以延庆支行为例具体说明。

根据延庆县政府的整体规划部署，延庆县在未来几年将开展以下重点项目，为延庆支行的发展提供了宝贵机会：一是绿色大事，包括 2015 年世界马铃薯大会、2019 年世界园艺博览会以及 2022 年冬季奥运会。其中 2019 年世园会的核心及配套项目总投资约 357 亿元；2022 年冬奥会正在申办中，举办城市将于 2015 年 7 月 31 日正式确定，申办成功的几率很大。二是基础设施建设，2014 年延庆县确定 120 项重点工程，计划投资 627 889 万元。这些重点工程集中在市政基础设施、农林水等领域，主要的重点工程有：京张城际铁路延庆段；进京新通道——兴延高速（昌平兴隆口—延庆）；110 国道二期工程（G7 高速）；燃气高压管网建设工程；平原地区造林工程；乡镇污水设施、再生水厂建设及河道治理等。三是地产开发，包括中关村延庆园、万达城市综合体等。其中，中关村延庆园计划投资约 83.64 亿元，用于开发建设，并围绕产业定位，帮助中关村延庆园引进和培育 3~5 家拥有自主知识产权和知名品牌、核心竞争力强、主业突出、行业领先的大企业，推动延庆园建成以企业为主体、市场为导向、产学研用紧密结合的产业技术创新平台，打造一批 10 亿元级龙头企业和专、精、特、新的中小企业。

延庆支行应该继续坚持"一条主线、两个突破、三大保障"的总体工作思路，以利润创收为主线，以公司金融业务和网点效能提升为突破点，以绩效考核、作风建设和风险防控为保障，抓住延庆县发展机遇，加快支行效益和规模的增长。

参考文献

［1］延庆县国民经济和社会发展第十二个五年规划纲要．

［2］北京市各相关区县政府网站．

［3］延庆县 2013 年政府工作报告．

［4］延庆县 2014 年上半年经济社会发展情况报告．

［5］延庆支行 2013 年工作总结及 2014 年工作计划．

［6］延庆支行 2014 年上半年工作总结及下半年工作计划．

观察思考

金融资产管理公司深入推进综合经营的战略思考

纪　淼①

摘要： 随着金融自由化和全球经济一体化的发展，综合经营已发展为全球趋势。近年来，在以银行理财和互联网金融为代表的金融创新的推动下，在利率市场化等各项金融改革加快推进的背景下，我国金融业分业经营的形势悄然发生变化，涌现出不同类型的综合经营模式。与银行或保险主导模式不同，我国金融资产管理公司形成了特有的金融综合化经营模式。本文对20家代表性的国际大型金融机构的综合经营模式进行比较分析，并结合金融资产管理公司的实际情况，提出深入推进金融资产管理公司综合经营的政策建议。

关键词： 综合经营　金融资产管理公司　发展战略

一、引言

随着金融自由化和全球经济一体化的发展，金融业综合经营已成为国际发展潮流。综观分业经营向综合经营转变的历史，具有两大特征：一是渐进性特征。综合经营的发展趋势并非一帆风顺，而是随着内在条件和外部历史环境变化，呈现出逐步探索、逐步积累、逐步发展的远程。历史演进的每个阶段受到各国金融管制程度、金融创新和金融一体化水平、科技发展水平、内部冲击及外部竞争等诸多因素影响。二是多样化特征。随着综合经营向纵深化发展，各国出现了多元化的综合经营模式。按照组织形式划分，主要有以德国为代表的全能银行模式和以美国为代表的金融控股公司模式；其中金融控股公司按照与公司行业划分，主要有银行控股公司模式、保险控股公司模式、证券控股公司模式和实业控股公司模式；按照运营模式划分，金融控股公司主要

---

① 作者简介：纪淼，现供职于中国信达资产管理股份有限公司。

有松散型模式、事业部模式和纯粹型金融控股公司模式。事实证明，综合经营有很多优势，如节约交易成本、分散金融风险、获得协同优势的作用；同时在更大程度上容纳金融创新、满足金融需求。2008年的金融危机中，花旗集团、汇丰集团等凭借多元化板块，较强资本实力和稳定资金来源，分散了金融风险，顺利渡过难关。

近年来，在以银行理财和互联网金融为代表的金融创新的推动下，在利率市场化等各项金融改革加快推进的背景下，我国金融业综合经营趋势明显，出现了以银行为主导的综合经营模式、以保险为主导的综合经营模式以及以实业为主导的综合经营模式等。但是，我国综合经营仍处在探索阶段，外部的客观环境和内部管理机制还不够成熟。其中，在分业经营、分业监管的框架下，限制了金融资源的有效配置，不利于金融业的规模经营、国际竞争力提高及传统金融企业向现代金融企业的转变。同时，现行的金融法律框架在短期内很难取得突破，金融监管的体制机制、能力水平、手段经验亟待改进。从内部管理来看，综合经营存在潜在的系统性风险、内部交易以及财务杠杆率过高等问题。为向国际综合金融趋势靠拢，不断提升我国的综合经营管理水平，逐步改进金融市场环境，有必要对国际上已有的综合经营管理模式加深研究，从而为我国的金融业综合经营改革提供借鉴。

金融资产管理公司作为我国金融系统中的重要补充，凭借经营不良资产优势，逐步拿到金融牌照，并搭建了综合经营框架。"继续发挥不良资产处置优势，探索开展综合经营"是国务院明确的资产公司业务转型方向。自商业化转型以来，四家资产管理公司经过积极探索，虽然取得了一系列成效，但业务的市场竞争力仍然薄弱，盈利可持续性受到挑战。如何打造可持续盈利模式，探索适应综合经营的管理路径成为值得深入研究的课题。本文拟通过比较分析20家全球系统重要性银行成员单位的综合经营成效，结合四家资产管理公司目前的综合经营实际，对金融资产管理公司深入推进综合经营的战略问题进行一些思考和探索。

二、全球系统重要性银行的综合经营基本情况

全球系统重要性银行是指在金融市场中承担了关键功能、具有全球性特征的金融机构，这些机构一旦发生重大风险事件或经营失败，就会对全球经济和金融体系带来较大影响甚至是系统性风险。全球系统重要性银行被视为全球银行业的"稳定器"，这些金融机构历史悠久，战略目标和定位清晰，具有可持续的业务和盈利模式；管理制度先进，客户群庞大，建立了国际化的营销网络，具有全面的风险管理架构和标准；经历了数次经济周期性变化，积累了丰富的持续发展经验。2011年11月，经G20戛纳峰会批准，金融稳定理事会（FSB）确定了首批29家全球系统重要性银行名单。

2013 年 11 月，FSB 发布了最新的 29 家全球系统重要性银行名单，国内仅有工商银行和中国银行入选。综合考虑年报信息来源和数据的可比性，我们最终从北美、欧洲和日本三个地区选择了 20 家金融机构进行比较研究。名单详见表1。

表1　　　　　　　　　　　研究样本来源

区域	机构名称	数量
北美	高盛集团、花旗集团、摩根大通、美国银行、道富银行、纽约梅隆银行、富国银行、摩根士丹利	8 家
欧洲	法国巴黎银行集团、荷兰国际集团、瑞典北欧联合银行、巴克莱银行、瑞士瑞信银行、德意志银行、瑞士银行、苏格兰皇家银行集团、渣打银行	9 家
日本	三菱日联金融集团株式会社、日本瑞穗金融集团、三井住友金融集团	3 家

本文对 20 家金融机构的主要金融板块设置和金融服务内容分别进行了区域比较，并将不同区域的业务构成综合起来，共梳理出 14 个业务板块类型，分别是商业银行、零售银行和企业银行、批发银行、社区银行、投资银行、信托银行、投资管理、私人银行与财富管理、投资服务、交易服务、租赁业务、消费金融、国际化业务、公司/私人股本业务、非核心业务单元。

20 家金融机构中，有 12 家金融机构某一项业务占总收入的 50% 以上，主要业务收入的业务类型包括：投资服务、社区银行、零售银行和商业银行、批发银行、私人银行和财富管理，如表2所示。

表2　　　　　　业务收入占比超过50%的主要金融机构业务板块

业务\机构	道富银行	纽约梅隆银行	富国银行	巴克莱银行	瑞士瑞信银行	渣打银行	瑞典北欧联合银行	花旗金融集团	法国巴黎银行集团	荷兰国际集团	日本瑞穗金融集团	三井住友金融集团
投资服务	●	●										
社区银行			●									
零售银行和商业银行							●	●	●	●	●	●
批发银行						●						
私人银行和财富管理				●								

注：根据各家金融机构年报中业务板块构成相关数据整理。

12 家金融机构的主营业务可以分为三种类型：一是以商业银行业务为主导的类型，包括花旗集团、法国巴黎银行集团、荷兰国际集团、日本瑞穗金融集团、三井住友金融集团、瑞典北欧联合银行、富国银行、巴克莱银行、渣打银行。二是以投资服务业务为主导的类型，包括道富银行和纽约梅隆银行。三是以私人银行和财富管理为主导的类型，瑞士瑞信银行。

从 20 家金融机构的业务集中度来看，上述 12 家金融机构有某项业务收入占比超过 50%，其他 8 家业务收入来源具有多元化、分散化特征。如图 1 所示。

总体来看，20 家金融机构业务结构，呈现出多元化特征，同时各业务板块都具有很强的竞争力。在此条件下，多元化和分散化的结构有利于分散经营风险，实现业务协同和优势互补，拓展业务范围，扩大客户网络，增强综合竞争能力，为战略转型和调整拓展空间，为实现综合经营的规模经济和范围经济奠定基础。

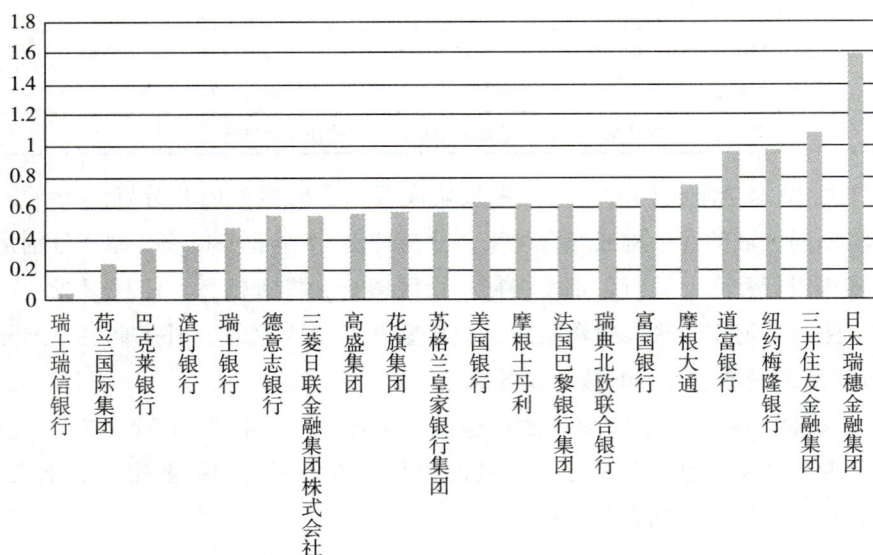

注：数据是根据各家机构业务板块占比，计算变异系数得出，变异系数越大说明业务集中度越高。

图1　各家金融机构业务集中度比较

为衡量这 20 家金融机构的业务能力和水平，我们选取了三项指标：一是合并毛利润增长率，作为衡量企业增长能力指标。比较结果见图 2。二是合并净资产收益率（资本回报率），作为衡量企业利润的指标。比较结果见图 3。三是一级资本充足率，作为衡量企业运营安全性指标。比较结果见图 4。

三、全球系统重要性银行的发展战略及落地措施借鉴

（一）战略选择

1. 基本类型。各家机构都制定了中长期的战略目标，主要包括以下几种类型：一是制定全球性战略，打造全球化的商业模式。典型代表高盛集团、花旗集团、纽约梅隆银行、摩根士丹利、巴克莱银行、瑞士瑞信银行、德意志银行、三菱日联金

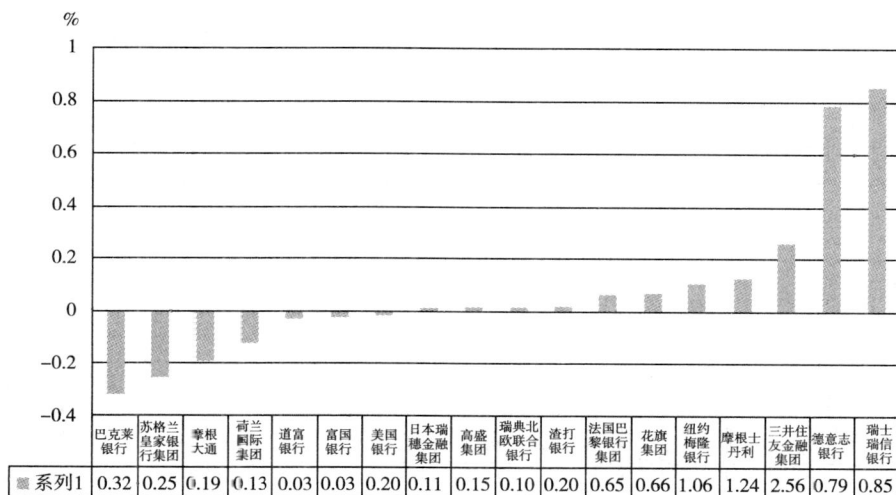

	巴克莱银行	苏格兰皇家银行集团	摩根大通	荷兰国际集团	道富银行	富国银行	美国银行	日本瑞穗金融集团	高盛集团	瑞典北欧联合银行	渣打银行	法国巴黎银行集团	花旗集团	纽约梅隆银行	摩根士丹利	三井住友金融集团	德意志银行	瑞士瑞信银行
系列1	0.32	0.25	0.19	0.13	0.03	0.03	0.20	0.11	0.15	0.10	0.20	0.65	0.66	1.06	1.24	2.56	0.79	0.85

资料来源：根据 2013 年年报数据整理，18 家金融机构相对 2012 年的毛利润增长率。

图 2　合并毛利润增长率

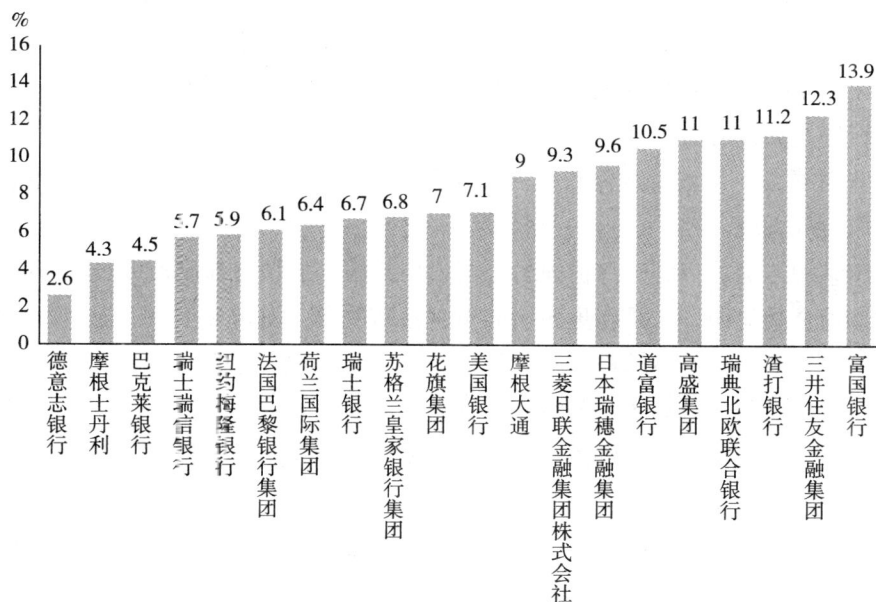

资料来源：根据 2013 年年报数据整理。

图 3　合并净资产收益率

融集团株式会社、三井住友金融集团、渣打银行等 10 家金融机构。二是综合经营战略。典型代表是富国银行、瑞士瑞信银行和德意志银行 3 家金融机构。三是以客户、消费者、社区为核心的关系型战略。典型代表摩根大通、美国银行、富国银行、法

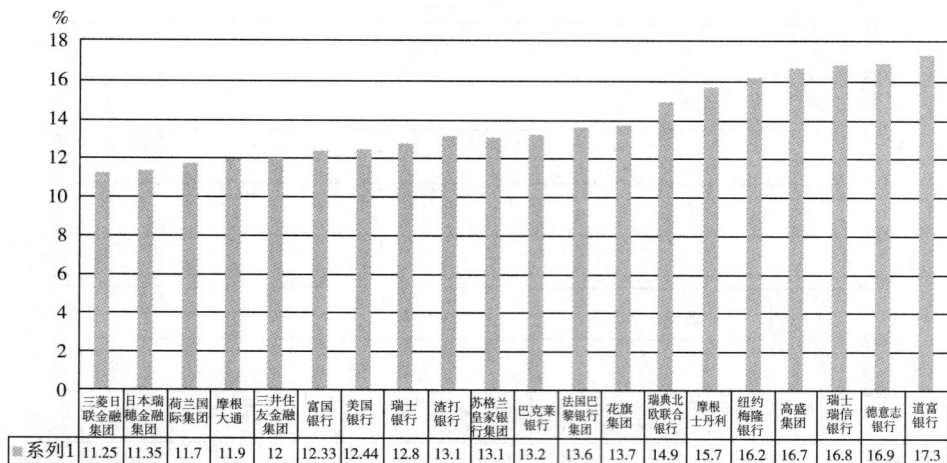

	三菱日联金融集团	日本瑞穗金融集团	荷兰国际集团	摩根大通	三井住友金融集团	富国银行	美国银行	瑞士银行	渣打银行	苏格兰皇家银行集团	巴克莱银行	法国巴黎银行集团	花旗集团	瑞典北欧联合银行	摩根士丹利	纽约梅隆银行	高盛集团	瑞士瑞信银行	德意志银行	道富银行
系列1	11.25	11.35	11.7	11.9	12	12.33	12.44	12.8	13.1	13.1	13.2	13.6	13.7	14.9	15.7	16.2	16.7	16.8	16.9	17.3

注：根据 2013 年年报数据整理。

图 4　一级资本充足率

国巴黎银行集团、瑞典北欧联合银行、瑞士瑞信银行、德意志银行、三菱日联金融集团株式会社、三井住友金融集团、苏格兰皇家银行集团等 10 家金融机构。四是竞争性和创新型战略。典型代表高胜集团、摩根士丹利、道富银行、荷兰国际集团、瑞士银行等 5 家金融机构。

2. 关注重点。阶段性战略目标的关注重点包括技术、客户、业务、资本、组织结构、风险等方面。

组织结构方面。一是建立稳固的公司治理结构，加强对各业务板块策略的制定。如日本瑞穗金融集团。二是在集团层面重视法规执行。如高盛集团。三是简化公司组织结构，精简法律实体结构，实行管理优先，加快决策过程。如德意志银行、美国银行、法国巴黎银行集团、苏格兰皇家银行集团。四是减少官僚作风，合理配置经营管理人才。如荷兰国际集团。五是资源配置持续关注客户需求，增强资源配置的简化透明性，减少复杂性。如苏格兰皇家银行集团。

资本管理方面。一是优化业务组合提高资本效率。二是为股东提供高的资本回报率，进行可持续增长的战略投资，维持股本结构。如高盛集团、道富银行、摩根士丹利、三菱日联金融集团株式会社、日本瑞穗金融集团。三是增加资本充足率。通过重大资产销售、套期保值实现资本目标，封闭资本缺口。如德意志银行。

业务经营方面。一是提升现有业务板块，使其达到最佳经营状态，整理业务单元，在传统业务和新增长业务方面重新配置资源。发展私人银行和财富管理、投资管理等高回报率的业务，规范经营管理。扩大另类投资服务，增加金融解决方案类型。如道富银行、纽约梅隆银行、苏格兰皇家银行集团、渣打银行、巴克莱银行、瑞士瑞信银行、摩根士丹利。二是扩大业务平台，创新收入来源，增加业务网络。如摩根大通、三菱日联金融集团、三井住友金融集团。三是设立多元化和分散化的业务模式，向客户提供多元化的资产组合复合产品，满足不同类型企业和个人客户的金融服务需求。如高盛集团、富国银行、三井住友金融集团。四是优化区域业务战略布局，进入高增长市场。如道富银行、三井住友金融集团。五是建立非核心业务单元，起到风险缓释作用。如德意志银行、瑞士瑞信银行、巴克莱银行、美国银行。六是加强战略联盟，扩大业务合作范围，增加高质量资产，加强交叉销售。如三菱日联金融集团。

客户管理方面。一是分析市场结构，紧贴客户需求制定不同的产品和策略，提供咨询为导向的产品和服务，保证较高的专业水平和职业精神。如高盛集团、瑞典北欧联合银行、三菱日联金融集团、摩根大通。二是通过数字化创新等方式改进客户体验。如法国巴黎银行集团、花旗集团、道富银行、纽约梅隆银行、瑞士瑞信银行。三是建立国际和国内广泛的客户关系网络，维护和开发与现有客户的关系，发展以社区和区域为基础的客户关系。如富国银行、荷兰国际集团、德意志银行。四是坚持以客户为中心，提供综合化一体化服务，提升研究能力。如三井住友金融集团、三菱日联金融集团。

风险管理方面。一是适应新的监管框架，深入理解客户需求和风险，加快新规则的制定。如摩根大通、法国巴黎银行集团。二是降低风险，建立非核心战略单位，降低加权风险资产，管理市场风险和周期波动性变化。如美国银行、瑞士瑞信银行。三是继承良好的风险管理文化，加强风险和合规培训。如富国银行。

信息技术方面。一是利用信息技术提高决策效率，提高工作效率，简化工作方式，实现标准化运营。如苏格兰皇家银行集团、渣打银行。二是在更加微观的层面开发新技术，利用 IT 技术创新服务。如高盛集团。三是利用信息技术发挥风险管理优势。如高盛集团、花旗集团。

（二）落地措施

1. 做好客户关系管理，实现企业的最终价值。以瑞典北欧联合银行为例，一是建立金融机构与客户多元化服务的共赢关系。在为客户提供服务的过程中，能够实现银行和客户双方的利益，形成价值互补。二是建立以客户需求为中心的产品服务体系，做到精准服务。针对不同客户设计了不同类型的产品、服务和价格水平。三是建立多元化分销策略，加强客户分析。通过多渠道主动加强与客户的联系。分析客户财务情况和长期需求偏好，从而为其提供综合性的金融解决方案。

2. 打造综合经营平台，建立统一的管理体系。以三菱日联金融集团为例，在综合经营体系下，将主要的业务平台（控股公司及相关子公司）业务集中在四大主要的业务领域，将产品开发、促销和市场化行为纳入统一的管理体系下。四大业务管理平台包括：综合零售银行业务单元、综合企业银行业务单元、综合信托资产业务单元、全球业务综合管理单元。不同业务单元内通过整合客户和销售网络资源和专业服务经验满足客户日益多样化和复杂的金融需求，拓展商业机会。

3. 促进交叉协同销售，提高综合盈利能力。法国巴黎银行的交叉销售表现为银行与其他业务的合作，如零售银行2013年推出新的产品，为个人客户提供家庭保险政策，并针对特定区域客户提供保险产品；商业银行板块推出了现金管理工具和厂商租赁服务等。意大利的BNL银行在被法国巴黎银行收购后，大力推动交叉销售业务模式，迅速提升了业绩水平。

4. 加快信息化步伐，全面推动业务创新。一是系统建设方面。荷兰国际集团在整个系统中植入更便捷、自动化的IT工作方式，以较低的成本使产品和服务迅速传递给客户；道富银行构建新的信息技术结构，整合个人云设施。二是客户体验方面。花旗银行应用苹果iPad，创新设计了应用程序，扩大了应用功能，为投资者创建在线交易平台，提升了使用者体验。三是业务运营方面。道富银行更多关注业务流程优化和标准化，关键业务流程的自动化，打造全球化业务平衡模式中心。四是客户信息管理方面。摩根大通在各个业务板块都建立了客户信息管理系统，这样有利于加深对客户的了解，同时能更好地协调销售，有利于向同一客户销售多元化产品，同时提高客户满意度和利润贡献度。五是大数据应用方面。摩根大通成立了高效能的专家团队，充分利用数据，为客户建立智能化的解决方案。

5. 人力资本管理要筑牢基础，人才战略要放长远。高盛集团在人力资本开发方面有两个重点：一是培养出色的管理者。在各个管理层次都融入了对领导能力的开发和培养理念。二是招募和培养青年优秀人才。通过社会媒体加大公司宣传，同时通过训练有素的领导人更好地管理具有全球化视野和专业技术的青年人才。高盛大学还通过开设上百门课程，加强对专业能力和领导力的培训，通过让青年一代和专业经验丰富的资深人士密切合作提升其能力。

6. 加强风险管理，为业务发展提供可靠保障。摩根士丹利安然渡过了2008年金融危机，不可否认其内部风险管理体系发挥了重要作用，其风险管理主要经验：一是风险全覆盖。摩根士丹利的全面风险管理结构包括董事会审计委员会、风险管理委员会、公司控制组相关部门三个层级。二是事业部内设置风险管理组织。各事业部内都设有风险委员会、操作和信息技术控制组等内部风险管理组织。事业部的内部控制组与公司控制组一起评估事业部各项风险监控和管理的政策和流程。控制组的高级管理人员要确保事业部风险管理政策和流程、风险超限的例外原则、新产品推出、有重大风险的交易等经过了事业部风险委员会和公司风险委员会的全面评估。三是审计部门开展全面风险审计。公司内部审计部门对董事会审计委员会负责，在行政上有公司的首席法律官领导，定期对公司的运营和控制环境进行检查，对公司所有类别的风险进行审计，并向审计委员会提供独立的风险控制评估报告。四是采用科学的风险管理技术方法。使用先进的定量和定性测量和分析工具，根据市场风险规律，独立地检查公司的交易组合。定期检测集中度风险，并通过分散化的经营战略和计划来减少此风险。

7. 加强战略联盟，扩大综合经营的外延。金融控股集团的综合经营还表现为与外部机构进行战略联盟，发挥协同效应。三菱日联金融集团与摩根士丹利2008年组成了全球联盟，到目前该联盟进入了战略深化阶段。战略联盟下成立的两家合资的证券企业为双方扩大了业务区域和领域。此外，通过开展员工借调计划，分享业务领域经验。

四、资产管理公司综合经营面临的形势及问题

资产管理公司在综合经营的发展道路上，形成了多元化的业务领域，包括资产管理、投资银行和综合金融服务三大板块，业务覆盖银行、证券、期货、信托、租赁、基金管理、保险、资产管理、置业、投资服务、担保、咨询、评估、交易、小微金融、互联网金融等。同时，各家公司结合自身特色和优势确立了阶段性的战略重点，如东方重点强化资产管理（包括不良资产）和保险等战略业务领域，并进行管控模式的调整；华融确定了"十大战略性转型"并重点发展资产管理和综合金融服务业务；长城将第三方资产管理作为业务发展重点，并加强第三方资产业务的统筹管理等；信达将资产管理和综合金融服务作为战略重点。

在商业化转型过程中，资产管理公司面临激烈的市场竞争和内外部客观环境的变化，经营管理面临诸多挑战：一是可持续盈利能力的挑战。从行业特点看，不良资产管理行业存在周期性和行业性特点，受经济运行态势影响较大。从业务特点看，不良资产存量不足，市场有效供给减少，且竞争日益激烈，盈利出现不可持续性特征。从结构特征看，资产管理公司的投资银行和资产管理业务刚起步，无论经验、专业能力、人才配备、管理机制方面都没有完全到位，投资收益并没有出现大的增长和变化。相对于国际大型金融机构而言，投资银行业务和资产管理业务有待进一步优化。从金融服务看，虽然资产管理公司控股子公司已经覆盖了金融行业的全牌照，但弱小局面仍未改变，与同业存在较大差距。二是组织管理体制和配套政策滞后。第一，在复杂的市场环境下，母公司和平台公司之间业务、资源、文化以及相

关利益的整合难度非常大，风险管理情况复杂，任务艰巨。第二，由于组织机制不顺畅，公司内部容易出现利益冲突、管理混乱等问题。第三，"铁饭碗"思维依旧存在，虽然步入了综合经营阶段，但对市场的反应速度较慢，市场开放程度不够。第四，随着资产管理公司业务板块的调整，需要开拓和挖掘新的业务类型，新业务的拓展和开发需要较长时间，如果组织管理措施不到位，则很难为业务发展提供有力和可靠保障。

五、金融资产管理公司开展综合经营的政策建议

综合经营是一项长期而复杂的工作。资产管理公司要做好顶层设计，加强配套措施建设，提高政策执行力度，保持对市场的高度敏感性。

（一）业务经营方面，至少建立两大核心业务板块，对金融服务板块进行战略分类，建立非核心业务单元，打造可持续盈利模式

国际同业经验表明，优化和调整业务板块的阶段性目标是提高资本效率，实现可持续盈利；主要手段是通过传统和新增业务板块之间的资源配置实现。具体而言，一是建立至少两大核心业务板块。20家机构中12家机构有某一项核心业务收入超过总收入的50%，且有8家至少有两大核心板块。核心板块对于企业可持续盈利和发展壮大密不可分。因此，在打造核心板块的同时，建立具有稳定盈利特征的第二类，甚至第三类核心业务板块作为对核心板块的支撑。大力发展资产管理业务，强化集团资源的配置和倾斜，迅速提升该项业务的经营能力，使第三方资产管理和不良资产管理形成互动。二是对金融服务板块进行战略性分类。20家机构中，没有一家机构的所有业务排名中均处于领先地位，战略核心业务各有侧重。业务多元化有利于分散风险，交叉协同。三是建立非核心业务单元。将发展前景不佳、资本回报率低的第三梯队业务纳入该单元，适当时机出售、清算，起到优化资源配置和风险缓释的作用。

（二）组织结构和运行机制方面，简化组织结构，建立事业部制，打造集团集中管理业务单元，同时加强配套建设

一是在集团执行层面，坚决杜绝官僚作风，制定相关激励考核制度办法，加强集团层面的执行力，提高管理效率。二是简化组织结构，减少决策链条，实行扁平化管理。具体而言，参照国际经验建立事业部制，按照不同业务类型划分业务单元，在统一的平台下集中管理和统筹同类业务，实行矩阵式管理。分、子公司的协同销

售统一由集团业务单元进行统一协调，减少信息的不对称和利益冲突带来的损失。三是借鉴国际经验建立先进的客户信息管理系统，有利于实现客户资源共享，节约信息成本，加强集团协同，为客户提供高质量的一站式服务。通过加强对客户信息的研究分析，为不同客户设计不同的产品策略，为精细服务奠定基础，提升客户体验。四是配套建设三要包括风险和人才两个方面。要建立全面风险管理体系，事业部成立后，要在事业部内建立风险管理组织，与集团风险管理协作配合，司时更新风险管理的技术和方法，加强跟踪监测，利用综合手段降低风险。同时，事业部对人才的专业性和综合能力要求很高，需要跨学科的配合，因此在人力资本建设方面需加大力度。

（三）人力资本建设方面，吸引和培养优秀人才，提高集团各层次领导力，建立科学激励考核机制

金融业是一个人力资本密集的行业。资产管理公司目前正处于业务板块调整，战略重构的关键期，对人力资本的要求非常高。因此要加强激励和考核机制的改革，引入市场化高端专业人才和管理人才。一是在年龄结构上做出调整，扩大对外宣传，吸引和培养更多的优秀青年人才。二是从专业能力方面，从多渠道加强对人才的培养。通过开设大量专业课程，加强实践和调研学习，与战略投资者和相关利益者加强战略联盟，推进人才交流和互换，提升资产管理公司人才的专业能力和国际视野。三是加强领导力的培养。优秀的管理者可以更好地领导和培养更多优秀人才。应在各管理层次深入渗透领寻力培养，优化领导干部选拔机制。四是优化激励考核机制。激励和考核是人力资本战略核心。应制定短期、中期和长期人才战略，学习国际大型综合集团先进的制度和经验，跟踪和评估集团内部人才制度执行问题，不断优化解决方案。

参考文献

［1］20家金融机构2013年年报。

［2］长城、信达、华融、东方四家金融资产管理公司官方网站。

［3］陈胜权，刘亚飞. 解读摩根士丹利［M］. 北京：中国金融出版社，2009.

我国社区银行发展路径探讨

施玲华[①]

摘要：在我国，关于社区银行的实践探索已有近十年时间，但目前仍尚未形成较为成熟的社区银行体系或者模式，其为中小企业和居民家庭提供金融服务方面的重要作用尚未得到有效发挥。随着我国经济发展方式的转变，以及金融体制改革的不断深化，社区银行迎来了新的发展机遇。如何把握机遇、创造条件、形成适合我国社会经济形态的社区银行体系或者模式，值得探讨。

关键词：社区银行 路径

一、社区银行的主要特征

社区银行最早源于美国，一般指在一定的社区范围（经营区域）内按照市场化原则自主设立，按照市场化原则运营，主要面向中小企业和普通居民，提供以关系型信贷为核心、个性化程度较高的金融产品和服务的小型金融机构。主要存在以下特征：

一是经营规模小。社区银行的资产规模是与其市场定位和经营策略相适应的，资产规模过大而会增加经营成本和委托代理层级，进而影响其定位和决策。

二是区域性。社区银行依托社区设置，其经营范围局限于一定区域，市场定位于服务本地区的居民和企业，支持本地经济。资金运用上，社区银行资金来源于社区，同时又全部应用于社区。

三是主要服务于中小企业和居民。社区银行将社区内居民家庭、中小企业或农户等较为"弱势"的群体作为主要服务对象，以集中优势资源，提升核心竞争力。

四是以"关系型信贷"为基础。即银行主要凭借与银行客户长期交往中获得的"软信息"来发放贷款。"软信息"主要包括借款人的品行、管理能力和当地市场状

---

① 作者简介：施玲华，现供职于中国人民银行营业管理部。

况等，由于具有强烈的人格化倾向，通常无法从公开市场渠道获得。而社区银行能够与所在区域保持密切的人文关系，在获取"软信息"方面有明显优势。

五是有赖于政府支持。如美国的《社区再投资法》、《小企业法》等对社区银行的生存定位提供了完善的法律保障；孟加拉国政府为保护格莱珉银行的发展，向其提供免税优惠和贴息贷款等支持。

二、我国社区银行发展现状

虽然我国并无专门定义的社区银行，但在长期发展中，为有效支持中小企业发展，通过政策引导及商业银行自身转型，业已形成较为明晰的社区银行发展方向和分工雏形。

（一）商业银行的社区化经营

早在 2004 年城市商业银行（现龙江银行）最早提出建设社区银行的发展思路后，一批规模较小、主要立足当地、有一定经营特色且有相当盈利能力的城市商业银行发展成为具有地方特色的社区银行。2013 年初以来，一些全国性的中小型商业银行也掀起了一股社区化经营的浪潮，通过设立金融便利店、社区金融中心等社区支行或网点的形式开展社区金融方面实践。2014 年 6 月，多家全国性商业银行获得银监会发放的首批社区支行牌照，意味着社区化经营发展模式驶入规范发展的快车道。

虽然目前部分中小型商业银行的社区化经营探索还停留在通过设立驻入服务的自助网点提供便捷服务，但未来发展趋势都是为与大型商业银行主要针对大中型企业提供交易型贷款服务形成错位竞争，发挥管理结构相对扁平及人缘地缘的优势，建设提供贴身便捷、个性化金融服务的支行或网点。目前看来，主要进行了两方面探索：一是员工社区化，即通过雇佣当地员工，或通过长期、多渠道的人际接触，积累客户"软信息"。二是服务社区化，即提供生活化的便民服务，如错峰经营或延时经营、提供诸如专家医疗、汽车养护一类便民非金融服务等；并结合社区事务开发金融产品。以此增进与社区的密切联系，逐步发展"关系型信贷"。

（二）类社区银行（村镇银行）

村镇银行最早于 2006 年在四川、吉林等六省区开展试点，2007 年试点范围扩大至 31 个省份。截至 2013 年末，我国共组建村镇银行 1 071 家，遍及全国半数以上的县（市），75% 的已开业村镇银行实现盈利，九成贷款支农、支小。目前，我国村镇银行已初具社区银行雏形，主要体现在以下几方面：

一是经营定位明确。村镇银行是在农村地区设立的主要为当地农民、农业和农村经济发展提供金融服务的银行业金融机构。由于服务目标定位明确，因此村镇银行在产品设计、服务流程、经营管理上都有针对性地顺应农业发展规律。

二是资金运用限定地域。根据《村镇银行管理暂行规定》，村镇银行在缴足存款准备金后，其可用资金应全部用于当地农村经济建设；村镇银行发放贷款应首先满足县域内农户、农业和农村经济发展的需要。

三是委托治理层级少。委托治理层级少且资金自主支配权大，信息生产与资金配置权基本结合在一起，有利于激励一线经理进行"软信息"的搜集，也符合"软信息"难量化、难传递的特征，有利于发展社区银行"关系型信贷"。

三、我国社区银行发展中存在的问题

（一）具有较强"外生性"，内在机理不畅

一是与当地经济缺乏密切联系。各商业银行积极设立社区支行或网点，主要是看重社区内部吸收存款的巨大潜力，但资金运用与其他支行并无区别，资金未能在社区内形成有效循环。而村镇银行更具有天生的"外生性"，设立目的上，一些村镇银行是当地政府为完成行政任务积极推动建立的，缺少内部孕育、自发形成的过程；股权结构上，由"外来"的主发起银行主导的模式，也使其经营理念、客户结构存在"外生性"问题。

二是尚未建立成熟的关系型信贷机制。由于缺乏行之有效的处理和利用"软信息"的信贷机制，授信决定仍主要基于客户财务报表、抵押物、征信记录一类"硬信息"，在社区内部利用"关系型信贷"解决小微企业信息不透明的优势没有得到充分发挥。

三是金融服务个性化程度不高。商业银行的社区支行或网点多没有金融产品设计能力，为客户推介和提供的金融产品仍然是上级支行或总行统一设计的零售金融产品。村镇银行作为新型农村金融机构，社会认知度低，网点少，规模小，业务种类有限，在业务创新、提供个性化服务方面还处于探索阶段。

（二）有针对性的监管和支持政策缺失，外部环境有待改善

一是社区银行的监管体系建设亟待加强。社区银行在市场定位、组织形式、资本构成等方面与大银行有着较大差异，现有的针对所有银行的内部治理结构、行业

自律、市场约束机制和信息披露机制等方面的监管要求并不完全适用于社区银行。

二是缺乏明确的政策指引。为促进社区银行进入市场，加入市场化竞争，还需宏观政策方面提供支持，培育社区银行尽快发展。而目前我国还没有对社区银行的发展制定相应的优惠、引导政策。

四、我国社区银行发展建议

鉴于我国目前社区银行发展状况，通过新建、改制等手段，构建多模式的社区银行体系。同时在政策上予以配合，为社区银行健康发展创造良好的外部环境。

（一）通过多种模式构建我国的社区银行体系

一是通过特许经营模式，引导社区民营资本及非正规金融组建社区银行。由社区资本自发设立社区银行，或者引导非正规金融组建社区银行，商业银行通过特许经营权形式参与其中。通过这种模式，社区资本能获得经过市场检验的成熟的银行经营模式、降低经营风险；商业银行无须投入资金，即可扩大市场占有率、提高知名度。推行此种模式的关键，是特许银行的规范化、标准化、专业化水平，可以选择经验丰富、经营管理机制科学规范的个别银行先行试点。

二是借鉴格莱珉银行模式，实现中小型银行的"社区化"转型。目前，商业银行设立社区支行或网点的积极性高涨，但对社区金融资源的反哺不足。监管部门可以通过政策倾斜，鼓励大银行开发特定的针对社区中小企业的信贷产品或机制，如无抵押联保贷款，增强其与社区经济的关联，将社区支行或网点建成真正意义上的社区银行。

三是借鉴美国模式，坚持市场化原则新建民营社区银行，改造村镇银行。民营企业资本组建民营银行的意愿强烈，应按照市场化、法制化的思路，严把市场准入关，特别要求其有完善的公司治理结构、清晰的产权制度等，以服务中小企业、服务本地经济发展的定位优势参与市场竞争。对村镇银行，应从股权结构入手，实现本地化转型，放宽民间资本入股条件，允许民间资本作为主发起人，以此减少主发起银行、当地政府对银行经营的干预，增强村镇银行经营的灵活性和自主性。

（二）对社区银行提供必要的政策支持

一是财税政策支持。为鼓励社区银行加强对地区经济、特别是区域内中小企业的支持，对符合标准的社区银行应给予免征所得税和减免营业税的优惠政策。同时建立风险防范基金，对社区银行涉农、中小企业贷款提供政府补贴，降低其运营成本。

二是货币政策支持。加快利率市场化步伐，允许社区银行灵活浮动利率，保证其为弱势领域提供信贷服务的整体可持续性。对社区银行实行较低的存款准备金率，在再贷款和再贴现政策方面给予支持，增强其贷款能力。

三是优化地区金融生态环境。加强社会信用体系建设，健全适合中小企业特点的社区资信认证和担保体系。建立社区工商、税务、银行、企业信息共享机制，减少信息不对称。

（三）完善对社区银行的监管机制

为防止社区银行在经营策略和定位上和大银行趋同，避免"虹吸"现象，保证社区资金真正用于社区，必须对社区银行加强监管。建议借鉴美国的经验，通过法律形式，对社区银行的资金投向进行严格约束。监管部门还需针对社区银行的特点，建立适宜的风险评估、预警机制和信息披露机制。

参考文献

［1］林秀琴，宋林辉. 我国社区银行发展的制约因素及对策研究［J］. 金融理论与研究，2010（8）.

［2］张莉. 我国中小民营金融机构发展路径探析——美国社区银行理论和经验的启示［N］. 辽宁行政学院学报，2013（8）.

［3］陈幼惠. 发展我国社区银行的思路［J］. 经济，2013（5）（下半月）.

［4］朱美玉. 我国村镇银行与美国社区银行对比分析及建议［J］. 金融纵横，2011（12）.

［5］陈一洪，刘惠川. 城市商业银行社区化经营的理论与案例分析［J］. 理论探讨，2012（2）.

［6］魏先法. 西方社区银行经营优势理论综述［N］. 河北经贸大学学报，2012（3）.

［7］燕青. 社区银行楔入"十二五"金融改革［J］. 金融管理与研究，2012（12）.

［8］赵小晶. 我国农村新型金融机构发展研究［D］. 河北农业大学硕士论文，2010－06－09.

［9］吴淼. 村镇银行的可持续发展机制［D］. 中国人民银行研究生部硕士论文，2010－06－01.

［10］张赞. 我国中小商业银行差异化发展策略研究［D］. 辽宁大学硕士论

文，2012 - 05 - 01.

　　[11] 刘健. 我国社区银行发展战略研究 [J]. 金融理论与实践，2013
(10).

　　[12] 曾刚. 社区银行的挑战与前景 [J]. 英才，2013 (12).

试论工行基层行私人银行发展应当确立的若干措施

——基于"大零售"战略背景

金恒钧　咬　亮①

摘要： 本文针对工行私人银行发展现状中的主要问题，分析并提出基层行应当确立的五大发展措施，包括：高瞻远瞩，培养第一代管户经理正确的私银发展观；服务至上，没有同质化的产品配置；直营团队，落实"专家办"的行商轨迹；双管齐下，形成"分层服务＋分润激励"的考核机制；公私联动，以"全行办"促进"大零售"战略的快速发展。

关键词： 大零售　基层行　私人银行　若干措施

私人银行作为朝阳产业，是各商业银行甚至非银行金融机构争相发展的核心业务。工行以其规模和品牌位居业内之首，但也存在诸如客户与员工的私人银行观念有差距，产品同质化现象，服务供给不足，金融队伍的专业不强，考核机制不健全，公私联动不持久等问题。零售竞争日趋激烈，工行基层行（一级支行或二级分行）是战场前线，针对上述问题，笔者认为，应当确立以下若干措施。

一、高瞻远瞩，培养第一代管户经理正确的私银发展观

在"大零售"模式②中发展私人银行，具有充分的渠道和资源优势。基层行

---

① 作者简介：金恒钧，工商银行北京望京支行行长，学术课题组组长；咬亮，西南财经大学金融学博士，工商银行北京望京支行零售金融业务部副经理。

② 2014年，工商银行启动"大零售"战略，提升零售金融贡献，私人银行发展进入"大零售"模式阶段。

的一线营销人员，是在多年的客户关系积累中依靠相互信任、依托工行品牌成长起来的，他们经历了中国经济的"奇迹"，也见证了客户财富的"丰盈"，既开启了第一代私人银行客户服务，也成为第一代高端客户的管户经理。望京支行作为工行北京分行私人银行业务的试点，紧跟总分行战略导向，通过以人为本的管理理念提升营销队伍整体素质，无论是财富顾问还是个人客户经理，都应树立正确的私人银行发展观，主要从以下三方面入手：一是客户资源是银行生存的根本，要充分借助"大零售"的渠道和资源优势，特别是在当前财富客户激增、同业竞争激烈的市场环境中，本着"开源节流"的管户理念发展私人银行业务，从客户规模、资产规模、销售规模及中收规模考量基础的薄厚，从达标签约率、产品渗透率、产品覆盖率及客户流失率考核工作的粗细，既要从"大零售"的融资客户群、电商客户群、特约商户群挖掘潜力客户，又要从优质企业"双高"人群、名人志士、小企业主、大股东、自由职业者入手拓展签约客户，还要加强私人银行客户"人脉圈"的关系营销。二是第一代私人银行客户的理财理念已经悄然从财富的保值增值转为传承，特别是在经历了一轮资本市场的"大起大落"后，短期化的理财方式及唯收益的风险策略弊端日趋明显，这就需要管户经理用心挖掘客户的金融需求，精耕细作服务私人银行客户，一方面，坚信工行的品牌价值，潜移默化地培养客户全权委托型理财方式，资产管理不再局限于权益类、杠杆类、房地产信托类风险标的，而是寿险、黄金积存、大额定单及家族信托基金等稳健传承型产品；另一方面，资产管理要体现差异化和针对性，不限于为客户配置资产，还应从子女教育、遗产规划、移民留学、法律税务、汽车分期、消费贷、企业发债等角度做好协助服务，体现"绝对"的高端服务。三是摒弃传统个金的"卖产品、拼收益"的客户关系理念，讲究3A（Any time 任何时候、Any where 任何地点、Any demand 任何需求）服务理念，以"方案＋套餐"作为资产管理的核心内容，通过"一站式"服务解决客户多元化需求，从传统手续费创收方式升级为管理费、咨询费的盈利模式，当然，这就需要管户经理要有专业知识、有判断能力、有鉴赏水平、有充沛精力等，形成客户与管户之间相辅相成、相得益彰的良好局面。

二、服务至上，没有同质化的产品配置

从现有基层行私人银行客户的服务难度看，望京支行的客户信息量增大、教育程度提高、价值理念先进以及思维方式灵活，已经不能在"以产品为导向"的思路下，用一个管户经理、一类产品、一种服务定式来满足客户需求，而是要切

实"以客户为中心",通过一个团队、一系列产品、一揽子服务来实现客户价值。具体地说:

一是打破传统个人客户经理单枪匹马的营销服务方式,逐步将"客户经理—私人银行客户"的"小"关系模式转型为"银行直营团队—私人银行客户"的"大"关系模式,建立"高端营销高端"的专业服务队伍(私人银行直营团队),望京支行现行以"1+3+N"的财富顾问团队来服务私人银行客户,无论老客户还是新客户,由部室经理、网点负责人、财富顾问、客户经理之间组成"双人搭班"制的见证服务模式,对"大零售"全产品体系熟悉,理财不限于私人银行专属产品,还能根据客户现状配置财寿险、重点基金、黄金以及行内的海外投资项目,甚至优质的房地产置业,通过团队协作形成专业化的配置分析报告,利用客户企业背景或是社会人脉深入挖掘对公、对私的金融需求,起到事半功倍的创收效果。

二是现有的私人银行客户中近半数关注资产的增值,近三成关注保值,其余开始关注财富的传承,要实现客户资产的保值、增值和传承,还得依托"个金+私银"产品配置来实现,通过存款类理财、国债、大额存单及保本理财来实现长短期固定收益的资产保值,通过投资权益类基金、"股债混搭"的私人银行产品来实现基准利率和分红的浮动综合收益,通过家族信托基金(2015年发布)、私人银行专户、工银寿险、实物贵金属以及遗产规划、留学移民和教育基金、慈善捐助等实现财富的传承,当然,还要遴选优质的第三方机构,从养生健身、艺术品投资、会员俱乐部和私募基金入股等丰富私人银行客户的个人财富管理要求,对于企业背景的客户,还要从授信、质押、融资以及企业年金、"融e购"商城等对公产品方面挖掘需求。

三是秉承3A服务理念,丰富服务内涵和形式,重在流程标准化、内容差异化,强化网点作为私人银行业务主战场的认识,优化网点精准营销系统,制定营业网点私人银行客户识别、营销服务、产品配置、售后服务等全流程标准,并将服务管理作为全行网点营销服务标准的重要组成部分,发挥财富中心网点和私人银行延伸中心网点的客户落地接待工作,同时,财富顾问和个人客户经理要充分利用现有营销管理系统的数据发掘功能,细化研究客户资产结构和异动情况,定期为客户出具所配产品及信息披露的综合报告,除此之外,要加强日常非金融客户关系的建立与维护,建立客户服务档案,关注客户兴趣、偏好、家庭、单位及社会关系的相关情况,能在离岸金融服务、资产配置、合理避税、流动性管理、辅导上市、财务管理、慈善捐助、家族信托、子女财富管理教育、工作实习等高价值的私人银行服务平台资源中"投其所好",以增强私人银行客户的黏性与忠诚度,切实提升私人银行服务的衍生价值。

三、直营团队，落实"专家办"的"行商"轨迹

2014 年，望京支行深入贯彻总分行"大零售"战略部署，把人才队伍建设作为经营转型的措施之一，从考核评价与职业晋升规划出发，在零售金融业务部成立了一支由绩优客户经理组成的私人银行直营团队，力争锻造能够与"大零售"战略推进相适应的综合型、复合型和精英型的营销管理团队，坚决打破传统网点营销人员"坐商"习惯，落实"专家办"的"行商"轨迹。

一是合理架构直营团队，形成"1＋3＋N"的管理队形，由一名财富顾问主管（零售金融业务部副职人员）牵头，将望京支行所辖网点区域划为 3 片（西区、中区、东区）管理，区域内以财富中心网点为私人银行延伸中心，选拔综合素质高的客户经理作为财富顾问负责片区的私人银行业务负责人，协同个人客户经理（N）做好签约、资产配置、创收和非金融活动等，通过"片区业绩（80%）＋个人业绩（20%）"来考评财富顾问的综合绩效，最终以私人银行贡献度来考量直营团队综合绩效。

二是从五方面落实直营团队的导向性工作，提升私人银行发展的"硬实力"：（1）要求资产 800 万元以上客户"应签尽签"，提升签约率，存量签约 T1 目标 80%。（2）要求具备专业技能，提升私人银行客户规模，日均达标客户 T1 目标 300 户。（3）要求有"重点"地配置零售产品，提升客户资产水平，全年私人银行产品销售 T1 目标 35 亿元。（4）要求开展多种主题的非金融活动，提升客户忠诚度，每季度活动 T1 目标至少 6 场。（5）要求加大专业培训力度，提升营销队伍的专业技能，每月培训 T1 目标 2 次。

三是看准未来私人银行业务发展趋势，既要提高"零售产品化"的资产管理能力，为客户提供风险、期限、收益、标的差异化的系列产品，降低资产流失率，提高客户留存度，又要协助"私银企业主"的融资能力，于公于私地联动营销，减少割裂营销方式，增加资源共享创收效率，还要"走出去"行商，建立望京支行特有的第三方合作平台，提高"三方间"的互利互惠，如已有的汽车 4S店、餐饮商户、旅行社、养生馆、亲子教育、蔬果基地、开发贷楼盘、艺术鉴赏机构等，丰富私人银行的服务内涵，吸引"望京商圈"的财富族体验特色"离行式"的金融服务。以工行望京分行为例，其私人银行财富顾问团队片区规模见表 1。

表1 工行望京支行私人银行财富顾问团队片区规模情况

不含远程团队客户经理	区域	网点数量	客户经理	资产500万~800万元客户	资产800万元以上客户	总资产（亿元）	户均资产（万元）
财富顾问A	东区	7	14	57	49	12.24	1 154
财富顾问B	中区	9	22	157	156	36.01	1 152
财富顾问C	西区	8	15	97	84	18.52	1 023
合计	—	24	51	311	289	66.77	1 113

四、双管齐下，形成"分层服务＋分润激励"的考核机制

为了保障"大零售"战略下私人银行业务快速发展，望京支行采取了"分层服务＋分润激励"的考核机制，并形成《2015年望京支行客户分层管理办法》。具体是：

一是制定总体原则。对管户客户实施分层维护，按照客户在工行金融资产的规模，分为金融资产800万元以上、500万~800万元、100万~500万元、100万元以下四个层次。根据客户上年度季度时点平均资产规模，凡金融资产在800万元以上的客户，由私人银行直营团队主要负责资产配置、客户维护和达标提升等工作；凡金融资产在800万元以下的客户，由网点主要负责现场接待、客户维护、资产配置和资产提升等工作。

二是采取分层管理的工作职责。金融资产800万元以上客户，私银直营团队负主要职责，由财富顾问发起客户的日常联络、上门服务、资产配置和邀约拜访等，但必须采取"双人面谈"制，即任何涉及与客户当面沟通事宜应有网点负责人或客户经理参与，无特殊情况不得单独会访客户。金融资产800万元以下客户，网点负主要职责，由客户经理发起客户的日常联络、上门服务、资产配置和邀约拜访等，但凡为客户资产配置时基金、保险、贵金属、私银等单项产品超过客户总资产20%，必须向网点负责人及时汇报。对于资产100万元以上客户，采取以客户为中心的服务原则，凡是行内发起回访工作可认定客户对原管户客户经理或财富顾问的金融服务工作不认可或有服务调整需求等，由零售金融业务部统一调配管户关系，改善行内客户的金融服务供给水平。

三是实施逐级递进的管理细则。金融资产800万元以上客户，由直营团队、网点管理层、财富顾问及个人客户经理逐层联合维护，其中，直营团队必须做到管户

情况的"首问负责制",熟知客户个人金融及非金融信息,体现望京支行财富中心品牌价值,务必做到"有人管、管得好",保障日常有沟通与会面,坚决保证客户不流失,重点关注客户资金波动情况,明确客户风险承受能力,确保资产配置合理稳健,稳步提升行内资产总额。金融资产500万~800万元客户,网点负责人应做到知晓概况并定期听取汇报,由个人客户经理主要维护,财富顾问辅助维护,要确保维护的准度和精度,不断挖掘客户的金融及非金融需求,务必做到每日有关注、每月有联络、每季有邀约、每年有资产提升,逐步向私人银行达标客户服务迈进。金融资产100万~500万元客户,网点负责人应做到知晓概况并定期关注,由个人客户经理及其助理逐层联合维护,通过短信、电话、邮件确保与客户的良好联络关系,提高客户的产品贡献度与忠诚度,落实客户在电子渠道或柜面资产配置的业绩归属,至少每季度邀约参加沙龙一次,每年参加分行、支行、网点各类活动一次,使财富客户向私人银行体验客户逐步升级。

四是形成"输送+分润"的考核机制。对于资产800万元以上客户,凡在重要时点达标的,原管户网点有权利分享一切业绩成果,对资产800万元以下客户,网点有义务按照目标计划完成输送指标。一方面,直营团队,主要考评资产800万元以上的客户规模、资产规模和销售规模,必须做到重要时点的环比提升。客户规模以分行下达的任务为准,对网点输送的资产800万元以上客户要有承接维护,对存量资产800万元以上客户要有保持,对新拓展客户要有目标和计划;资产规模应至少做到重要时点环比5%的增幅,全年至少20%的增幅;销售规模应占整体资产规模的60%以上,由财富顾问负主要营销职责,其中,私银产品占50%,基金+保险+贵金属合计占10%。对于由资产800万元以上客户产生的中间业务收入,将按原管户网点100%落地;对于依据中间业务收入的奖励,原则上财富顾问与客户经理按最高3:7比例分成。另一方面,落地网点,主要考评资产100万~800万元的客户规模、资产规模和销售规模,必须做到重要时点的环比提升。客户规模以支行下达的任务为准,应积极做好客户的联合维护,有计划、有目标、有行动地提升客户资产,完成输送任务,分享输送成果;资产规模应至少做到重要时点环比10%的增幅,全年至少30%的增幅;销售规模应占整体资产规模的10%以上,由客户尽力负主要营销职责,其中,私银产品占1%,基金+保险+贵金属合计占9%。对于由资产800万元以下客户产生的中间业务收入,将按原管户网点100%落地;对于依据中间业务收入的奖励,原则上由客户经理享受分配权。

五、公私联动，以"全行办"促进"大零售"战略的快速发展

基层行是私人银行服务客户需求的第一负责人，从望京支行现有 600 名私人银行客户的背景看，这里有著名物流公司创始人、天使基金投资人、汽车龙头 4S 店董事长、上市公司十大股东、国企高管、民营企业家、非遗传承者、当红演艺明星、有华裔富商、另类画家、收藏家、有机农场主等，虽然市场拓展空间很大，但"以私促公"、"以公带私"成功案例较少，因此，要坚持从私人银行客户入手，坚决贯彻"全行办"联动营销理念，促进"大零售"战略的快速发展，主要包括以下三点措施：

一是打破专业线条各自为政的营销藩篱，营造"共享、共赢"的联动营销氛围。这就需要管理层从上到下要有共识，对"大联动、大营销"要在讨论平台、团队合作和分工分润等方面有引导和措施，从政策支持到资源保障给予高度关注，避免专业间、员工间采取短期化、功利化的营销手段，财富顾问不能只关注私人银行客户的个人资产，还应挖潜其背后企业的经营状况，寻求机构存款、代发工资、抵押贷款、股票质押等商机，公司客户经理应该邀约企业法人、股东和高管体验工行的私人银行服务，从直营团队专业理财的角度增加服务供给，拉转他行个人资产。同时，零售板块与公司板块应该定期就公私联动为题展开客户资源的讨论和分析，从自身打通一条公私联动的畅通渠道。

二是建立公私联动的合作机制，打造一支综合素质高、市场嗅觉敏感的直营团队。结合"大零售"战略思路，首先，从组织层面建立一个公私联动的推动小组，要制定阶段性的高端客户走访、调研和营销计划，对困难和问题要从高层决策中寻求帮助和解决，对亮点和优点也要从全行层面推广和宣传。其次，直营团队不限于财富顾问，还可包括公司部骨干人员，对于私人银行客户的投融资需求，要有快速响应意识，第一时间回访客户。最后，对于零售、公司的新业务、特色业务、优势业务等，财富顾问和公司业务骨干都应定期学习和培训，掌握基本点，培养市场敏锐度。

三是完善联动考核和分润分配办法。通过交叉考核保障交叉营销的重视度和达成率，要在零售板块中加入机构新开户、对公存款、公司贷款推荐等考核项目及任务，要在公司板块中加入私人银行推介、个贷融资、融 e 购商户及融 e 联、融 e 行的推广等考核项目及任务，可将联动考核纳入绩效工资包的奖励范畴，也可通过专项激励的办法来推动联动营销，对于成功达成彼此业务并带来经营效益的考核内容

或项目，应该从业绩贡献度和双方参与度来定性、定量利润分配办法，直营团队或其个人在季度或年度中表现突出者（2015年考核中加入公私联动）也应给予荣誉激励和嘉奖，鼓励"全行办"，笼络全行员工发挥社会关系的能量，促进经营效益形成新的增长点和持续性。

参考文献

［1］李卫平．商业银行零售业务新视点［M］．北京：中国金融出版社，2013.

［2］徐卫东．"大零售"战略下私人银行业务的创新发展［J］．中国城市金融，2014（9）（总第339期）．

［3］巴曙松．从客户财富管理目标看私人银行的功能定位［J］．农村金融研究，2013（7）．

［4］洪心欣、闫文晶．国内商业银行私人银行业务盈利模式分析［J］．金融发展研究，2015（5）．

［5］《营销序列岗位培训教材（私人银行业务初级）（2015年版）》，工商银行教育部、私人银行部组编．

互联网+

互联网＋时代商业银行人力资源的组织革新模式

摘要： 本文着重于对互联网＋时代商业银行人力资源的组织革新模式研究，从人力资源三支柱模型的提出、内容及人力资源三支柱模型在IBM、腾讯应用的成功案例出发，将目前的商业银行人力资源的组织模式与三支柱模型对照，分析出其中存在的问题，并结合商业银行实际情况，提出了互联网＋时代商业银行人力资源革新模式设计的初步设想。

关键词： 互联网＋　银行　人力资源　革新

受互联网金融、资本市场冲击、利差收窄等因素的影响，传统商业银行业务经营利润增长乏力，管理成本不断攀升，资产质量面临多重压力，商业银行战略和业务的变革伴随着人力资源的变革和人力资源的支撑，互联网＋时代呼唤商业银行革新人力资源模式。

一、人力资源的三支柱模型

（一）人力资源三支柱模型的提出

从20世纪90年代，人力资源大师Dave Ulrich提出了人力资源框架体系，其以战略业务为中心展开，主旨是让人力资源成为CEO的左右手。到21世纪初，Dave Ulrich又提出了改进版的人力资源三支柱模型，并强调了人力资本开发者的作用、领导力品牌以及人力资源要通过战略目标和规范来协调各部门间的工作。

[①] 作者简介：张敏敏、吴楠，均供职于中国民生银行总行人力资源部。

（二）人力资源三支柱模型的具体内容

企业的人力资源管理是业务拉动开始的，其职能划分的三支柱模型如图 1 所示，包括：COE（Centre of Excellence or Center of Expertise，人力资源领域专家中心）、SSC（Shared Service Centre，人力资源共享服务中心即人力资源平台）、HRBP（Business Parterner，战略支持即人力资源业务伙伴）。

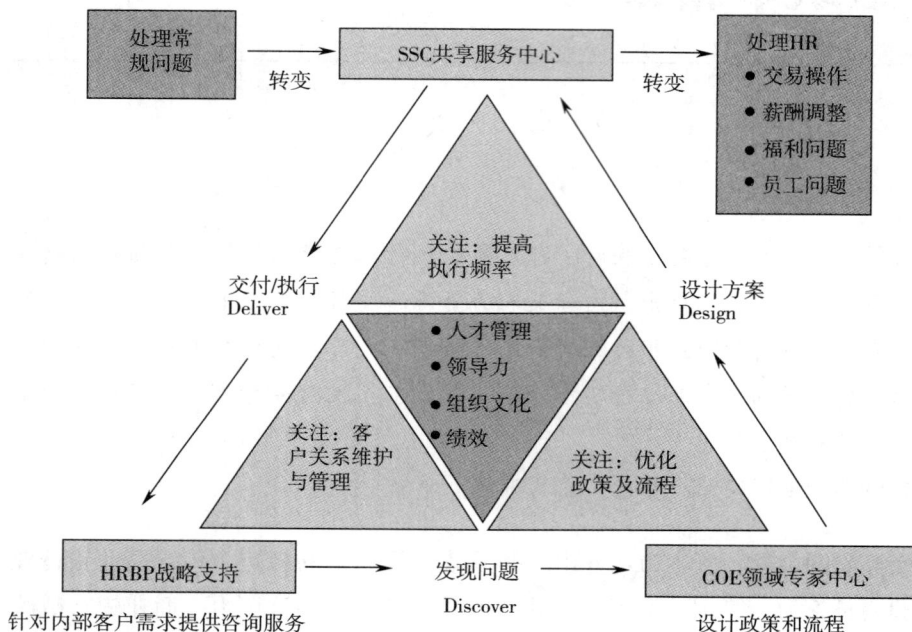

图1　人力资源三支柱模型

（三）三支柱模型运用于人力资源管理成功实践

1. IBM 战略、核心价值观与人力资源管理实践的演变

IBM 是全球最早实施三支柱模型的企业，它让整个经营模式、商业模式发生了一次巨变，人力资源开始出现了人力资源共享中心、业务伙伴和专业团队。IBM 的人力资源管理实践一直是跟随战略和业务变化而变化的（见图2）。

2. 腾讯 HR 三支柱

腾讯 HR 三支柱如图3所示，即人力资源专家中心 COE、人力资源平台部 SSC、人力资源业务伙伴 HRBP 有效地分工与协助，确保了人力资源管理工作的有效开展，不仅体现了客户价值导向，有效地支持了内部客户对人力资源管理的需求，而且也提升了人力资源管理的价值性。

IBM	20世纪90年代之前	20世纪90年代初到21世纪初	21世纪初到现在
战略转变	硬件厂商	服务和整体解决方案提供商	随需而变全球整合
人力资源管理基本理念：价值观演变	尊重个人顾客至上追求卓越	力争取胜快速执行团队精神	成就客户创新为要诚信负责
人力资源管理实践变革	• 薪酬福利：重保障、轻激励 • 高管薪酬：股票期权 • 员工关系：终身就业 • 员工晋升：内部提拔	• 薪酬福利：绩效工资、市场导向、股票期权范围扩大 • 绩效管理：以PBC为中心 • 领导力建设 • 人才培养	• 运营模式转变：人力资源共享中心、人力资源业务伙伴和人力资源专业团队 • 人力资源职能：创新工作环境、创新人才激励、创新人才培养

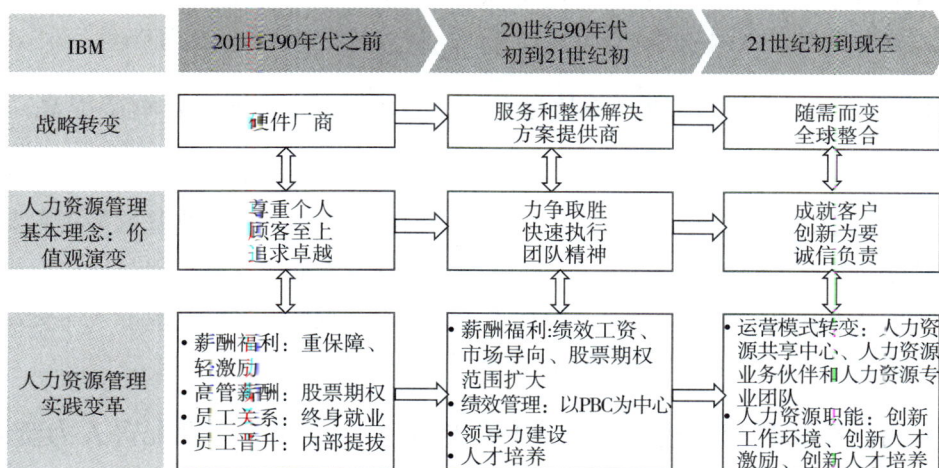

图2　IBM人力资源管理实践的演变

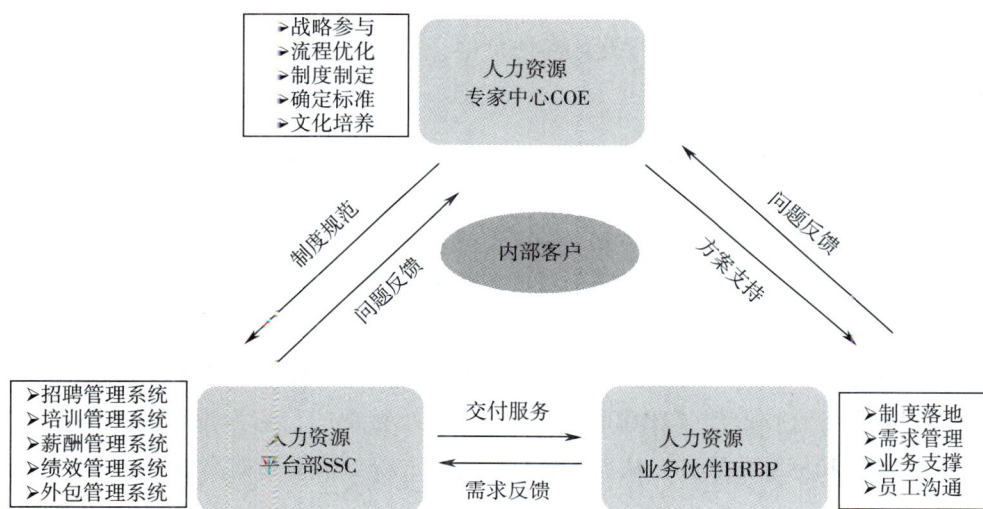

图3　腾讯人力资源管理实践

二、互联网＋时代商业银行人力资源组织模式目前存在的问题及原因分析

互联网＋时代对商业银行的业务、产品、客户、营销等方面造成较大的冲击，这些冲击直接对员工素质、专业结构、人员配置、绩效考核和组织架构等提出更高、

更专业的要求，影响商业银行的人力资源管理。目前商业银行人力资源管理存在的问题主要有以下方面：

（一）COE 职能割裂，不接地气，人力资源的专业能力亟待提高

商业银行与其他类型的企业相比，具有人力资源需求针对性强、岗位与人才专业匹配度要求高、人力资源管理专业对应性强的特点。商业银行高管的需求主要围绕在战略执行所需的组织、人才、文化及变革管理等方面的支持，但目前商业银行人力资源普遍缺乏前瞻性研究，不能有效地对接银行战略，发挥必要的人力资源专家支持作用，导致实际工作中 COE 职能割裂，不接地气。

（二）HRBP 尚未建立，不能有效地深入一线业务合理配置人力资源

商业银行 HRBP 是指存在于商业银行内部人力资源系统中各个业务条线、各个区域、各个职能部门的人力资源管理人员。商业银行 HRBP 角色定位于银行业务的合作伙伴，针对内部客户需求，提供咨询服务和解决方案。目前商业银行内部 HRBP 普遍尚未建立，只有执行没有咨询价值，不能有效地深入一线业务去合理配置人力资源。

（三）SSC 整体服务的效率较低，标准化、流程化的一站式服务亟须建立

商业银行人力资源内部普遍存在整体服务效率较低，业务部门对人力资源管理的需求交付速度慢、各个业务板块系统重叠且不统一的状况，标准化、流程化的一站式服务体系尚未建立。人力资源平台部（SSC）是处于人力资源专家中心（COE）和人力资源业务合作伙伴（HRBP）之间的一个承接部门，它为银行内部员工提供统一的专业化和标准化服务，从而达到整合资源、降低成本和提高效率的目的。

三、互联网＋时代商业银行人力资源组织革新模式的设计

互联网＋时代的冲击涉及商业银行经营的方方面面，从银行发展的意义来说，在适应互联网＋时代的发展中，商业银行要实现战略转型、商业模式的创新以及整个商业银行人力资源的变革，搭建人力资源专家线（COE）、人力资源业务合作伙伴（HRBP）和人力资源共享中心（SSC）板块体系，三个板块职责明晰、相互优化，互相协调，提供专业快捷的人力资源服务，灵活高效地支持一线业务部门人力

资源工作，才能有效地推动组织变革，加强业务板块的统筹协调，从而进一步产生新的盈利着力点和业务增长点。

（一）COE 对接银行战略转型，提升人力资源管理的专业化水平

COE 是商业银行人力资源系统中的专家支持部分，在战略、制度层面上，提高人力资源管理的价值，提升内部客户的满意度。其职责是负责人力资源前瞻性的研究；对接银行战略转型；规划人力资源战略；制定人力资源制度和政策；作为全行的智囊团，提供人力资源专家支持。COE 板块主要有招聘管理、绩效管理、薪酬福利管理、培训发展、企业文化等。

（二）HRBP 深入一线，梳理需求，合理配置人力资源

对现代商业银行 HRBP 而言，不仅要在人力资源专业领域是专家，更要精通银行业务，深入一线，与业务单位对话，合理配置人力资源，才能促进业务的发展。HRBP 职责是针对银行内部客户，即员工的需求提供人力资源的专业分析和支持，提供专业的解决方案，协助各业务条线负责人与分行负责人以及管理人员在员工发展、梳理需求、发掘人才、整合资源、培养能力等方面的工作，将人力资源和其自身的价值真正内嵌到各业务条线和分行的利润模块中。

商业银行 HRBP 的架构设计如图 4 所示，商业银行人力资源下设公司条线 HRBP、零售条线 HRBP、投行业务 HRBP、金融市场条线 HRBP、科技 HRBP 等。

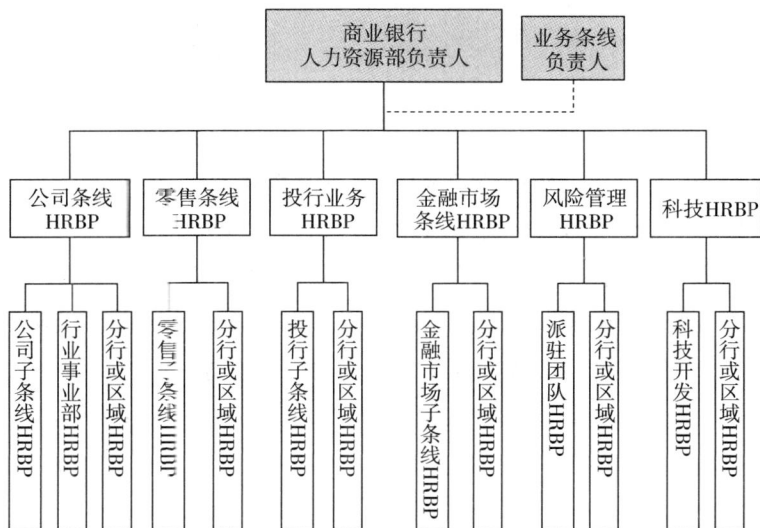

图 4　商业银行 HRBP 的架构设计

其中公司条线、零售、投行、金融市场、科技 HRBP 再下设业务子条线 HRBP 和分行或区域 HRBP。商业银行 HRBP 针对不同条线、不同区域的员工需求，不能被动地等待员工提出人力资源要求，而是要积极主动地发挥人力资源的专业价值，从专家角度分析人员需求、招聘计划、绩效考核，贯彻薪酬福利政策，关注员工关系等各个方面，在各业务条线与分行落实与推广银行的人力资源管理政策、制度规范，并协助业务条线与分行开展人力资源管理工作。

（三）SSC 集中化操作达到规模效应，降低成本，提高效率

SSC 在商业银行人力资源系统中发挥着通道的作用，将银行人力资源战略和各个业务条线、各个业务部门人力资源需求连接起来，将具体的人力资源管理工作落地。

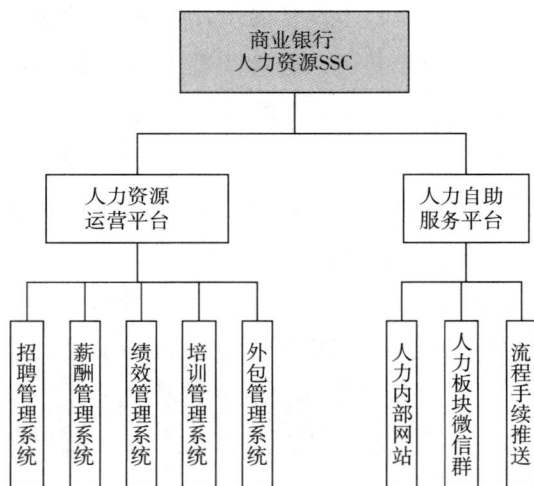

图5　商业银行 SSC 的架构设计

如图5所示，可设置为人力资源运营平台和人力自助服务平台。在 HRBP 对其人力资源需求进行分析后，人力资源运营平台要交付招聘管理、薪酬管理、绩效管理、培训管理、外包管理等人力资源需求。人力自助服务平台其主要职责是人力资源日常性工作，如流程手续、政策查询、常见问题解答等。

互联网金融基础条件运行过程中存在的问题思考

冯利华[①]

摘要：支付、信息处理与资源配置是互联网金融发展的基础条件和支柱，互联网金融区别于传统金融的基本特征正是这些基础条件存在方式发生了变化。支付方式、信息处理方式与资源配置方式在实践发展与效用发挥的过程中出现的问题与造成的影响对整个互联网金融发展的影响是最直接最本质的。本文从互联网金融的基础条件现状出发，分析了其在实践中存在的主要问题，从市场参与主体自身素质、企业战略思维、信息安全技术、征信系统与法规制度保障五个方面提出对策建议，以期推动我国互联网金融市场的长期可持续发展。

关键词：互联网金融 基础条件 大数据 资源配置

以网络为载体的互联网金融改变了传统的金融支付、信息处理与资源配置方式。互联网金融借助于大数据和互联网技术，将各种信息平台资源经过专业分析处理后服务于实体经济，并且以其支付方式灵活、配置效率高、信息处理方便快捷等特征吸引消费者踊跃投入其中，改变了人们的交易方式与习惯。随着互联网技术与大数据的发展和应用，将原本没有网络关联的事务通过互联网技术和大数据连接在一起，由于互联网金融的支柱性基础条件在其效用发挥运行中存在诸多问题与风险，人们只有对大数据充分信任、对支付方式、信息处理方式以及资源配置效率等认可，才愿意参与到互联网金融实践中，且能在交易中避免承担不必要的风险和损失。然而，在大数据征信系统还不完善、网络技术缺乏、相应的法律法规等配套制度还不完备的情况下，恶意诈骗、交易平台提供商"跑路"等违约现象时有发生，控制互联网金融基础条件在实践中存在的问题对整个互联网金融行业市场发展具有重要的意义。

[①] 作者简介：冯利华，中国社会科学院研究生院政府政策与公共管理系博士研究生。

一、互联网金融的基础条件与特性

互联网金融存在和发展的基础条件主要由支付方式、信息处理方式以及资源配置方式三方面构成，基础条件的运行与特性的发挥影响整个互联网金融行业的发展。

（一）支付方式灵活，用户参与度高

互联网金融以移动支付和第三方支付为基础。移动支付特点是用户可利用移动终端对所消费的商品或服务进行账务支付的一种服务方式。第三方支付是由第三方独立机构提供的网络交易支付平台，其最大特点是客户在结算过程中，不需要直接与银行进行支付清算，客户只需提供身份证或密码即可完成支付。目前主要有易趣、微信支付（腾讯）、支付宝（阿里）、财付通等，支付业务包括网上支付、电子货币、礼品券、提货卡等。生活中常见的客户终端（POS）机是与计算机联网实现电子资金自动转账功能，是一种人们常用的支付方式，支付方便快捷。正是由于互联网金融支付方式多样化，过程简单、方便、快捷，深受用户青睐，使得金融产品网络交易平台逐渐覆盖大众生活，越来越多的投资者与客户（包括企业与个人、不同行业，不同身份的主体）加入其中，并习惯于通过网络购买金融产品和服务。

（二）信息处理网络化、技术化

信息处理是构成金融资源配置的基础，在互联网金融中，以大数据、社交网络、云计算和搜索引擎为代表的信息处理方式通过大数据、云计算和识别风险、管理风险，能够更好地为中小企业融资提供金融需求服务，有效降低信息不对称现象，提高风险定价及风险管理效率[1]。在大数据互联网金融时代，企业通过大数据处理平台将巨量信息实施挖掘、分析、处理发现价值，创造商机。如国内三一重工运用互联网、物联网及大数据技术打造智慧服务运营体系。卡斯柯有轨电车弱电集成解决方案，为智慧城市提供舒适智能化的职能交通系统等。信息的网络化为互联网金融发展的提供必备条件。

（三）资源配置效率高

互联网金融活动的最终目标是实现资源的有效配置，目前互联网金融市场中存在的主要配置方式有P2P（peer-to-peer）网络贷款和众筹两种。P2P是一种个人

---

[1] 谢平. 互联网金融报告［R］. 陆金所（2014）.

对个人的小额借贷交易。通常借助电子商务专业网络平台实现借贷双方交易，这种个体间的直接融资交易在一定程度上解决了中小企业融资难的问题。相对于P2P融资方式，众筹具有强大的连接投资群体的能力，可以相对轻松获得大量运作资金。P2P网络借贷中，参与者极其广泛，借贷关系密集复杂。这种多对多的信息整合与审核，极大地依赖于互联网技术。事实上，P2P网络借贷形式的产生，也得益于信息技术尤其是信息整合技术和数据挖掘技术的发展。

二、互联网金融基础条件运行中主要问题分析

（一）缺乏严格准入与退出机制，用户出入相对自由

网上支付是基于一个虚拟的空间，交易双方不是在面对面的情况下进行交易，相互间的信任完全建立在虚拟网络信息的基础上。由于目前互联网金融行业进入门槛低，缺乏严格的准入退出机制，大量投资者自由涌入其中，在征信系统还不完善缺乏相应的信用审核机制条件下，客户对于第三方机构即平台提供方或债务人信用状况无法做出直接判断。使得很多客户无法对项目发起人或债务人的信用信息进行甄别，不能对其信用进行评估，对其偿债能力也无法判断，一些债务人违约后无条件退出，或换一种身份重新进入该领域平台，对其失信行为缺少相应的惩戒措施，相应的责任追缴机制。以至于对客户造成利益损失无法追回，严重扰乱互联网金融市场秩序，并且影响潜在投资者进入市场的积极性。

（二）征信系统不统一，合作双方信用信息无保障

目前还没有专门的信用评级机构对个人全方位信用信息数据进行评估测试，一些评级机构的数据库信息来源采集面相对单一，也未能与央行征信系统进行有效连接，无法获得项目发起人的历史信用记录，不能客观评价项目发起人信用。同时，众筹融资的违约信息也不记入央行征信系统，使得项目发起人即使未按照承诺支付投资回报时，也不影响其在央行征信系统中的信用记录，使得项目发起人违约收益巨大，而违约成本很小，促进了发起人信用风险的发生[①]。

（三）计算机网络与数据处理技术缺乏，信息安全存隐患

在复杂的大数据、云计算和物联网条件下，互联网金融机构掌握着大量的客户

---

① 陈秀梅，程晗. 众筹融资信用风险分析及管理体系构建［J］. 财经问题研究，2014（12）.

信息，各种客户资产信息资料集中储存在客户终端/数据服务器中，由于目前加密算法和传输系统技术安全性还不完善，一些个人信息遭到恶意程序、钓鱼网站攻击，信息篡改或泄露，对个人隐私造成威胁。由于 TCP/IP 协议本身安全性面临争议，密钥管理和加密技术不健全业不完善。这些技术本身缺陷导致信息安全风险，对于技术外部服务的管理还缺乏 IT 风险评估和控制机制[①]。互联网金融所面临的信息安全威胁，是由互联网自身开放、高连接度的特性所决定的。由于网络技术风险极易导致计算机遭受病毒入侵，甚至会造成金融系统性风险，最终导致金融体系崩溃。

（四）法律法规不完善，缺乏相应惩戒措施

由于目前在我国还没有一套机制对个人或企业的信用行为进行约束，很多互联网金融产品利用海量资金瞬间聚集的办法支付先来者的收益，即先进入者收益由后来者来支付。只要资金一直源源不断地流入这个产品，那么所有风险都可能掩盖起来。如果这种海量资金流断裂，那么所有风险都会暴露出来。[②] 由于互联网涉及面广，关联性强，法规监管规范较少，风险防范机制还不健全，缺少相应的惩罚机制，很多客户的损失却无法挽回，一旦风险处理不当，极易引起连锁反应，或造成系统性风险[③]。

三、经验借鉴

在预防和控制互联网金融发展过程中存在的问题方面，一些国内外相关经验值得借鉴。以国内阿里巴巴和京东为例，通过大数据整合与对客户信息进行分析评估的方式了解客户信用状况，有效实现了风险控制；美国具有相应的配套政策制度与法规，为互联网金融的发展提供了较为良好的运行环境。另外，在资源配置方式方法上，通过对国外非营利组织 KIVA 及 Lending Club 个人债运行规则的认识和了解，对我国互联网金融也有借鉴意义。

（一）阿里、京东通过信息整合评估客户信用

信用风险是互联网金融参与主体在合约期限内的违背与履约能力不足的风险，信用风险防范角度是多方面的。以国内阿里巴巴和京东模式为例，阿里巴巴是通过支付宝的积累以及天猫、淘宝等平台积累的大量客户资源，通过大数据资源加工处

---

① 胡建波，宋帅，石峰. 互联网金融信息安全风险及其防范［J］. 征信，2015（4）.
② 易宪容. 当前互联网金融最大风险是信用风险［N］. 证券日报，2014－03－08.
③ 陈秀梅. 论我国互联网金融市场信用风险管理体系的构建［J］. 宏观经济研究，2014（10）.

理评估客户信用，通过严估对客户提供贷款，阿里巴巴根据商家的诚信交易记录设立"诚信通"指数，用来衡量商家信用状况；京东与阿里巴巴的小额信贷不同，京东通过与银行合作的模式，了解掌握金融链上的企业信用状况、发货信息记录、物流记录等信息，由此建立京东独立的信用评级机制为企业进行评级，最大限度地控制风险。

（二）美国根据互联网金融特点补充出台相应政策法规

在互联网金融交易过程的风险控制方面，美国从网络信息安全、电子签名、电子交易等方面补充出台了《网络信息安全稳健操作指南》、《国际国内电子商务签名法》、《电子银行业务——安全与稳健程序》等系列规则。如《国际国内电子商务签名法》中规定，必须事前向消费者充分说明其享有的权利及撤销同意的权利、条件及后果等；消费者有调取和保存电子记录的权利，消费者享有无条件撤销同意的权利[1]，为互联网金融的发展提供了具有可操作性的参考依据。

在市场准入条件方面，美国联邦证券交易委员会（SEC）要求互联网信贷平台注册成为证券经纪商，认定互联网信贷平台出售的凭证属于证券。在 SEC 注册的成本较高，阻止了其他的潜在市场参与者，如网贷平台 Lending Club 注册成本高达400 万美元，英国贷款规模最大的网贷平台 Zopa 因此放弃进入美国市场。SEC 重点关注网贷平台是否按要求披露信息，一旦出现资金风险，只要投资者能够证明在发行说明书中的关键信息有遗漏或错误，投资者可以通过法律手段追偿损失。除了在SEC 登记外，网贷平台还需要在相应的州证券监管部门登记，州证券登记部门的要求与 SEC 类似，但有些州对投资者增加一些个人财务相关标准，包括最低收入，证券投资占资产的比重上限等[2]。

（三）国外 P2P 典型案例

KIVA 模式。KIVA 是一个非营利性的组织，主要是与发展中国家的小额信贷机构合作。借款人向小额贷款机构 MFI 申请贷款，并将借款人信息持续提供给 KIVA，由 KIVA 向贷款机构公布借款人信息，并将借款人信用状况进行分级，随时更新贷后情况，由放款人自主选择贷款对象及贷款金额。放款人通过 KIVA 批量出借资金，由 MFI 全权负责贷后风控。

Lending Club 模式。Lending Club 是以债权形式交易的证券，其资产类型属于

---

① 陈秀梅. 论我国互联网金融市场信用风险管理体系的构建［J］. 宏观经济研究，2014（10）.
② 张芬，吴江. 国外互联网金融的监管经验及对我国的启示［J］. 金融与经济，2013（11）.

"个人债"，借款人按严格的准入条件进行个人登记，获得信用等级后，提供借款计划书，由 Lending Club 研发自由的风险评分系统，设置 35 个信用等级及对应贷款利率，发布借款人信用状况，房屋、信用额度、欠缴记录等，允许双方沟通询问，放款人需具备较高的投资者准入条件，手动挑选贷款清单；业务成交后，由会员偿付致富债券，收益权凭证可在二级市场交易，由 Lending Club 向借款人收取 1%～5% 服务费，收取放款人 1% 管理费，逾期贷款先自行催收，再转移至催款公司，借款人每月固定时间还款。

这些模式在准入机制、信用保障、征信体系建设等方面对于国内的互联网金融机构都有很好的借鉴价值，限于篇幅，这里不再详细介绍。

四、对策建议

完善互联网金融市场发展的基础条件，是有效化解和预防信用风险发生，促进互联网金融市场健康有序发展的重要保障。本文从市场参与主体自身素质、企业战略思维、信息安全技术、征信系统与法规制度保障五个方面提出对策建议，以期推动我国互联网金融市场的长期可持续发展。

（一）提升互联网金融参与主体自身信用水平

互联网金融的核心是人，互联网金融参与主体是管理者、是技术操作人员、是客户，人的价值的实现才是真正的企业未来目标，互联网金融参与主体间不再是雇佣与被雇佣、服务与被服务之间的关系，而是相互依赖，合作共赢的关系，是动态的合作伙伴关系。因此，个人信用水平提升是企业及行业信用水平提升的基础条件，通过培养企业家精神、树立个人契约观念、加强参与主体的计算机系统安全维护、网络应用与信息处理技术的技能培训是防范互联网金融信用风险发生的基本前提。

（二）转变企业战略思维模式

互联网金融企业战略目标的实现关键在于平台的搭建，这个平台包括外部资源整合和内部资源的分配，通过资源整合最终实现客户价值，面对当前互联网金融市场环境的不确定性与复杂性，企业应改变原有的战略设计思维，要基于契约、规则、机制与制度的角度进行战略设计，要改变传统企业的管理、经营、流程，真正使企业的经营逻辑互联网化、平台化，改变企业战略思维是提升互联网金融信用风险防范能力的支持条件。

（三）提高互联网信息安全技术

互联网和信息技术日益发达，大数据信息复杂多变，为保证网络数据安全，需要提升计算机关键技术与信息处理能力，提高操作设备的安全防御能力，防止客户资料丢失或网站被恶意攻击，预防系统性信用风险发生。可通过培养专业的技术人才，整合线上线下数据，提升数据保护级别，保护个人隐私，多角度验证客户网上身份等各种措施保证互联网金融交易安全运行。

（四）完善统一的征信系统

完善征信监管制度，保护金融市场主体利益，将参与互联网金融的个人与企业的信用信息记录，尤其是不良信息记录，通过互联网技术与大数据平台，由专业评级机构进行评估，将评估结果作为合约方判断与选择的主要依据，并将所有信用相关记录与央行征信平台进行有效连接，促进信息共享，规范征信机构的行为，从而预防或降低互联网金融信用风险发生几率，维护互联网金融市场的正常秩序。

（五）完善配套法规体系，建立违约惩戒机制

互联网金融在我国还处于发展初期阶段，还无法在确保金融市场风险可控的前提下单纯依靠市场机制实现优胜劣汰。互联网金融市场的发展需要政府相关机构完善金融市场法律法规配套体系建设，完善准入与退出机制，鼓励行业部门依法建立信用信息平台，明确规定相关信用信息的使用权限范围，保护个人隐私，对网络欺诈、侵害他人合法权益及违约失信主体给予相应的警告或惩罚。通过完善配套法规体系实行行业准入资质限制；并建立违约惩戒机制，将个人与企业的失信记录列入黑名单，扩大公示范围；对于严重违法违纪案件移交司法机关给予相应的法律制裁，为互联网金融信用市场健康运行提供有效的法制基础保障。

参考文献

［1］谢平.互联网金融报告［R］.陆金所，2014.

［2］陈秀梅，程晗.众筹融资信用风险分析及管理体系构建［J］.财经问题研究，2014（12）.

［3］胡建波，宋帅，石峰.互联网金融信息安全风险及其防范［J］.征信，2015（4）.

［4］易宪容.当前互联网金融最大风险是信用风险［N］.证券日报.2014－03－08.

［5］陈秀梅．论我国互联网金融市场信用风险管理体系的构建［J］．宏观经济研究，2014（10）．

［6］张芬，吴江．国外互联网金融的监管经验及对我国的启示［J］．金融与经济，2013（11）．

［7］谢平，邹传伟．互联网金融模式研究［J］．金融研究，2012（12）．

［8］李东荣，朱烨东．互联网金融蓝皮书：中国互联网金融发展报告（2015）［M］．北京：社会科学文献出版社，2015.

发挥大数据在互联网金融发展中的核心作用

任姝雯①

摘要： 信用评估是互联网金融发展的关键环节，而大数据的获取和应用是互联网信用评估发展的核心。因此，如何发挥好大数据在互联网金融中的作用是其未来发展的核心。然而，在互联网金融大数据的收集、分析和应用的过程中可能会面临分析失能、内容失真、安全失控和共享失联等一系列问题和挑战，本文在此给出了相关的对策与解决建议，力图为促进未来互联网金融的持续健康发展作出贡献。

关键词： 互联网金融　信用评估　大数据

互联网金融是传统金融机构与互联网技术和信息通信技术相结合而形成的一种新型金融业务模式，究其本质仍然是金融，而金融的核心是信用。互联网金融的服务对象大多是一些没有信用记录、缺乏抵押担保品的个人或者中小企业，因此如何解决好其中存在的信用风险，无疑是互联网金融未来发展的一项重要挑战，也是关键环节。本文认为，发展互联网金融的关键环节是信用评估，而互联网金融信用评估发展的核心是大数据的收集与分析，但大数据本身存在的一些问题会导致互联网金融面临一定的风险缺口，因而如何解决大数据在应用中存在的问题对于促进我国未来互联网金融持续健康发展至关重要。

一、互联网金融及其发展模式

（一）互联网金融概念的提出

随着互联网技术在金融领域应用的日益深入，大数据、云计算、社交网络等新

---

① 作者简介：任姝雯，中央民族大学经济学院金融学专业硕士研究生。

兴互联网技术正在悄然改变传统金融的业务模式，一种既不同于商业银行的间接融资，也不同于资本市场直接融资的第三种金融服务模式出现了，这种新型的金融模式被称为互联网金融[①]。如今，互联网金融越来越被重视，是因为与其他金融机构相比具有自己的独特优势。从成本节约的角度看，大银行出于利益驱动不看重小企业是可以理解的现象，而小银行和民间金融机构虽然在这方面有一些金融创新，但并未能完全适合中小企业的实际，创新不足。互联网金融与传统金融相比，实现了几方面的创新：首先，互联网通过余额宝这类的金融产品，把分散的、游离的中小资本聚集起来，挖掘出了民间巨大的金融潜力，这一方面满足了"草根理财"的需求，另一方面满足了中小微企业的贷款需求；其次，互联网金融运行过程中，互联网企业仅作为平台而不是中介直接连接借款人与投资者，协调两者之间的利益分配，改变原有的盈利模式和交易结构，这使"金融脱媒"的趋势不断明显；最后，互联网金融的介入推动了金融市场竞争，改变了金融资源的配置格局，对于提升金融运行效率，推动利率市场化进程具有重要的作用。

（二）互联网金融的发展模式

国外互联网金融发展较早，有一些代表公司和代表模式：英国的 Zopa 公司是最早的起源地，Zopa 模式的特点在于分散贷款、精确划分信用等级、强制按月还款。Zopa 平台担负了很多的工作，比如数据挖掘整理、数据分析、信用评估等，较好地控制了风险。美国的 Prosper 是一家 P2P 在线借贷平台网站，Prosper 模式是比较单纯的信贷中介模式，自己出售平台服务并收取服务费。目前线上平台最大的是 Lending Club，它会利用征信局获取资料，并通过 FICO 进行信用打分作为选择借贷的标准，目前已完成了 40 亿美元的贷款量。而专做公益的 Kiva 则利用互联网众筹开创了高效率的公益模式。

国内互联网金融的典型模式是 P2P。P2P 是国内互联网金融最普遍，创新力度最大的融资模式。P2P 的特点是直接透明、出借人可将资金分散给多个借款对象从而分散风险，手续简单，收益率高，流动性强，投资门槛低。同时可最大限度地突破地域局限性，有效减少信息不对称，大幅度降低交易成本和参与成本，实现快速高效地融资。在 P2P 的基础上现在又发展出了个人对机构的 P2N 模式，P2N 中的"N"一般为金融机构或类金融机构，即借款人来源于与平台公司合作的小贷公司、担保公司、融资租赁公司、保理公司等提供的债权。而 P2B 模式下，借款对象则是企业，运作过程和银行的流程与机制一样。

---

① 谢平，邹传伟. 互联网金融模式研究［J］. 金融研究，2012（12）.

目前P2P行业的几大公司根据资信评估的流程和具体模式不同，可分为：（1）纯线上模式的拍拍贷：资金借贷活动都通过线上进行但需结合线下的审核。通常这些企业采取的审核借款人资质的措施有通过视频认证、查看银行流水账单、身份认证等。（2）线上线下结合的人人贷、翼龙贷等形式：借款人在线上提交借款申请后，平台通过所在城市的代理商采取入户调查的方式审核借款人的资信、还款能力等情况，确保风险降低。（3）进行债权转让的宜信模式：现在还处于质疑之中，这种模式是公司作为中间人对借款人进行筛选，以个人名义进行借贷之后再将债权转让；陆金所的担保模式。P2P平台通过与担保公司或小贷公司合作，对借款方提供偿付违约担保，以传统金融机构较好的信用来为平台增信。

二、发展互联网金融的关键环节是信用评估

不管是哪种模式，运转中都有一个关键的环节就是借贷对象的信用评估。这是互联网金融发展的关键和各互联网金融公司争夺的制高点。传统金融领域的信用评估体系主要依靠收集历史信贷数据以人工审核的方式来判断借款方的信用状况，这种信用评估模式效率低、成本高、速度慢、信息维度比较单一，且评估结果还容易受信贷员的主观影响，由此决定了其只能覆盖一小部分"精英"人群。随着现代信息技术迅猛发展，尤其是移动支付、社交网络、搜索引擎等，改变了人们消费、交友和获取信息等传统方式，与此同时，与人类一切在线行为相关的数据内生与互联网，随着时间的累计形成为大数据。互联网金融通过与大数据结合，走上了一条完全颠覆传统信用评估体系的道路。

（一）ZestFinance基于大数据的信用评估模式

ZestFinance，是美国一家新兴的互联网金融公司，前期的业务主要通过ZestCash平台提供放贷服务，后来专注于提供信用评估服务，旨在利用大数据技术重塑审贷过程，为难以获得传统金融服务（Underbanked）的个人创造可用的信用，降低他们的借贷成本。

ZestFinance的基本理念是认为一切数据都是和信用有关，在能够获取的数据中尽可能地挖掘信用信息。ZestFinance对大数据技术的应用主要从大数据采集和大数据分析两个层面为缺乏信用记录的人挖掘出信用。

ZestFinance的数据来源十分丰富，依赖于结构化数据的同时也导入了大量的非结构化数据。另外，它还包括大量的非传统数据，如借款人的房租缴纳记录、典当行记录、网络数据信息等，甚至将借款人填写表格时使用大小写的习惯、在线提交申请之前是否阅读文字说明等极边缘的信息作为信用评价的考量因素。

ZestFinance 的数据来源非常多元化：首先，对于 ZestFinance 进行信用评估最重要的数据还是通过购买或者交换来自于第三方的数据，既包含银行和信用卡数据，也包括法律记录、搬家次数等非传统数据。其次是网络数据，如 IP 地址、浏览器版本甚至电脑的屏幕分辨率，这些数据可以挖掘出用户的位置信息、性格和行为特征，有利于评估信贷风险。此外社交网络数据也是大数据征信的重要数据源。最后，直接询问用户。为了证明自己的还款能力，用户会有详细、准确回答的激励，另外用户还会提交相关的公共记录的凭证，如水电气账单、手机账单等。多维度的征信大数据可以使得 ZestFinance 能够不完全依赖于传统的征信体系，对个人消费者从不同的角度进行描述和进一步深入地量化信用评估。

ZestFinance 对于大数据的分析采用了先进机器学习的预测模型和集成学习的策略。首先，数千种来源于第三方（如电话账单和租赁历史等）和借贷者的原始数据将被输入系统。其次，寻找数据间的关联性并对数据进行转换。再次，在关联性的基础上将变量重新整合成较大的测量指标，每一种变量反映借款人的某一方面特点，如诈骗概率、长期和短期内的信用风险和偿还能力等。然后将这些较大的变量输入到不同的数据分析模型中去。最后，将每一个模型输出的结论按照模型投票的原则，形成最终的信用分数。其中，ZestFinance 开发了 10 个基于机器学习的分析模型，对每位信贷申请人的超过 1 万条数据信息进行分析，并得出超过 7 万个可对其行为做出测量的指标，在 5 秒钟内就能全部完成。

（二）我国本土化互联网金融基于大数据的信用评估模式

我国征信体系基础薄弱，互联网金融的发展存在"先天性"的短板。互联网金融企业在结合自身特点充分发挥自身资源优势的前提下，纷纷创新信用评估以及风控手段，致使国内互联网金融领域的信用评估模式呈现本土化、多元化的特点。概括来说，目前我国互联网金融的信用评估模式主要分为两种，一是以阿里巴巴、京东为代表的电商平台信用评估模式；二是以拍拍贷、宜信等为代表的 P2P 网贷平台信用评估模式。

1. 电商平台信用评估模式

电商平台征信模式主要是针对电商交易平台上的企业所进行的一种信用评估模式。以阿里巴巴为例，阿里征信模式主要通过挖掘、整理、加工其平台上用户在网上的交易行为数据，构建自己的数据库，并凭借其独有的信用评分模型，最终形成对用户的信用评价。诚信通是阿里巴巴推出的一款能将企业信用量化的产品，它是支撑阿里征信模式诞生和壮大的基石。首先，电商平台上的企业需要申请成为诚信通会员，通过企业身份认证，这一过程是阿里征信数据的第一部分。其次，阿里巴巴会为每位诚信通会员建立一份诚信档案，会员通过身份认证、交易记录、客户评价、证书荣誉和资信参考5项评分项目来累积自己的诚信通指数积分，例如第三项客户评价，给分原则为好评加2分，中评不加分，差评减两分，这一过程则是阿里征信数据的第二部分。最后，根据会员的诚信通指数，通过特定的信用评分模型，最终给出企业的信用得分。与此相类似的还有京东供应链金融的征信模式，京东的供应链金融团队类似于银行的客户经理，依据是供应商在京东系统上的历史销售数据以及供货结算记录，对供应商进行评级，最终衡量出供应商的信用水平。

2. P2P网贷平台信用评估模式

P2P网贷平台征信模式主要分为两种，一种是完全线上的征信模式，另一种是线上线下相结合的征信模式。

完全线上的征信模式以拍拍贷为主要代表。拍拍贷的征信数据主要来自网络搜索，该平台按年龄、性别、学历等将借款人分成不同类别，再根据不同类别，借助搜索工具定向抓取数据。拍拍贷通过大数据，采集借款人各个维度的数据判定其违约概率、违约成本，并给出相应的贷款额度和风险定价。目前，拍拍贷的信用风险识别模型中，其维度达2 000多个，一个人的参考因子有400多个。

线上线下相结合的征信模式是目前大多数P2P网络借贷平台所使用的征信模式。以宜信为例，宜信是以线下征信起家的P2P网络平台，其征信模式与银行的征信过程相类似，即通过线下采集信用数据的方式来进行的信用评价。宜信线下征信依次通过电话咨询、资料提交、面谈审核、背景调查终审结论等5大流程，依靠信贷团队或信贷员以见面交谈的方式针对借款人的信用水平进行综合评价，在此过程中，重点考察借款人的社会关系链和资金链的稳定性。经过多年的数据积累，宜信也开始向线上征信进发，目前，宜信依附于大数据，开发出金融云平台，该平台通过接入宜信的历史数据（包括用户曾经提交的信用报告、联系人信息、工资单、银行流水等传统数据）、第三方数据（包括线下合作的一些电商平台以及各类租赁的O2O平台等）、客户授权的以及互联网的公开数据（包括用户在社交网络上的评论、上传的音视频等各类非结构化数据），通过特定的算法模型，转化为信用评估数据，通过机器学习进行相应的数据分析，最终得出借款人的信用评估结果。

三、互联网金融信用评估发展的核心是大数据的收集与分析

（一）大数据的收集与分析促生互联网金融下的信用评估创新

互联网金融下的信用评估与传统金融下的信用评估最大的不同在于信用生成方

式的不同。随着社会生活的广泛数字化，其产生数据的规模、复杂性及速度都已远远超过此前的任何时代，人类的数据分析技术和工艺使得各机构组织和企业能够以从前无法达到的复杂度、速度和精准度，互联网金融基于大数据的收集与分析，多维立体地将借款方的信用状况客观的展示出来，这种方式对于客户的信用评价将是全方位、立体的、活生生的，而不再是一个抽象的、模糊的客户构图。

（二）大数据的应用能解决传统信用评估信息不足的难题

互联网金融通过信用评估很好地解决了中小企业抵押物缺乏的问题。企业在生产和交易活动中的信息，包括交易数据、交易习惯、信用状况等信息在技术革命背景下都可以被收集、被积累，互联网金融平台可以通过特定的指标体系和模型分析方法进行信用额度、偿还能力和资信水平的评估，这种方式既便捷又快速，并且不存在传统金融模式中的主观偏见。信用评估的整个过程完全依靠计算机完成，规模越大，边际成本越低。与传统银行依赖信贷员进行评估的模式相比，这种模式有很大的创新与改进。通过高效率、低成本的信用评估，互联网金融使未能得到充分的金融服务的人群能够实现基本的信贷权利。同时，有别于大部分抵押物都是固定资产的现状，在互联网条件下，企业的应收账款、商标等有价值的无形资产等都可以被利用起到担保的作用，这些创新形式减轻了传统银行授信时对抵押担保措施的依赖。

（三）大数据的共享互联机制将极大地提高互联网金融的信用评估效率

目前的互联网金融企业都有自己的风险管理团队，也都在开发自己的个人信用评估体系和标准，有效提高了风控水平，也可以减轻小微企业抵押担保措施不足的压力。同时，各互联网金融平台都在积极进行同业数据库的建设，意图使在不同互联网平台上融资的企业信息和交易数据能够共享，提升评估效率。今后，如果人民银行的征信系统能够与互联网金融平台对接，实现信贷交易数据共享，将会极大提升互联网金融的信用评估效率。

四、互联网金融在大数据的应用中存在的问题

在互联网金融时代，对于融资企业来说，大数据不仅是一种资源更是一种资本，未来将成为衡量企业核心竞争力的重要指标；对于互联网金融企业来说，谁掌握数据，以及数据分析方法，谁就将在这个时代中胜出。然而，在大数据应用的过程中出现的一系列问题，使得互联网金融面临严峻的风险和挑战。

（一）大数据的使用门槛较高、分析失能

大数据使用失能主要表现在数据分析挖掘能力的不平衡，即并未所有互联网金融参与者都具备使用大数据分析挖掘的能力，一些互联网金融企业体量尚小，用户规模和交易额都不大，缺乏大数据基础，也无力承担大数据的基础设施和处理成本，更重要的是并没有大数据的迫切需求。以P2P借贷行业为例，无论是依赖网络审核还是线下审核，信贷员的经验和尽职程度都远比大数据重要，成本也更节省。目前P2P行业的O2O趋势更说明了，在中国特定的信用和数据环境下线下工作的重要性。

（二）大数据处理能力备受考验、内容失真

往往数据不在于多，而在于精，当然能拥有更多相互有关联的数据则是最理想的状态，但如果只是毫无关系的数据简单堆积，那么数据再多也是垃圾。另外，数据对于现实世界投射的准确与否，往往取决于使用对象对其的搜集、获取、整理的方式、频率与维度，能否从数据中发现未知的、有价值的信息与规律，这对于人、计算能力和算法技术大多有着较高的要求，这无疑对互联网金融企业也提出了更高的要求。此外，大数据失真还表现在大数据中含有大量的垃圾信息甚至是虚假信息，信息过载严重，因此如何从数据里检测噪声，去除垃圾，去伪存真，也考验着我们对大数据处理的能力。

（三）大数据的信息安全失控、共享失联

当下，利用客户网上交易信息进行轰炸式广告投放的过度营销现象比比皆是，用户刷二维码付款、下载不安全的APP可能泄露个人的信息，非法交易用户信息等事件也时有可闻。此外由于互联网企业的信息管理漏洞也造成客户信息的泄露，带来了大数据安全的失控，如支付宝的用户信息外泄、黑客利用照片分享功能窃取获取了数百万个账户的用户名和电话号码。因此，大数据下的信息安全问题是关系到未来互联网金融能否健康发展的关键问题之一，现有的信息安全手段难以满足大数据应用的安全要求，关于数据产权、数据公开、使用和安全方面的法律法规缺失，这必须引起政府部门和互联网金融参与各方的高度重视。同时，由于信息披露并没有统一标准，因而造成一切企业不愿公开数据，有些害怕监管也不愿上传数据，这样就造成了公开数据的企业吃亏而不公开数据的企业占便宜的状况，从而使得数据公开、联通、共享方面不尽如人意。

五、解决互联网金融下大数据应用问题的对策与建议

（一）建立完备的互联网金融征信体系，建立健全的信息标准和共享机制以降低互联网金融企业大数据的收集成本

为了更好地规范互联网金融企业大数据的获取与应用，使其能在海量大数据中快速寻找到有用高效的信息，建立完备的征信数据库势在必行。互联网金融征信体系的搭建不能完全依靠资本推动，互联网上的信息具有规模庞大、更新速度快、增加迅速、活性高等特点使得单存依靠互联网金融企业的资金投入来购买大数据不切实际，因此，很大程度上还应依靠行政手段建立统一的征信体系。另外，还有支持互联网金融龙头企业根据互联网征信的特征制定自身的信用信息标准，管理部门在参考、借鉴这些企业标准的基础上，制定行业标准，并对相关标准进行维护和扩展，以提高标准的适用性、科学性和有效性，并且探索将符合条件的互联网金融企业纳入央行征信系统[1]，从而降低互联网金融企业的信息获取成本，降低大数据的使用门槛。

（二）加大 IT 技术的更新与投入，增强互联网金融企业的数据处理与应用能力，加快大数据理论向技术应用的转化

互联网金融企业的迅猛发展离不开 IT 技术的支撑，发挥互联网技术支撑互联网金融发展的基础性作用，通常我们说大数据至少要达到 1TB 的量级，也就是说互联网金融企业要有每天处理 1TB 数据的能力，这意味着每天需要每秒处理 12MB 的能力，12MB 并不是一个大的数据量，关键是要在 1 秒内处理完毕，因此加快大数据处理技术的更新与投入至关重要，此外由于大数据的体量和处理速度，大数据需要并行化处理，传统的数据理论和挖掘方法已经不完全适用，因此需要在理论和方法有突破性进展[2]。

（三）加强互联网信息安全保护，明确信息使用规则，发挥法律、法规的基础作用

现在越来越多的信贷公司兴起，相应的征信系统也随之而生，甚至基于网络的

---

① 张健华．互联网征信发展与监管［J］．中国金融，2015（1）．
② 叶中行．互联网金融中的大数据应用［J］．科研信息化技术与应用，2015（2）．

个人小额贷款也越来越受到大家的欢迎，但是脱离了法律规定的开发使用征信数据的行为具有较大风险，而相关的法律法规并不完善，这些都使得当征信公司需要对数据信息进行收集和使用时，遭遇了不少困难和尴尬。因此，相关的法律法规不仅需要丰富和完善，也需要规范和管理。另外，互联网金融征信也需要遵守征信业务的规则及相关的信用法规，信息采集以能够充分判断信息主体的信用状况的信息为主，防止过度采集信息。建立个人不良信息告知制度，采用个人信息需要取得信息主体同意，明确使用规则，信息使用者不得将信息用作与信息主体约定之外的用途。另一方面，要高度重视信息安全，加强信息安全防范，建立健全并严格执行保障信息安全的规章制度，采取行之有效的技术手段，预防客户信息和数据泄露。

参考文献

［1］谢平，邹传伟．互联网金融模式研究［J］．金融研究，2012（12）．

［2］宋鹏程，吴志国，Melissa Guzy. 生存之道：P2P借贷平台的业务模式研究［J］．新金融，2013（11）．

［3］刘新海，丁伟．大数据征信应用与启示——以美国互联网金融公司 ZestFinance 为例［J］．清华金融评论，2014（10）．

［4］刘新海．阿里巴巴集团的大数据战略与征信实践［J］．征信，2014（10）．

［5］张健华．互联网征信发展与监管［J］．中国金融，2015（1）．

［6］叶中行．互联网金融中的大数据应用［J］．科研信息化技术与应用，2015（2）．

工作交流

市场快速发展　监管日趋严格[①]

——我国第三方网络支付市场现状与趋势分析[②]

摘要： 第三方网络支付作为独立于银行体系，为客户提供资金结算服务的一种网络支付模式，近年来随着我国网络购物、网络理财和P2P网贷等新兴业态的蓬勃发展，市场呈现快速发展态势，监管力度也随之加大。就此，本文对第三方网络支付市场的发展趋势及商业银行应对策略提出建议。

关键词： 第三方支付　银行　趋势

一、第三方网络支付市场快速发展

（一）交易规模高速增长，移动支付迅猛发展

近五年来，我国第三方网络支付（包括第三方互联网支付和第三方移动支付，下同）市场保持高速增长势头。2014年，第三方网络支付交易规模合计14.07万亿元，比上年增长113%，是2010年的13.2倍。其中，第三方互联网支付（以电脑为支付终端）交易规模8.08万亿元，比上年增长113%，是2010年的8倍；第三方移动支付（以手机或平板电脑为支付终端）交易规模5.99万亿元，比上年增长3.9倍，是2010年的102倍。

（二）竞争格局基本稳定，支付宝仍独占鳌头

2014年，第三方网络支付市场仍处于寡头垄断格局，竞争格局基本稳定，其中

---

① 本文获得北京市社会科学界联合会重点学术活动资助项目的资助，在此表示感谢。

② 本文为北京市西城区优秀人才培养专项经费资助项目："基于信息经济视角的我国互联网金融研究"。

③ 作者简介：黄礼健，现供职于交通银行北京市分行。

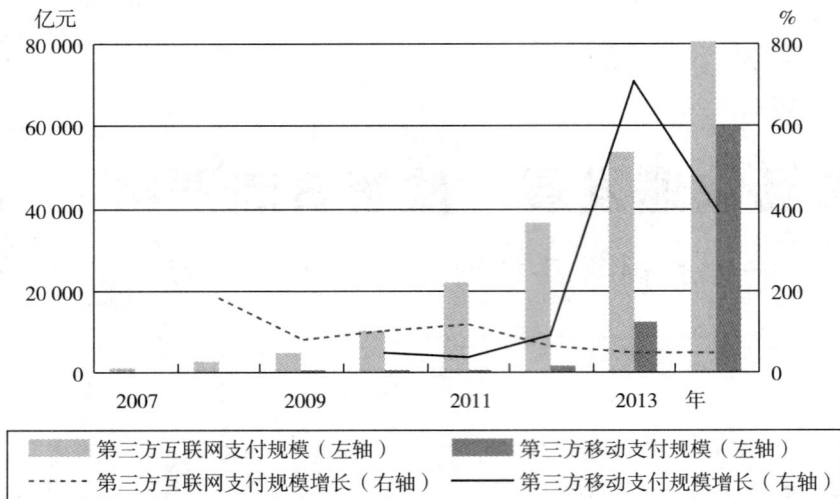

数据来源：根据艾瑞咨询数据整理。

图1 我国第三方网络支付市场快速发展

支付宝仍占据霸主地位，财付通继续排名市场第二位。其中，在第三方互联网支付市场中，支付宝、财付通分别占据 49.6% 和 19.5% 的市场份额，银联在线占11.4%，快钱占6.8%，汇付天下占5.2%，易宝支付占3.2%，环迅支付占2.7%，相比于2013年各家市场排位和份额相差无几。在第三方移动支付市场中，支付宝一家就独占82.3%的市场份额，财付通占10.6%，拉卡拉占3.9%，其他公司占比均不足1%。

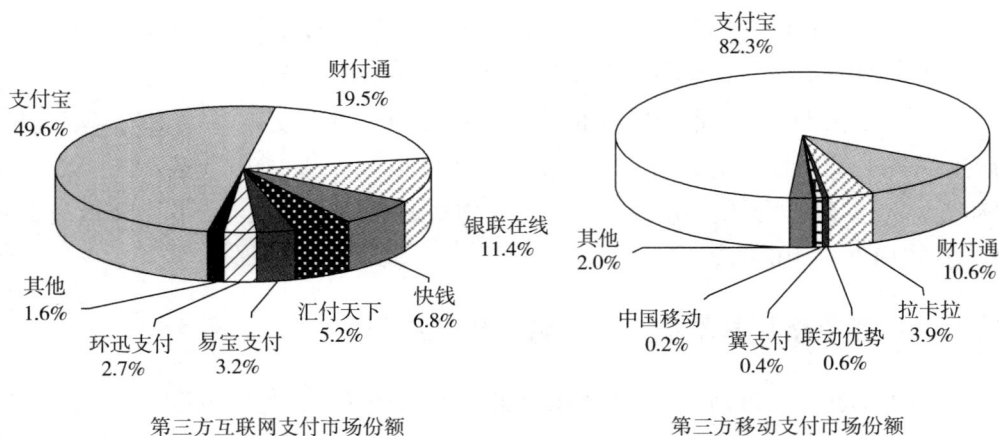

第三方互联网支付市场份额　　　　　第三方移动支付市场份额

数据来源：根据艾瑞咨询数据整理。

图2 2014年第三方网络支付核心企业市场份额

（三）交易结构小幅变化，基金购买成为热点

2014 年，第三方互联网支付交易结构中，网络购物依然占据最大份额，为 29.3%，但所占比重较上年下降 5.9 个百分点。随着网络理财和 P2P 网贷等爆发性增长，基金购买成为发展热点，一跃成为第二大细分市场，占比 15.8%，比重较上年上升 5.3 个百分点；航空旅游占比 10.8%，比重较上年下降 2.5 个百分点；电商 B2B 占比 6.7%，比重较上年上升 3 个百分点；电信缴费、网络游戏市场占比 4.7% 和 2.7%，比重较上年均有不同程度缩小。

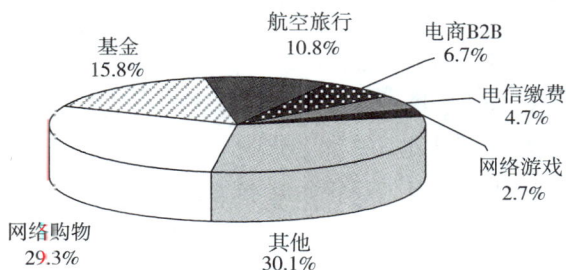

数据来源：根据艾瑞咨询数据整理。

图3　2014 年第三方互联网支付交易结构

（四）第三方网络支付跨界经营加大金融风险

由于做单纯支付业务，短时间内难以为企业提供更多的利润增长点，近两年来第三方网络支付机构开始跨界经营，普遍开展转账、理财业务，部分机构甚至直接或变相开展信贷、融资、担保等业务，所开展的大部分业务并没有获得金融业务许可。同时，第三方网络支付账户沉淀资金被盗取、挪用的事件频繁发生。随着支付规模、沉淀资金和跨界经营不断扩大，第三方网络机构金融风险明显加大。

二、第三方网络支付市场监管加强

随着第三方网络支付交易规模高速发展，特别是市场影响和金融风险逐步加大，近年来人民银行、银监会等相关部门加快制度建设，规范第三方网络支付市场发展，市场监管也将日趋严格。

（一）给予合法地位并规定机构资格

2010 年 4 月，人民银行制定颁布《非金融机构支付服务管理办法》，并同步下

发《非金融机构支付服务管理办法实施细则》，正式给予第三方支付机构合法地位，并明确支付机构由人民银行进行监管，使第三方支付行业结束了长期处于政策模糊、法律真空与监管缺位的状态。同时，管理办法和实施细则对包括网络支付在内的第三方支付的准入条件、经营范围等作出具体要求，规范非金融机构支付服务行为，并对客户备付金的存管方式、客户备付金与实缴货币资本的比例等作出原则性要求，以防范支付风险。

（二）全面加强客户备付金存管

2013年6月，为完善细化客户备付金管理和有效保护客户资金安全，人民银行制定《支付机构客户备付金存管办法》，从客户备付金的范围和性质界定、备付金银行和账户体系设计、支付机构和商业银行备付金业务的规范合作与管理方面出发，明确了备付金银行分类和账户分层管理、资金封闭运行和使用、备付金信息核对校验、重要监管指标动态调整以及人民银行、自律组织和商业银行共同监督等系列监管措施，全面规范了客户备付金的存放、归集、使用、划转等存管活动。

（三）加强商业银行与第三方支付机构合作管理

2014年4月，银监会、人民银行联合发布《关于加强商业银行与第三方支付机构合作业务管理的通知》，强调商业银行与第三方支付机构进行合作时，应做好客户信息安全和保密、技术风险承受能力评估、客户身份多重验证，并要求商业银行设立支付限额，以保障客户资金和银行账户安全。随后，中国银行业协会下发相关操作指引，建议单笔交易限额初始金额2 000元，最高不超过5 000元，日累计交易限额初始金额5 000元，最高不超过20 000元，并就客户身份验证方式等做指导说明。

（四）明确互联网支付定位——服务电商和小微支付

2015年7月，人民银行等十部委联合印发了《关于促进互联网金融健康发展的指导意见》，在鼓励创新、适度监管的总要求和原则下，确立了互联网支付（含移动支付）的功能定位，即"始终坚持服务电子商务发展和为社会提供小额、快捷、便民小微支付服务的宗旨"，并规定互联网支付应遵守现行法律法规和监管规定。同时，指导意见要求互联网金融机构建立客户资金第三方存管制度，明确规定选择符合条件的银行业金融机构作为资金存管机构，这意味着第三方网络支付机构将丧失在P2P网贷、众筹等互联网金融业务中的资金存管资格。

（五）第三方网络支付管理办法征求意见，表明市场监管将日趋严格

根据互联网金融指导意见，8月初人民银行发布了《非银行支付机构网络支付业务管理办法》的征求意见稿，将对第三方网络支付的客户管理、业务管理和风险管理进行全面规范，对第三方网络支付业务范围提出限制，即不得为客户办理或变相办理现金存取、信贷、融资、理财、担保、货币兑换业务，以阻止第三方网络支付机构违规越界经营，开展银行业务；并在账户开立、支付验证、支付限额等方面作出严格规定，促使第三方网络支付回归服务电商和小微支付的功能定位。征求意见稿一经发布，引发社会各界的广泛关注和热议，并一致认为市场监管将日趋严格。

三、第三方网络支付未来发展预判

（一）支付规模继续保持增长，但增速将明显放缓

在政府鼓励和市场推动下，未来我国网络经济仍将保持强劲发展势头，网络购物、航空旅游、电商B2B、电信缴费、网络游戏等支撑第三方网络支付的业态仍将较快发展，因此第三方网络支付规模仍将保持增长。但是，由于互联网金融客户资金第三方存管制度出台，特别是第三方网络支付管理办法拟出台，网络购物支付、基金购买支付等业务将受到不同程度的冲击和影响，第三方网络支付增速将明显放缓。

（二）移动支付仍是发展热点，将保持快速增长

近两年，在银行体系支付中，手机银行增速远远高于网银；同样，在第三方网络支付中，第三方移动支付增速也远远高于第三方互联网支付。究其原因，手机银行或移动支付在支付场景、支付方式等方面，比互联网支付或网银更加灵活、多样化，更容易形成客户偏好。因此，在未来第三方支付市场中，移动支付仍是发展热点，将继续保持快速增长。

（三）行业竞争进一步加剧，将出现大规模洗牌

支付业务本身微利，随着第三方网络支付增速将明显放缓，特别是相关管理办法出台，划清支付业务和其他金融业务边界，将压缩第三方支付机构经营空间，市场竞争也将进一步加剧。面对竞争压力，有实力的第三方支付机构可以申请金融业务牌照，以获得多元化业务发展机会，而小公司可能因无利可图而退出市场，行业

将出现大规模洗牌，大公司也将会收购小公司，以扩大支付规模。

四、商业银行应对策略

（一）虚心学习互联网金融经验，加快推动支付业务特别是手机银行业务发展

近年来，第三方网络支付高速发展，对商业银行支付业务发展产生较大压力。这一技术脱媒现象愈演愈烈，本质上源于第三方支付机构基于互联网思维，持续加强客户体验，不断开展业务创新，以满足客户方便、快捷的支付需求。虽然近年来商业银行积极推进网银、手机银行等业务发展，但在客户体验、互动性等方面明显低于第三方网络支付。因此，商业银行仍需要面对自身不足，虚心学习互联网金融经验，加强客户体验与培育，强化与用户之间互动，主动适应市场需求变化，加快推动支付业务特别是手机银行业务发展。

（二）积极开展客户资金第三方存管业务，增加中间业务收入

互联网金融指导意见明确，P2P 平台等互联网金融机构客户资金由银行存管，但基于支付便捷性等原因，大部分互联网金融机构并没有与银行开展相关合作。同业经验表明，与互联网金融机构进行资金存管合作，不仅能获取可观的资金存管费收入，而且能带来大量的低成本长期负债。为此，建议商业银行抓住这一市场机遇，尽快开发客户资金存管系统，与 P2P 平台等互联网金融机构开展客户资金存管、支付清算等业务合作。

（三）加强与第三方支付机构的合作，大力拓展中小企业融资业务，并采取有效手段控制合作风险

市场监管日趋严格特别是管理办法拟区分了支付机构与银行机构的业务边界，将有效地防止第三方支付机构开展转账、信贷等金融业务，这为商业银行与第三方支付机构合作打开合作之门。一些第三方支付企业掌握着大量中小企业的销售、交易等经营以及资金流动信息。为此，银行可以充分利用信贷、融资等方面的业务优势，与第三方支付企业积极合作，为资质良好的中小企业客户提供应链融资服务，大力拓展中小企业融资业务，达到"双赢"的效果。同时，鉴于第三方支付市场竞争加剧，商业银行在与第三方网络支付机构开展业务合作时，需要动态跟踪其经营状况，采取有效手段，控制合作可能带来的信用、声誉等风险。

第二代支付系统对参与者运行管理影响及建议

陈　涛①

摘要：第二代支付系统在提高商业银行参与者资金使用效益、降低系统接入和运营成本的同时，也给参与者运行管理带来了深远的影响。本文首先介绍了第二代支付系统的拓扑结构和新特性，然后归纳和总结了第二代支付系统给参与者运行管理带来的影响和存在的问题，并就如何有效应对这些影响及问题带来的挑战，以及进一步做好新形势下支付系统运行管理工作提出了建议。

关键词：第二代支付系统　支付清算　运行管理

第二代支付系统是由中国人民银行根据我国支付清算需要，在中国现代化支付系统（China National Advanced Payment System，CNAPS）建设和运营管理经验的基础上，利用计算机和网络通信技术自主开发、建设和运行管理的，能够高效、安全处理各银行办理的异地、同城支付业务资金清算和货币市场资金清算的应用系统。它是各银行和货币市场的公共支付清算平台，是人民银行发挥金融服务职能的重要支持系统和金融基础设施。自2013年投产运行以来，第二代支付系统推广工作稳步推进，系统运行安全、高效、平稳，在维护经济金融稳定、促进我国经济金融体系创新和发展等方面发挥了较为重要的作用。

一、第二代支付系统概述

（一）第二代支付系统拓扑结构

第二代支付系统由大额实时支付系统（HVPS）、小额批量支付系统（BEPS）

---

① 作者简介：陈涛，现供职于中国人民银行营业管理部。

和网上支付跨行清算系统（IBPS）等 3 个子系统和相关辅助系统构成，并沿用了
CNAPS 的树状网络拓扑结构。如图 1 所示，第二代支付系统的骨干网络由 1 个国家
处理中心（National Processing Center，NPC）构成的根节点，以及 32 个城市处理中
心①（City Clearing Processing Center，CCPC）和 1 个专属接入点构成的接入点群构
成。商业银行②总行等金融机构根据"属地管理"的原则，以直接参与者的身份分
别接入其所属地理区域的 CCPC。参与者间发生的跨行支付业务，通过 CCPC 转发至
NPC 进行轧差清算，NPC 再将成功处理的业务通过 CCPC 转发和反馈给相关直接参
与者。其中，工、农、中、建、交等 5 大行，通过 NPC 运行维护的专属接入点直接
接入 NPC。部分符合条件的机构（如中国银联等）还可以特殊参与者的身份，直接
接入 NPC 办理特定的支付业务。此外，有 7 家财务公司因办理电子商业汇票线上清
算业务的需要，还以试点的方式分别通过所在地理区域的 CCPC 接入了第二代支付
系统（见图 1）。

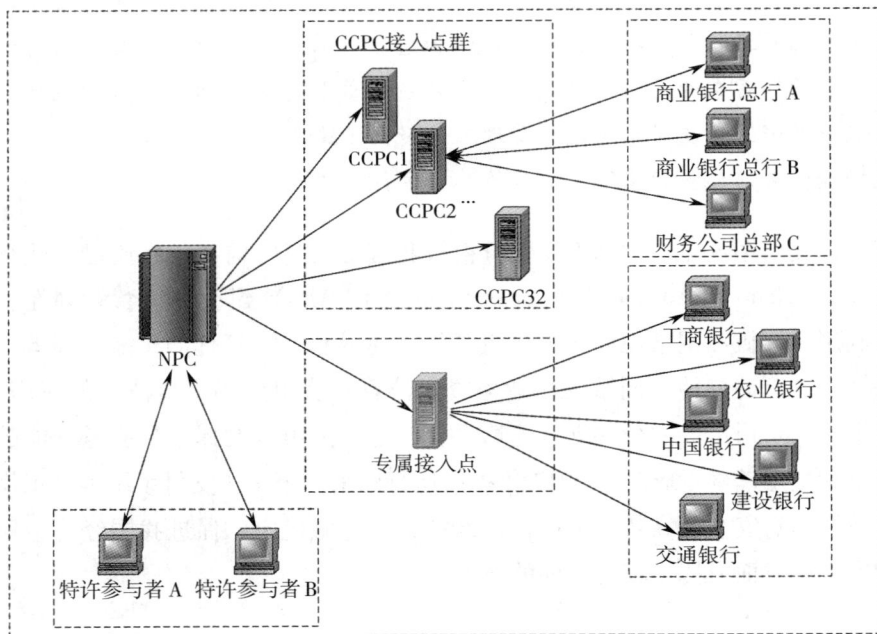

图1 第二代支付系统拓扑结构示意图

与 CNAPS 网络拓扑结构不同的是，第二代支付系统中商业银行省级分行不再以
直接参与者的身份接入所在地 CCPC，而是借助行内系统整合的方式接入其总行，

---

① 32 个 CCPC 分别位于 31 个省会城市和经济活动比较活跃的深圳。

② 本文中的商业银行，泛指接入第二代支付系统办理支付业务的银行机构。

以间接参与者的身份通过其总行办理跨行支付业务。因此，第二代支付系统中直接参与者的数量较之 CNAPS 时期大幅减少。据统计，截至 2015 年 5 月底，直接参与者的数量已经从 CNAPS 时期的 1 400 多家减少至不足 300 家。

（二）第二代支付系统全新特性

按照"继承发展、集中统一、安全高效、节约成本、平滑过渡"的建设原则，采用面向服务架构（SOA）的先进理念和技术，按照"集中化、平台化、组件化、标准化"的指导思想对第二代支付系统整体架构进行重新设计，采用符合国际标准的 ISO20022 报文格式，使系统架构更加合理科学，从总体上提升了第二代支付系统的可用性、可扩展性、可维护性、易接入性和安全性。此外，采取在 NPC 和 CCPC 率先投产，然后推广到商业银行总行，最后再由商业银行总行归并其全国各分行，从而实现 CNAPS 全面切换为第二代支付系统的平滑过渡模式，极大地降低了整体切换的风险，有力地确保了第二代支付系统建设和推广工作的有序开展。

1. 更为集中、高效的接入模式

根据第二代支付系统的切换策略，切换过渡期结束后各参与者均应实现以"一点接入，一点清算"的模式接入第二代支付系统。对商业银行参与者而言，其总行和省级分行以地位相同的直接参与者身份，通过各自所在区域 CCPC 接入 CNAPS 的情况彻底改变。原有分行直接参与者切换为通过其总行接入第二代支付系统的间接参与者，NPC 只保留商业银行总行的清算账户，供商业银行总行及其各级分支机构共同使用。这不仅极大地降低了商业银行接入第二代支付系统的成本，还促使商业银行将全行资金统筹管理使用、在大幅减少清算账户备付金的情况下，有效提高了资金使用效率。

2. 实现报文传输和业务处理完全分离

第二代支付系统把报文传输功能从业务处理模块中剥离出来，建设了相对独立的支付报文传输平台（PMTS），负责为 NPC 各业务子系统、CCPC 和参与者提供安全可靠的报文传输服务，从而大大简化了业务系统处理逻辑，使参与者的接入更加灵活方便。PMTS 具有安全传输、报文格式验证和智能路由等功能，其突出特点是报文处理与业务无关，可以兼容多种格式的报文（CMT/PKG/XML），具有高可用性、可靠性和安全性。

3. 实现业务处理与账务处理完全分离

第二代支付系统将所有与资金轧差和清算相关的功能从 HVPS 和 BEPS 中剥离出来，建设了相对独立的清算账户管理系统（SAPS）。SAPS 提供统一的轧差与清算服务、流动性管理以及对清算账务核心数据进行统一有效的存贮和管理，将账务处理和业务处理完全分开。这种设计逻辑、层次清晰，子系统间耦合度低，布局合理，可以提高系统的整体处理效率。

4. 建立了统一、有效的公共控制系统

在 CNAPS 中，大额支付系统、小额支付系统和支票影像交换系统等业务系统均有各自的时序控制和基础数据管理。第二代支付系统把这些功能模块从各业务系统中剥离出来，建立了统一的公共控制系统，统一管理各业务系统时序、设置和修改业务权限、系统参数和系统状态，使各业务系统的处理功能更加简单、集中、有效，避免了重复建设，使第二代支付系统总体架构更加清晰，间接提升了系统处理效率。

5. 更为丰富的流动性管理功能

第二代支付系统在保留了 CNAPS 排队管理、清算窗口、自动质押融资、小额业务撮合等功能的基础上，还新增了更为丰富的流动性管理功能。首先，第二代支付系统均支持双边和多边业务撮合功能。例如，在 HVPS 中有两个或两个以上参与者的资金清算业务出现排队时，则可以手工或自动启动对相关排队业务的撮合功能，提高参与者资金使用效益。其次，参与者之间还可以签订自动拆借协议，当协议一方清算账户余额不足时，系统自动从其协议另一方清算账户拆入资金完成排队业务的资金清算。最后，第二代支付系统还为参与者法人及其分支机构提供了包括清算账户和非清算账户余额在内的"一揽子"流动性实时查询功能。

6. 全新的应用安全机制

第二代支付系统改变了 CNAPS 条件下以密押服务器（或密押卡）为基础的应用安全体系，建设了基于 PKI/CA 的、以数字证书和数字签名为核心技术的全新应用安全机制。通过数字证书绑定、数字签名核签检查、数字证书合法性检查以及业务报文加密等安全机制，有效确保了支付交易信息的可靠性、完整性以及支付业务的不可否认性和保密性。

7. 更为完备的 NPC 灾难备份体系

第二代支付系统计划建设北京中心、上海中心、北京主站和无锡主站四大 NPC 数据中心，并最终形成"三地四中心"的系统布局和运行模式。在"三地四中心"运行模式下，第二代支付系统可以在四个数据中心轮转生产运行，并允许其中一个数据中心同时进行升级改造。当一个数据中心因自然灾害或其他突发事件停止服务时，其他两个数据中心处于"双活"状态，避免了单数据中心运行风险。其中，北京中心和上海中心互为远程备份中心，备份级别将达到 5 级。北京主站将改扩建为同城备份中心，备份级别达到 5 + 。无锡主站作为应急备份中心，备份级别可达 5 − 。

二、第二代支付系统对参与者运行管理的影响

（一）风险随数据和业务的集中而集中

在第一代支付系统"多点接入，多点清算"模式下，参与者总行和其分行机构作为地位相同的支付系统参与者，在人民银行分别持有各自的清算账户，并分别通过不同的CCPC接入支付系统。当某个参与者出现流动性不足或发生系统故障时，可以通过本行其他参与者筹措资金或采用"先直后横"、"先横后直"等模式办理紧急跨行支付业务，从而较为高效地化解相应的流动性和运行风险。

在第二代支付系统"一点接入，一点清算"模式下，每家参与者仅在人民银行保留其总行的清算账户，其分行机构集中接入总行并通过总行的清算账户办理跨行支付业务。这在有效降低参与者接入成本、提高支付系统运行保障能力的同时，还大大减少了参与者清算备付金数量，提高了资金使用效益。

然而，数据和业务的集中也导致参与者流动性和运行风险的集中。一方面，若参与者流动性紧张，在失去第一代支付系统"多点清算"资金池支持的情况下，只能通过货币市场等媒介向其他参与者拆入流动性。另一方面，随着商业银行全国支付业务的集中和自然增长，其系统性能、处理效率和稳定性等面临严峻挑战。若参与者系统发生故障无法办理跨行支付业务，则参与者全国的支付业务处理都将中断。在市场流动性普遍紧张的条件下，上述两种情况还有可能引发系统性、流动性风险，甚至危及国家金融稳定。

（二）支付系统运维管理框架基本成型

为适应第二代支付系统支付业务处理的新形势，参与者普遍对支付系统运维管理框架进行了调整。在实践中，基本形成了分管行长领导下以总行资金管理、信息科技和业务营运三个部门为主体，分行相关部门密切配合的全新管理框架（见图2）。

其中，资金管理部门负责审核分行资金收付计划、匡算全行资金头寸、研究制订资金配置及使用计划，并根据本行实际情况管理全行流动性（如拆出资金盈利或拆入资金弥补流动性不足等）。信息科技部门负责行内核心系统、支付前置系统、网络系统、备份系统以及其他相关系统和IT基础设施的运行保障和维护工作，并定期或不定期开展相关应急演练。业务管理部门负责跨行支付业务的日常操作和管理，并督促分支行落实支付清算纪律。分行相关部门则负责向总行报备资金使用计划，

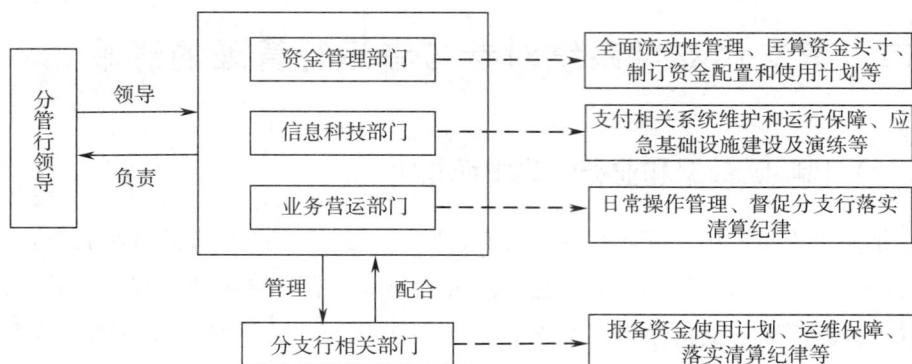

图2　参与者支付系统运维管理框架示意图

保障分行相关业务系统稳定运行，落实并督促支行等下级机构落实相关支付清算纪律。

（三）流动性管理方式和渠道更加灵活

第二代支付系统"一点清算"模式给商业银行参与者资金管理带来较大压力。为此，各行普遍强化了配套制度和基础设施支持，以加强行内资金和流动性管理。首先，在全行系统内建立和实施资金使用计划报备及审批制度。分支行参与机构每日将下一交易日的资金往来计划向总行资金管理部门报备，资金管理部门汇总全国各分支机构的资金使用计划，结合本行资产负债安排，匡算并预留出足够的头寸。其次，加强清算账户余额监测和预警。在业务高峰时段尤其是 HVPS 日切前，提高账户余额查询频度，并建设短信报警平台来配合监测和预警。最后，加强和重点客户的沟通，鼓励客户尽量在办理大额贷记业务时，提前 1~2 天的时间通知开户网点备足资金。

如图 3 所示，当商业银行清算账户头寸紧张时，可以灵活采取多种方式通过同业拆借、外汇及债券交易等货币市场补充流动性。有些商业银行间还签署了同业拆借协作协议，在 16:30 同业拆借市场关闭之后，依然可以在 17:00 大额支付系统日切之前为资金需求方补充流动性。有些商业银行在其他商业银行开设账户并维持一定的资金头寸，在本行头寸紧张时可通过同业代理完成支付或补充本行清算账户资金。还有的商业银行，利用其分行非清算账户以"先横后直"方式通过当地同城支付系统完成紧急跨行支付。当市场整体流动性吃紧时，参与者还可以选择向股东筹集资金或者向央行申请救助。

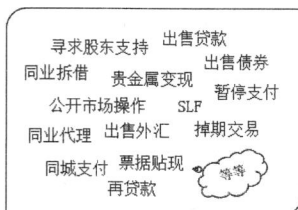

寻求股东支持　出售贷款
同业拆借　贵金属变现　出售债券
公开市场操作　SLF　暂停支付
同业代理　出售外汇　掉期交易
同城支付　票据贴现
再贷款　等等

图3　商业银行"一揽子"流动性管理工具示意图

（四）运行灾难备份体系建设日趋完善

第二代支付系统"一点接入"模式导致商业银行系统、数据及业务高度集中。若总行参与者行内系统或支付前置系统发生故障，将会影响该行全国各地区支付业务的正常处理。为此，大部分商业银行（尤其是全国性商业银行）特别重视运行灾难备份体系建设工作，基本形成了"两地三中心"为依托的运行灾难备份体系。

如图4所示，参与者主用生产中心、同城备份中心和异地备份中心互为备份，构成了多层次运行灾难备份体系的运行基础设施。当主用生产中心失效，或主用生产中心所在地发生灾难性事件导致主用生产中心和同城备份中心同时失去响应，可以启动异地备份中心继续进行相关业务处理。在"两地三中心"部署主、备行内系统和主、备支付前置系统，并且分别接入人民银行第二代支付系统主用和备份接入环境。当其中某一系统发生故障时，可根据既定的策略进行灵活的切换和组合，以尽快恢复业务运行。

此外，为最大限度地减少系统切换失败或来不及切换时造成的损失，部分全国性商业银行还建设了紧急处理情况下办理跨行支付业务的"绿色通道"系统。例如，某行通过其"绿色通道"系统，可以在行内系统发生故障的情况下绕过行内系统直接从支付前置系统发起大额紧急支付业务，待行内系统恢复正常运行后再补充进行行内记账处理。

（五）参与者业务处理耦合度有所提高

第二代支付系统"一点接入，一点清算"的特性，彻底改变了第一代支付系统条件下商业银行总行和分行作为地位相同的直接参与者各自独立办理支付业务的情况，将原先节点较为密集的立体化网状跨行资金清算网络精简为只保留参与者总行节点的骨干形星形网络。而拓扑结构的精简和优化，客观上增加了参与者系统运行和业务处理的耦合度。

一是单个参与者系统运行异常可能会影响其他参与者支付业务的正常处理。例

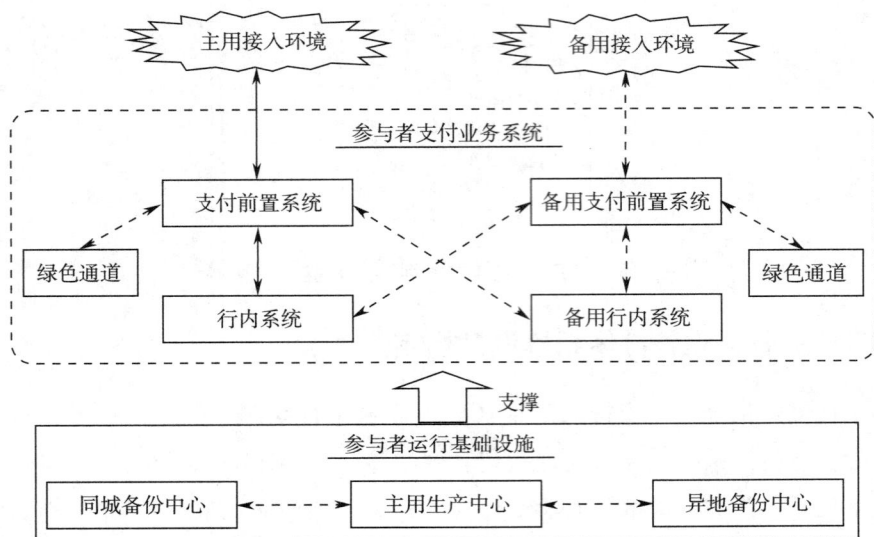

注：虚线代表应急情况下备选的业务流向。

图4　参与者运行灾难备份体系示意图

如，若某全国性商业银行行内系统或支付前置系统因性能瓶颈或故障导致业务处理缓慢，将直接影响与其办理对手业务的商业银行参与者的业务处理效率。二是市场流动性紧张的情况下，参与者因头寸紧张或系统运行故障导致无法正常支付，将有可能加剧流动性紧张在支付系统中的传递效应。三是参与者前置系统及网络接入系统参数设置不当，可能会影响 CCPC 相关系统及金融城域网的稳定运行，从而波及其余参与者。

（六）地方同城支付系统成为重要补充

地方同城支付系统 7×24 小时连续不间断运行的特性，延长了同城跨行支付业务的办理时间，拓宽了同城跨行支付渠道。随着第二代支付系统"一点清算"模式的实施和推广，在运行和流动性风险高度集中的情况下，一些商业银行将地方同城支付系统作为支付系统应急处置时紧急支付的重要备份渠道。同时，地方同城支付系统相对低廉的收费，对于商业银行降低运营成本、扩大中间业务收入具有一定的吸引力。此外，随着网上支付跨行清算系统业务量的持续快速增长，部分商业银行参与者也希望能够通过当地同城支付系统分流一部分业务压力。因此，地方同城支付系统在一定范围内得到较为广泛的应用，成为第二代支付系统的重要补充。部分商业银行在中、后台进行业务整合，根据客户发起支付业务的种类、时限等不同的服务质量要求，建设自动选择跨行支付媒介的"智能汇路"系统，从而实现"前台透明接单，后台智能汇路"的服务目标，以满足客户全方位、多层次的支付需求（见图5）。

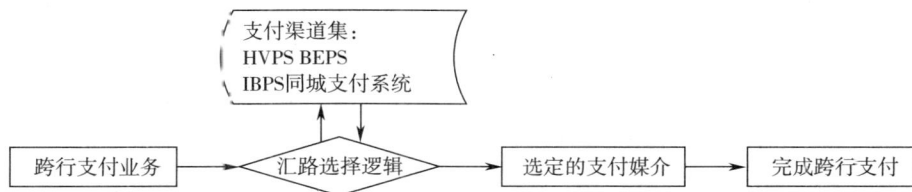

图5　"智能汇路"系统示意图

三、存在的问题

（一）系统建设与推广方面的问题

1. 参与者支付报文使用不合乎规范

目前，支付系统对报文业务类型进行严格的校验和控制，对没有权限或者格式异常的报文进行拒绝和丢弃。但是，对报文业务种类的校验和控制并不严格，从而导致部分参与者收到了其他参与者发出的不符合第二代支付系统报文格式标准的错误报文。而部分参与者支付前置系统默认所有接收到的报文格式都是正确的，因此不对接收到的报文进行校验，从而导致无法正常解析和处理错误报文。当接收到错误报文时，不得不手工对错误报文进行核实和丢弃，影响了后续其他支付业务的正常处理。

2. 支付报文字段的使用标准亟须进一步明确

例如，对大额汇兑报文的附言和备注字段的使用规范不够明确，有些商业银行将客户的附言放在报文的附言字段中，有些商业银行则放在备注字段中。因为大额汇兑凭证的版面有限，所以有些商业银行在汇兑凭证中只显示附言字段，有些则只显示备注字段，从而导致不便甚至纠纷。再例如，部分商业银行对收款人账号、户名等字段中字符的全、半角标准的规定并不一致，从而影响了相关支付报文的处理效率。

3. 参与者希望保留并继续提供第二代支付系统测试环境

在对参与者进行问卷调查和走访座谈的过程中，参与者普遍反映后续还计划进行行内系统升级、接口改造等系统优化工作，因此希望人民银行能够提供稳定的测试环境，以供其进行相关应用程序的测试和验证工作。

4. 大额支付系统延长营业时间对参与者影响较大

在对北京20家第二代支付系统参与者和9家通过北京CCPC异地备份接入第二代支付系统的参与者的问卷调查中，近90%的参与者都认为目前延长大额支付系统营业时间对商业银行而言压力过大。其主要原因为：①大额支付系统和小额支付系统、网上支付跨行清算系统以及同城支付系统结合在一起，已经可以满足客户各类跨行支付需求。②大额支付系统延时，涉及商业银行前台、中台、后台众多部门工作流程的调整，从管理、成本、人力资源配给等角度给商业银行带来较大影响。③货币交易市场（如同业拆借市场）等配套基础设施的营业时间没有延长，给参与者流动性管理带来较大困难。④当前各行组织架构及人力资源配备等短期难以满足大额支付系统延时要求，在人员紧缺的情况下，延时将在原本就比较繁重的工作外，增加因疲劳操作而引起的操作风险和系统运行风险。

（二）日常运维管理方面的问题

1. 参与者支付系统风险评估工作缺乏统一标准

为确保支付系统安全稳定运行，部分参与者会定期或不定期对本行支付系统整体运行情况进行自查和评估。此外，《中国人民银行支付系统参与者监督管理办法（征求意见稿）》也要求参与者每季度向人民银行报送支付系统风险自评估情况。然而，各行组织管理、信息科技发展以及风险控制水平参差不齐，对支付系统风险涉及的范围以及理解、识别和管控能力也有所差异，实际开展风险评估工作时对评估标准和粒度的把握也不一致。因此，迫切需要一个统一的风险评估标准和模板来规范参与者支付系统风险评估工作。

2. 参与者透支法定存款准备金风险值得关注

第二代支付系统"一点清算"模式下，参与者清算账户还承载了缴存法定存款准备金的功能。但是，余额预警功能触发时支付系统并不限制参与者发起往账支付业务，存款准备金透支时若清算账户余额充足也不会触发清算排队或影响日终处理。因此，出于提高资金使用效益的目的，部分参与者会在日间将部分法定存款准备金当做支付备付金使用，临近日终时再通过货币市场拆入资金补足准备金头寸。但若发生市场流动性趋紧、系统运行故障或操作失误等异常情况，则可能无法在日终拆入足额资金，从而在日终透支法定存款准备金。

3. 中小客户资金处置权益保护问题应引起重视

普通中小客户尤其是个人客户，在与商业银行等金融机构的交涉和对话中处于相对弱势地位。当商业银行发生系统故障或操作失误等异常事件，导致客户跨行汇款无法及时汇出或收款无法及时入账时，中小客户的权益难以得到应有的重视和保护。在对 28 家第二代支付系统参与者的问卷调查中，只有 5 家参与者建立了客户资金延迟支付或入账的利息赔偿机制。然而，跨行转账业务异常对客户造成的损失不只包括利息收入，还可能造成客户个人信用记录污点等其他损失。在配套权益保护机制缺失的情况下，诉讼维权的经济和时间成本又比较高，中小客户往往不得不自行承担相应的损失。

（三）应急管理方面的问题

1. 支付系统应急演练工作需要央行统筹组织开展

为有效应对 CCPC 整体失去服务响应能力的风险，参与者在通过其所属地 CCPC 接入第二代支付系统之外，还可以选择一家 CCPC 作为接入第二代支付系统的备份接入点。当某 CCPC 因故障或灾难事件失去服务能力时，紧急切换不仅涉及 NPC、故障 CCPC、备份接入 CCPC 和参与者等众多主体，而且需要遵循一整套标准化的流程。因此，为确保灾难事件发生时应急切换高效完成，人民银行有必要组织参与者有计划地开展 CCPC 备份接入点切换演练。

2. 参与者业务连续性方案有待细化和完善

第二代支付系统投产运行后，参与者普遍比较重视支付系统应急管理工作，都制订了较为详尽的业务连续性计划和应急处置方案。然而，由于规模、业务量、组织架构、人员配备等方面的差异，参与者对业务连续性和应急处置的理解和落实也有所差异。例如，有些参与者（如华夏银行）制定的应急处置预案不仅全面精细，相关处置内容精确到代码和指令级，并且将应急处置流程以突发事件应急指挥系统的形式进行固化和规范，从制度和流程上确保应急处置有的放矢和高效开展。而有些参与者制度和预案的精细粒度和可操作性略有欠缺，在商业银行人员流动性相对较大的情况下，影响应急处置效率和相关经验的积累和传承。

（四）服务支持方面的问题

1. 参与者普遍希望进一步加强支付系统运行维护同业交流

第二代支付系统推广运行后，参与者支付系统运行维护工作面临新的变化和挑战。在数据、业务以及风险高度集中的新形势下，参与者普遍希望人民银行能够在原有技术和业务培训的基础上，组织搭建一个更为便利的同业交流平台，与其他参与者定期或不定期地交流和探讨运行维护经验教训，互相借鉴，共同提高，不断促进跨行支付业务的安全高效开展。

2. 参与者普遍希望进一步加强第二代支付系统技术和业务培训

一方面，为确保商业银行支付系统运行维护工作的连续性，需要人民银行不断提供支付系统技术和业务培训，以解决商业银行人员流动性相对较大的问题。另一方面，第二代支付系统全新的技术架构和业务模式也催生了参与者的培训需求。目前，在人民银行前期培训的基础上，商业银行参与者的培训需求主要集中在第二代支付系统备份接入框架及应急切换流程、PMTS报文传输平台日常运维、第二代支付系统新功能及业务分析等三个方面。

四、应对措施建议

（一）加强支付系统建设推广统筹管理和组织

首先，进一步细化和规范第二代支付系统报文格式标准。对实际使用过程中存在分歧的字段及字符进行规范和明确，并及时向参与者公布。其次，加强对支付报文格式及权限的验证工作，调整并完善支付系统应用程序验证逻辑。严肃清算纪律，对参与者发送不合乎报文格式标准的情况进行统计和跟踪，并作为支付系统考核的重要依据。再次，对支付系统功能及性能进行持续的优化和改进，增加参与者透支法定存款准备金预警和报警功能。最后，保留和继续提供第二代支付系统测试环境，为参与者相关系统升级改造提供良好的测试环境支持。

（二）优化支付系统运行保障和风险管理机制

一是组织研究制定参与者支付系统运维风险评估指引。在第二代支付系统参与者技术验收中，人民银行制定了详尽的接入环境和接入端信息系统的验收标准，为参与者顺利完成第二代支付系统推广工作提供了较为完备的指引和参考。在第二代支付系统推广工作基本完成，参与者数据、业务和风险高度集中的新形势下，各参与者对风险的理解、识别及防控能力也有所差异。因此，有必要围绕参与者运维工作实际，组织研究制定并发布参与者支付系统运维风险评估指引或指导意见，从风险辨识、防控等角度规范和指导参与者科学开展相关风险管理工作，不断提高参与者风险防控和运行保障能力。

二是加强中小客户资金处置权益保护工作。中小客户作为商业银行的金融消费者，保障其跨行资金汇划的及时支付和入账是商业银行作为商家提供服务的基本义务。但因相关法条及制度对客户资金处置效益的保护条款不够明确，加之中小客户在与商业银行的交涉和纠纷中处于弱势地位，中小客户往往不得自行承担因商业银行责任导致资金无法及时支付或入账的损失。因此，应该从金融消费者权益保护的角度，一方面完善相关法律及制度对客户资金处置权益的保护条款，另一方面要求参与者在业务连续性计划和应急处置预案中必须增加客户资金处置权益的保护和赔偿条款，以切实保护中小客户跨行资金处置权益。

（三）加强支付系统应急切换组织和培训

首先，明确和规范主备 CCPC 接入点切换演练及回切的流程和操作步骤，制定并及时向参与者发放相关流程控制表和操作手册。其次，针对第二代支付系统备份接入框架及切换流程等内容，制作标准化课件并提供讲师支持，由各地 CCPC 组织参与者接受培训。再次，有计划、分批次组织各 CCPC 和参与者进行备份接入点切换演练，提高紧急情况下应急切换实战能力。最后，建议参与者细化业务连续性方案和支付系统应急处置预案，提高其应急处置时的规范性和可操作性。

（四）探索建立和完善参与者沟通交流机制

鼓励和支持各地 CCPC 通过发布区域支付系统运行报告、定期开展支付前置系统健康性检查、建立参与者支付系统运行维护知识库、举办支付系统运行维护专题论坛以及定期或不定期组织参与者同业经验交流座谈会等形式，探索建立和不断完善 CCPC 与参与者、参与者与参与者之间的沟通交流机制，从而不断提高 CCPC 服务管理水平和沟通协调效率，确保区域支付业务持续安全高效开展。

（五）妥善调整大额支付系统营业时间

随着人民币国际化的不断推进及跨境人民币支付系统的建设推广，大额支付系统的营业时间可能随之调整和延长。然而，延长营业时间不仅给参与者从业务流程、营运成本及人力资源保障等角度带来较大压力和挑战，还涉及同业拆借市场等配套的货币市场基础设施的调整，可谓"牵一发而动全身"。因此，应以系统性的观点，在坚决贯彻落实人民币国际化战略部署的同时，兼顾考虑我国支付体系发展和商业银行经营现状，妥善、科学调整大额支付系统营业时间并及时通知参与者，为参与者行内相关系统调整预留充分的准备时间。

五、其他相关建议

（一）商业银行应就其支付服务质量做出承诺

从法律法规或规章制度的层面，约束商业银行对人民银行和社会公众做出关于其支付业务及相关信息系统服务质量的承诺（如系统可用率100%），并由人民银行等机构加强监管，商业银行积极协调行内相关资源予以落实。对相关商业银行因运行管理工作不到位造成系统瘫痪和服务中断的情况，定期向社会公众披露，作为衡量商业银行综合竞争力的重要指标，以切实保护社会公众财产处置权益，维护国家经济金融秩序稳定。

（二）研究设立支付系统运行保障风险基金

第二代支付系统"一点接入，一点清算"的运行框架导致参与者 IT 系统、数据、业务处理及相关运行和流动性风险高度集中。若因系统故障或操作异常导致跨行资金汇划业务中断，除危及区域乃至国家金融稳定外，还涉及责任认定和利息赔偿问题。如果赔偿金额过大，则会给人民银行和商业银行参与者带来严重损失。因此，建议人民银行组织支付系统参与者论证设立支付系统运行保障风险基金的可行性，并从组织架构、制度设计等方面开展相关的研究工作。风险基金可以委托或者建立专业化的实体进行市场化运营和管理，并接受人民银行及相关监管部门的监督和管理。在风险基金的保障下，参与者流动性紧张时可按照优惠利率对其进行紧急救助，或者在涉及巨额利息赔偿时承担偿付责任，从而尽可能降低支付系统运行保障风险。

（三）开展对支付系统网络拓扑结构的研究和优化工作

第二代支付系统集中接入模式最终形成了一个以 NPC 为中心节点，包含 32 个 CCPC、全部直接参与者以及数量众多的间接参与者在内的，层次化的、复杂的资金清算网络。如何调整参与者的连接关系才能最大限度地提高整个支付网络防范系统性风险的能力，参与者信用风险和流动性风险在这个支付网络中的传导和级联失效机制是怎样的，这些都可以作为下一步支付系统网络拓扑结构研究和优化的重点。

参考文献

［1］李伟．集中接入模式对第二代支付系统运行管理的影响及对策［J］．金融电子化，2014（12）．

［2］谈小生．第二代支付系统新特征分析［J］．金融电子化，2014（5）．

［3］巴曙松，左伟，朱元倩．中国银行间支付网络及其结构特征［J］．系统工程，2014（11）．

［4］胡波．解析央行第二代支付系统及其影响［J］．银行家，2012（4）．

［5］石玉辉．人民银行第二代支付系统对商业银行的影响［J］．中国金融电脑，2013（3）．

用博弈论的思维分析 P2P 与商业银行关系的发展

滕 磊①

摘要： 2007 年以来，以 P2P、余额宝为代表的互联网金融产品如雨后春笋般相继推出，呈现出企业数量逐步增加，交易规模日益放大、业务涉及范围渐趋广泛的发展态势，给传统商业银行业务带来了巨大冲击。互联网金融与商业银行如何并存成为了大众关注的焦点。本文以博弈的角度，具体分析以 P2P 为代表的互联网金融同商业银行间发展的关系，并作出简要展望，即寻求互补合作，共同发展，实现共赢。

关键词： 互联网金融 P2P 商业银行 博弈

一、引言

随着互联网技术的高速发展和电子商务在我国的普及程度逐步提高，越来越多的人习惯于通过网络平台处理自己的金融需求，由此，有别于传统金融的一种新服务模式——互联网金融应运而生。经过几年的发展与壮大，互联网金融逐步形成了信息化金融机构，互联网金融门户，P2P 网贷、众筹平台、大数据金融、第三方支付六大发展模式。其中最为典型的便是以宜信、人人贷为主的 P2P 网贷模式。这种第三方平台在收取一定服务费用的前提下向其他个人提供小额借贷的金融模式一经推出，便受到大众尤其是小微企业及年轻一代的关注，有关话题更是持续不减。

P2P（"Peer to Peer"或"Person to Person"）融资模式，起源于美国，即指有一定的闲置资金且有投资意图的个人，通过具有资质的网络信贷公司等中介平台，借助互联网、移动互联网技术提供信息发布和交易实现的网络平台，把资金借给具有

---

① 作者简介：滕磊，经济学博士，现供职于中国农业银行。

资金需求的另一方，从而实现各自的借贷需求的借贷模式。借款人或投资人在平台发布借款需求或闲置资金标的，借助平台的信息共享优势，由借贷双方自由竞价，中介平台撮合成交，在整个借贷过程中，借贷双方的资料与资金、合同、手续等相关材料全部通过网络平台实现。P2P融资是随着互联网、电子商务以及小额民间借贷的发展与兴起而产生的一种全新的金融模式，也是未来金融服务的发展趋势。

伴随着P2P贷款行业的崛起与发展，其在一定程度上与传统商业银行业务产生了竞争关系，即我们所称的"金融脱媒"——借贷双方可以绕开银行渠道，直接通过中介平台进行理财和办理融资。据不完全统计，截至2014年末，全国网络借贷平台已超过2 300家，2014年以来全行业的成交量高达3 000亿元人民币。更有新闻评论一针见血地指出，P2P这一互联网金融创新模式是"直接劫了银行的道"。尽管P2P发展相当迅猛，但由于P2P仍属于新兴模式，各方面发展还不成熟，内部监管机制还不完善，风险控制策略还存在缺陷。为了防范各类风险发生，作为唯一具有监管权力的银监会从维护整个金融行业的利益出发，制定明确有效的控风险措施，通过建立借贷资金第三方存管制度，在借贷双方与交易资金中间建立安全隔离带，即与银行进行合作，由存管银行负责网络借贷双方的资金转账，以保护客户正常利益，并在合作当中寻找合适机会通过类似协议存款、配置理财等方式将闲置资金有效利用，获得额外收益。由此，产生了下面的思考：在同类型竞争对手相继出现，监管机构的监管政策不断趋严的情况下，P2P融资模式未来发展之路在何方？面对以P2P为主要模式的互联网金融的冲击，传统商业银行又该如何面对挑战？本文想要以P2P融资模式为例，通过研究P2P与商业银行间的博弈过程，分析P2P融资类互联网金融产品与商业银行间的关系，进而对互联网金融产品与商业银行的未来发展关系做出简要展望。

二、文献综述

许多学者对互联网金融与商业银行相关问题进行了大量的研究并取得了一定的成果。一些学者着重研究了互联网金融的发展对商业银行所产生的影响。陶亚娜（2014）通过对互联网金融的发展研究中指出，P2P模式在解决银行信息不对称和成本难题方面提供了一种较为有效的途径，基于互联网大数据与便捷信息流，极大地消除了信息不对称的障碍，降低了交易成本，为中小微企业和低收入群体提供了方便快捷的金融服务，进一步提高了金融普惠性。随着行业模式的认可度逐步提升及监管的逐步规范，P2P模式未来将逐步替代部分传统存贷款业；徐英江（2014）通过对互联网金融等的理论分析指出，商业银行面临来自以互联网金融为代表的多元金融脱媒威胁：一是存款业务方面，如果存款利率不能市场化，商业银行存款下滑态势将难以遏制，资金来源将受到严重威胁。二是贷款业务方面，小贷、担保、民间借贷、P2P网络借贷直接对商业银行个人、小微企业业务构成分流。王天宇（2014）在介绍"P2P"运作模式的基础上，分析了P2P对我国传统金融行业可能会造成的影响。归结来说，P2P对商业银行的影响体现在两方面：一是对银行吸收活期存款业务的影响，王天宇认为，如果仅从微观人群来看，由于个人闲散资金并不会很多，同时很多人群涉及不到P2P的领域中来，其对存款业务的影响是微乎其微的。但从基金角度来看，根据美国经验，长远看来，货币基金而不仅仅是P2P对商业银行活期存款的影响较为显著。二是对银行代销理财产品业务的影响。P2P以其门槛低、低风险、便捷性而优于商业银行，必然会减少银行这部分收入。相应地，一些学者侧重分析了商业银行在互联网金融冲击下的应对策略。邱勋（2013）认为，面对互联网金融的挑战，商业银行应该重视互联网"长尾效应"，不断提升客户价值，积累数据，制定大数据经营战略，加快转型等。李倩玉（2014）指出，商业银行要提高"客户价值中心"意识，加强创新，重视与信息技术结合等措施。针对这一话题的分析很多，本文试图从博弈论的视角来分析P2P类互联网金融产品同商业银行间过去及未来的发展关系。

三、关于P2P与商业银行合作和竞争关系的博弈分析

（一）模型假设

1. 参与方

博弈的参与方有两个，即互联网金融主体P2P和传统商业银行。我们假设博弈双方都是经济学意义上的理性人，即博弈双方均以追寻自身效用的最大化为根本目标。

2. 集合策略

P2P方的策略分别为与商业银行寻求存管合作或者不与商业银行合作，另寻其他途径进行第三方存管。合作的目的是寻求业务合规化，进而实现利益最大化，不合作的目的是寻求高的其他投资收益率，两个策略都是为了寻求期望效用的最大化，策略集合可表示为｛合作，不合作｝。商业银行的策略也有两个，即在为P2P方提供第三方存管业务的基础上，通过协议存款、理财等方式，与P2P方合作，解决资金问题；或者不与P2P合作，另寻其他P2P类企业合作或者改变存款利率吸引存款等。两者的目的也是寻求自身利益的最大化，其策略集合也可以表示为｛合作，不

合作¦。

3. 基本假定

我们假设，这个合作的金融市场是完全竞争的，即存在多家商业银行，P2P方可选择与其中的任意一家或多家合作。双方的博弈为完全信息的博弈。假设双方签订合作的金额为C，合作的协议利率为r，合作期限为t。虽然P2P方与银行签订的合作协议比较特殊，因此在包括提前支取不罚息的政策以及结算的方式等方面对博弈过程的分析影响不大，故假定该合作协议方式为连续复利的。则其t期的资金总额我们设定为：$C_t = C_e^{rt}$，

手续费等设为A，则其利润为：$C_e^{rt} - C - A$。

（二）随P2P发展时间变化的完全信息博弈

本部分从三方面进行分析。

1. 上线之初

假设合作金额为C，按照模型假设中的假定可知，如果银行同P2P合作且P2P与商业银行合作的期望效用为：$C_e^{rt} - C - A$。而P2P不合作，将这部分资金以其他渠道进行投资，设其利率为i，其他条件全部不变，则P2P不与银行合作的期望效用为：$C_e^{it} - C - A$。如果银行不与P2P合作，P2P想要同银行合作，则P2P方寻求合作所花费的成本设为P，因不能合作而只能另觅他径所得收入为：$C_e^{it} - C - A - P$。

对银行来说，若P2P选择合作，与P2P合作可以解决银行间流动资金不足的问题，合作给银行带来的收益设为B，则银行最终期望收益为：$A + B + C - C_e^{rt}$。而如果银行不与P2P合作，则其头寸短缺所导致的一切风险后果为 -D，需要注意，此时的D可以为无限大。若P2P选择不合作，银行寻求合作的成本设为Q，且仍有头寸短缺的后果 -D，若银行也不合作，其收益也为 -D。二者的支付矩阵1见下表。

		P2P 支付矩阵 1	
		合作	不合作
商业银行	合作	$(A + B + C - C_e^{rt}, C_e^{rt} - C - A)$	$(-Q - D, C_e^{it} - C - A)$
	不合作	$(-D, C_e^{it} - C - A - P)$	$(-D, C_e^{it} - C - A)$

从一定意义上讲，P2P的成功得益于2013年以来银行普遍的钱荒，就当时的银行状况来说，如果P2P不合作，银行的期望效用则均为负值，而若P2P可以合作，则银行有希望使得期望效用为正，至少可以使损失降到最小。对银行来说，只要与P2P合作协定的利率r，使其满足 $A + B + C - C_e^{rt} > -D$ 即可。而对P2P来说，只要

合作且利率 r > 其他投资渠道利率 i，即 $e^r > e^i$，其就能达到期望效用最大化。综合来看，只要满足公式：$e^{it} < e^{rt} < (A+B+C+D)/C$，就可以达到 ｛合作，合作｝的纳什均衡。由于完全信息，P2P 知道银行有寻求合作的意愿，且其资金额庞大，上线之初没有强劲的竞争对手，没有严格的监管，故拥有很大的讨价还价的能力。所以，在 r 的可能取值范围内，P2P 可以获得一个相当高的收益率。

2. 完全竞争时期

该时期，P2P 同商业银行的博弈过程与上一阶段相差不大，只是某些不确定变量的大小略微发生变化。这一主要的变化在于：首先，对于银行而言，银行资金短缺的状况早已得到改善，钱荒的程度也没有之前那么严重，即 D 的数值是逐渐减小的，甚至对大的国有商业银行来说，几乎可以忽略不计；其次，随着时间推移，P2P 诱人的高收益率抢夺了银行的存款，一定程度上影响了银行的部分业务和理财产品的销售。这使得在 P2P 主动要求与银行合作时，银行与 P2P 合作损失了一部分原先自有业务收入 M，如果 P2P 主动不合作的话，此时银行仍然会由于 P2P 的高诱人而损失收益 M，也就是说，这一阶段，作为损失的收益 M 是不可避免的；再次，随着互联网金融行业的快速发展，P2P 的竞争者相继进入这一市场，想要获得理想当中的利益。这使得 P2P 吸金力下降的同时，银行选择也变得多样化，自主性大大增强，讨价还价的能力也大幅上升；最后，由于前期对商业银行合作的过分依赖，导致如果在现阶段银行取消与其业务合作，会增加一定的资产结构调整成本 N。在这种状态下，P2P 与商业银行间的支付矩阵 2 就变成：

		P2P 支付矩阵 2	
		合作	不合作
商业银行	合作	$(A+B+C-C_e^{rt}-M,\ C_e^{rt}-C-A)$	$(-Q-D-M,\ C_e^{rt}-C-A)$
	不合作	$(-D,\ C_e^{it}-C-A-P-N)$	$(-D-M,\ C_e^{it}-C-A)$

在这一时期，尽管 P2P 方在本博弈中话语权下滑，但由于国内还存在很多中小型商业银行对于资金具有相当规模的需求，因此，理论上讲该博弈还是继续存在的。此时，只要满足商业银行的最终期望利益在刨除即期损失 M 后仍然大于头寸短缺造成的不良后果 −D 即可。公式推导为 $A+B+C-C_e^{rt}-M > -D$，即 $e^{rt} < (A+B+C+D-M)/C$，同时 $e^r > e^i$，即 $e^{it} < e^{rt} < (A+B+C+D-M)/C$，即可重新达到 P2P 与商业银行间 ｛合作，合作｝的纳什均衡。

在这个博弈矩阵中，我们可以发现，由于银行头寸短缺 D 的大幅减小以及成本 M 的大幅增加，使得合作利率 r 的上限出现下浮，加之 P2P 议价能力随着同业竞争激烈程度的增加而不断削弱，以及宏观条件下银行间市场资金利率的走低也导致了收益率 r 的下降。而且随着银行的业务创新以及政策限制的趋严，这种下降还会有所延续。

3. 未来发展展望

通过前面的分析可以明白，商业银行与以 P2P 为代表的互联网金融行业合作并签订合作协议等行为而导致对其业务产生不良影响是商业银行所不想看到的。因此，银行在未来可能通过创新业务和产品，提高存款利率等手段进行自我调整，使预期不合作的短缺风险 D 大大降低；且银行认为：在 $e^{rt} > （A + B + C + D - M）/C$ 公式中，如果损失的收益 M 足够大，则对银行来说，其占优策略为不合作。完全信息的状况下，当 P2P 方知道银行的占优策略为不合作时，则 P2P 也会选择不合作效用更高，因此双方就陷入了 ｛不合作，不合作｝的囚徒困境。但是，囚徒困境终究不是一个双赢的博弈结果。如何能够实现发展中双赢的局面，就是问题的关键，也是本文研究的意义所在。我们设想，如果商业银行与 P2P 之间存在一种合作模式，即 P2P 的角色相当于商业银行的一个吸收存款的平台，P2P 可以得到高收益的回报，但同时也不会给银行带来很大的冲击与压力，而是为银行提供了各种客户数据信息，帮助银行进行筛选优质客源，那么此时在"合作"的情况下所呈现的期望效用则会大大不同。

		P2P 支付矩阵 3	
		合作	不合作
商业银行	合作	$（A + B + C - C_e^{rt}, C_e^{rt} - C - A）$	$（- Q - D - M, C_e^{it} - C - A）$
	不合作	$（- D, C_e^{it} - C - A - P - N）$	$（- D - M, C_e^{it} - C - A）$

通过支付矩阵 3 我们可知，若可以"合作"，由于 P2P 方为商业银行提供了准确的客户数据等信息，使得银行收益 B 大幅增加，则只需确定一个合适的合作利率 r 即可以使之成立，则整体来说，银行会更加倾向于"合作"模式。对 P2P 来说，如果保证"合作"的收益能够超过"不合作"的成本，那么 P2P 也偏向于与商业银行进行"合作"。但是此时该博弈就具有了一定的风险性。即在银行决定与 P2P 进行"合作"时，P2P 选择"合作"的效用会更高，但如果 P2P 选择了"合作"模式，而此时银行拒绝合作，则 P2P 的状况就会达到最差状态。反过来也是如此。那么，由于博弈经验检验显示，博弈双方大多是风险厌恶者，因此在这个博弈中看似最终也将形成 ｛不合作，不合作｝的状态。但我们需要注意的是，这是一个完全信息状态下的合作博弈，信号传递将会改变这一结果。在双方参与者如果都被允许传递信号时，选择支付占优均衡的人数比例会超过 80%。因此，只要博弈双方均明确有"合作"意愿时，最终必将会达到 ｛"合作"，"合作"｝的均衡。

4. 就商业银行而言，与 P2P 合作的现实意义

第一，有利于商业银行汇聚数据资源，制定大数据营销策略。大数据是现如今

最要、最受关注的新兴信息技术产业革命，其从互联网起家，已逐步运用到各个行业，正在使我们的生活发生巨大的变革。以 P2P 为代表的互联网金融为客户提供了适应不同人群的个性化服务的同时，关键在于 P2P 公司利用互联网平台收集了大量的客户信息，组成了大数据集团。并利用其有效分析客户个性化需求及挖掘潜在客户，从而建立起科学量化的评估模型，准确把握不同客户的相关金融需求，有效控制了风险。相比 P2P 而言，商业银行虽然在电子金融服务方面做了大量创新，但均受制于原有的金融框架限制，导致商业银行在互联网时代金融创新难有突破。商业银行与 P2P 公司的合作，可以利用其客户资源的优势，建设、推广和共享用一个电子商务平台，实现快速聚积交易实现大数据营销的目的。

第二，加快商业银行转型。以互联网金融为代表的大数据化革命已经直接推动金融业发生深刻变革。P2P 模式成为互联网金融模式产品的开路先锋和经典案例，很大程度上刺激了普通民众的固有思维，颠覆了民众对传统银行模式、金融模式已经产品形态的理解与认知，给现有银行业带来了巨大挑战。商业银行意识到问题的严重性与紧迫性，顺应时代的发展潮流，以百倍的信息和勇气去迎接互联网金融的挑战，从内部出发，加快商业银行转型步伐，通过转变经营理念，创新经营模式、简化组织结构体系，朝更灵活，更切合客户需求的经营模式和价值创造方式进行转变，实施实体银行与虚拟银行协调发展的长期战略。商业银行通过转型，深度融合互联网技术与银行核心业务，提升客户服务体验，拓展服务渠道，提高业务水平，才能从根本上从容应对互联网金融带来的各种挑战。

四、结论

通过前面的分析可以看到，P2P 的发展变化与 P2P 同商业银行的共存环境息息相关。出现之初的迅猛崛起，是得益于银行对资金需求的紧迫，以及其客户群体的广泛和其他宏观利好因素，使其在博弈中处于优势地位。而后由于市场变化、竞争者出现以及政策限制等因素的共同影响，使得 P2P 市场陷入混战。而今后，P2P 类互联网金融产品的发展，可以继续依托商业银行，使自身行为符合银监会的监管要求，同时与银行达成一种互补的合作，利用其自身丰富准确的客户信息、方便快捷的支付渠道以及其他后续可以发展的规模效应等优势，为银行服务，也为自己带来利益，从而促进传统银行的互联网进程，达到最优的金融市场状态。

参考文献

[1] 乔刚. 互联网金融与我国金融自由化改革次序的正确选择［J］. 安徽科技

学院学报，2014（28）.

　　[2] 李倩玉. P2P 对商业银行的挑战及启示［J］. 现代经济信息，2014（3）.

　　[3] 陶亚娜. 互联网金融发展研究［J］. 吉林金融研究，2014（8）.

　　[4] 邱勋. 互联网基金对商业银行的挑战及其应对策略——以 P2P 为例［J］. 上海金融学院学报，2013（8）.

　　[5] 施丹. 互联网金融和利率市场化对商业银行的影响［J］. 特区经济，2014（3）.

　　[6] 王天宇. 浅析"P2P"对我国金融行业的影响［J］. 中国商贸，2014（1）.

　　[7] 王莹. P2P 的流动性、收益性及风险分析［J］. 中国商贸，2013（12）.

　　[8] 徐英江. 互联网金融、IPO 重启及利率市场化——国有大行如何应对即将到来的"苦日子"？［J］. 中国农业银行武汉培训学院学报，2014（1）.

银行跨境汇款反洗钱工作调查分析

文 京[①]

摘要： 远距离调动资金、代理层次多和汇路复杂等特征，使得跨境汇款易为洗钱分子利用。为掌握辖内跨境汇款反洗钱工作总体状况，了解与之相关的洗钱风险，经对部分在京银行分行的跨境汇款反洗钱工作开展情况调查分析后，提出相关建议。

关键词： 跨境汇款　反洗钱　分析

一、中资银行跨境汇款可疑交易报告总体情况

（一）报告数量统计

2013 年至 2015 年第一季度，辖内部分银行分行共报告 238 506 份可疑交易，其中 46 274 份涉及跨境交易，占总报告数的 19.4%，具体数据如下：

银行	2013 年				2014 年				2015 年第一季度			
	A	B	C	D	A	B	C	D	A	B	C	D
涉及跨境交易份数	1 140	1	27 984	7 92	1 424	217	13 091	386	313	0	835	91
上报可疑交易总份数	51 522	823	45 333	23 225	60 138	1 220	23 301	11 305	12 412	973	5 529	2 725
占比（%）	2.2	0.1	61.73	3.41	2.3	17.79	56.18	3.41	2.5	0	15.10	3.34

（二）主要可疑情形

总体看，国有银行上报的跨境汇款可疑交易主要涉及以下违法犯罪行为：

一是倒汇。交易特征表现为频繁境外汇款、自有资金行内转账、外汇买卖等，

---

①　作者简介：文京，现供职于中国人民银行营业管理部。

疑为倒汇和钱庄交易。

二是电信诈骗。交易特征表现为境内不固定付款人资金转入后迅速转出境外，并迅即在境外取现。

三是诈骗。表现为南非或西非国家人员账户接收境外非固定单位和个人汇入汇款，开户时照片、联系方式相同，部分人员使用假护照。

四是洗钱。表现为境外个人收汇后频繁支取美元现钞，或累积一定金额后再转汇第三国。客户身份与交易情况不符，交易金额多为9 900美元，有意逃避大额外币现钞交易监测监管。

二、中资银行跨境汇款业务可疑交易分析中存在的问题

（一）跨境汇款可疑交易报告占比较低

与北京市外汇资金规模、交易量相比，部分银行涉及跨境汇款可疑交易报告数量和占比相对较小，与跨境汇款内在洗钱风险状况不对称。主要原因是银行在分析处理跨境汇款交易过程中缺乏必要的信息采集手段和系统分析措施。

（二）缺乏对高风险国家的判断识别机制

部分银行"境外汇款申请书"未将"收款银行名称和地址"作为必填项，客户仅填写SWIFT代码。也未采取有效措施识别、判断境外汇款人或收款人所在国家的洗钱风险。

（三）未充分调查交易主体和交易用途的真实性

一是未采取有效手段核实外籍客户真实身份。除中国银行外，其他银行目前尚未与公安部联网，以核查外籍人员护照真伪；二是无法确认跨境汇款的交易用途，只能通过汇款复验或询问的方式对客户的汇款用途进行推测。

（四）对特定跨境汇款交易缺乏有效监测措施

一是未建立对拆分购汇、分散汇款等交易行为的跟踪分析和监测机制；二是对于通过境外关联企业虚构贸易背景汇款的交易行为监测不足；三是对于跨境消费及取现交易，发卡行未采取有效手段从中国银联获取交易对手信息。

三、政策建议

（一）增加对跨境汇款业务国籍信息的采集

《金融机构客户身份识别和客户身份资料及交易记录保存管理办法》中对跨境业务客户身份识别做了详细规定，但缺乏对国籍登记的强制规定。建议将国籍作为跨境汇款业务的必填项，有利于识别跨境交易国别风险，提高对客户与高风险和敏感国家间交易的监测分析能力。

（二）加强技术手段，提高对分拆交易的监测能力

不法分子为逃避资本管制和大额交易报告与监测，往往采取多点、多人购汇的形式，购买、利用他人账户将资金多批、小额电汇至境外。建议加强模型设计和技术监测手段，通过系统跟踪、分析和标识，将分拆购、付汇人员纳入系统监测黑名单，必要时限制其账户交易权力或终止与其业务关系。

（三）关注跨境网银交易风险，增加跨境网银交易相关信息的采集

FATF洗钱类型分析报告认为，跨境网银汇款的非面对面、交易时间短等特征使其易为洗钱和恐怖融资活动利用。由于客户在网银交易中仅填写汇款必填要素，银行不能充分了解境外汇款人或收款人充足的信息。操作中，客户往往将多笔小额交易通过不同网点归集至主账号，然后跨境转出以规避监管。建议扩大对跨境网银数据信息的采集，完善收付款人地址、国籍、受益行名称和地址、网银IP地址等数据信息，实现对跨境网银汇款的有效监测。

（四）建立跨境汇款交易动态、集中分析机制

目前，人民银行要求银行机构在条件允许下对可疑交易自主建模、自主分析。从调研情况看，大部分国有银行在可疑交易分析中仍针对单一客户短期频繁或大额交易进行监测分析，仍以连续10个工作日作为筛选时间段。而在实践中，涉及跨境汇款洗钱类型的主要特征在短期内并不明显，长期则呈现出群体客户的资金划转、归集和汇出等可疑特征。国有银行应当调整系统设置，建立恰当模型，实现对跨境汇款异常交易的有效监测和准确识别。

风险管理

商业银行客户纠纷多元化解决机制的法律探讨

陈道丽[①]

摘要： 当前商业银行客户纠纷呈现出多样化的特征，面对客户纠纷，商业银行所采取的解决争议的手段相对较为单一，无法适应目前客户纠纷多样化的特征。为有效解决客户纠纷，本文建议商业银行应建立多元化的客户纠纷解决机制。

关键词： 银行　客户纠纷　多元化　法律

有效解决客户纠纷，不仅是维护银行合法权益的需要，也是维护银行良好商誉的必然要求。随着中国金融改革的深入，利率市场化和汇率市场化的不断推进，金融创新层出不穷，金融市场参与主体增多，产品品种日益丰富，产品结构日益复杂，银行面临的竞争环境也日趋激烈。同时，消费者自我保护意识觉醒。在监管机构的政策推动下，保护消费者不仅是商业银行的自觉行为，也成为银行合规经营的监管要求。

一、多元化纠纷解决机制

多元化争议解决机制主要可以分为诉讼方式和非诉方式两大类。其中诉讼方式因其整个过程体现了国家公权力，因而受到金融市场参与主体的广泛信赖，被认为是最具权威性的裁判。但非诉方式的重要性也不容忽视。从宏观层面看，随着金融市场日趋发达，国家诉讼资源日益显得相对有限，非诉方式的运用能分流部分争议，减轻司法系统的压力；从微观层面看，金融创新对裁判者的金融专业水平要求也越来越高，非诉解决方式中因第三方专业人士的引入，能很好地满足这一需求，同时，在国际金融的情况下，非诉纠纷的裁判结果能因其专业、客观、公允，更容易被他

[①] 作者简介：陈道丽，现供职于交通银行北京市分行 。

国当事方所接受和执行，这些非诉的解决方式都有无可替代的作用。

我国现行的多元化争议解决方式主要有协商、调解、仲裁和诉讼。前三者为非诉方式，国外也称为替代性争议解决方式（alternative dispute resolution，ADR），即通过诉讼之外的方式解决纠纷。

（一）协商

1. 协商的概念

所谓协商，是指争议双方当事人在发生纠纷后，就有关问题进行协商，并在自愿、互谅的基础上达成和解协议，使纠纷得以有效解决的行为。

2. 协商的特征

协商没有第三方的参与，纠纷双方的意愿贯穿始终。这一特点，使得协商相比较诉讼具有以下几个优势：一是纠纷各方可充分陈述观点和诉求，协商结果，即所达成的和解协议能充分反映当事人的意愿；二是程序灵活，时间和地点不受限制，能最大限度地方便各方参与协商；三是协商因不涉及第三方，没有裁判费用，因而在各种纠纷解决方式中经济成本是最小的。正因为上述优势，在纠纷发生时，争议各方往往首先选择协商作为争议解决的途径。例如，客户在不满银行服务时，会拨打银行的客户电话进行投诉。该行为就是希望通过与银行协商解决纠纷的一种表示；再如，当贷款发生逾期时，银行通常并不立即起诉，而是采取非诉催收等方式督促债务人尽快归还逾期贷款等。

但也正因为协商没有第三方参与、是否能解决纠纷全靠双方意愿的特点，如要通过协商达成最终和解，也取决于双方的意愿，即需要双方都愿意协商，都愿意在协商的基础上达成谅解，有时双方可能还需要有所妥协。协商中，很多情况下纠纷双方要寻找到令各方满意的利益契合点是有较大困难的。再则，对于一家管理规范的商业银行而言，在利益上的妥协与让步，必须要严格依照管理流程和规定才能作出，如涉及国有资产的，还需向国家有关部门报告。因而，商业银行通过协商方式解决的纠纷，主要还是那些法律关系和责任清晰、法律依据明确的事项。但相对于纷繁复杂的金融纠纷，法律规定毕竟是有限的。

协商的方式还有一个不足，即所达成的和解协议，在法律上等同于合同，没有强制执行效力，一旦和解协议得不到履行，仍需要通过其他的争议解决方式寻求救济。

（二）调解

1. 调解的概念

调解，是指在纠纷当事各方同意的基础上，纠纷当事方以外的第三方，依据法律、法规、政策、社会公德等对纠纷双方进行疏导、劝说，促使各方达成和解协议，解决纠纷的方法。

2. 调解的特征

调解，因其是在当事方自愿的基础上引入第三方的调解，因此具有程序上的灵活性、较能充分反映当事人的意愿，同时，还因第三方的介入，使争议解决的过程体现出第三方的中立、公允和劝导，促使争议得到有效解决。而且，调解过程不公开（但双方当事人要求或者同意公开调解的除外），这一特点能防止别有用心的当事人利用新闻媒体进行负面报道，对银行的声誉造成不良影响。

最高人民法院于2009年8月公布《最高人民法院关于建立健全诉讼与非诉讼相衔接的矛盾纠纷解决机制的若干意见》（法发〔2009〕45号），扩大了赋予合同效力的调解协议的范围，鼓励行政调处、人民调解、商事调解、行业调解发展，促进构建起一套科学、系统、完整的诉讼与非诉讼相衔接的矛盾纠纷调处机制。《意见》第十条明确规定"人民法院鼓励和支持行业协会、社会组织、企事业单位等建立健全调解相关纠纷的职能和机制。经商事调解组织、行业调解组织或者其他具有调解职能的组织调解后达成约具有民事权利义务内容的调解协议，经双方当事人签字或者盖章后，具有民事合同性质。"同时，《意见》第十三条规定："对于具有合同效力和给付内容的调解协议，债权人可以根据《中华人民共和国民事诉讼法》和相关司法解释的规定向有管辖权的基层人民法院申请支付令。申请书应当写明请求给付金钱或者有价证券的数量和所根据的事实、证据，并附调解协议原件。"较好地解决了调解达成的协议不具有法律强制效力的问题。

3. 调解的分类

在我国，调解主要有法院调解、人民调解和行业协会调解等。

法院调解，又称为诉讼中调解，是人民法院和当事人进行的诉讼行为。我国《民事诉讼法》第九十三条规定，人民法院审理民事案件，根据当事人自愿的原则，在事实清楚的基础上，分清是非，进行调解。通过法院调解达成的调解协议经法院确认后具有法律效力，一旦当事人不履行调解协议可向人民法院申请强制执行。调解与法院判决不同的是，调解书经法院盖章并送达双方当事人后即生效，而法院一审民事判决在送达后有十五天的上诉期，而且还可能因上诉而不发生法律效力。因此，如能在诉讼中达成调解，可以加快纠纷解决进程。

人民调解，又称诉外调解，是指在人民调解委员会主持下的调解活动。人民调解委员会是村民委员会和居民委员会下设的群众性自治组织。其调解不仅反映了当事人的意愿，也反映了人民调解委员会的劝导作用。但通过人民调解所达成的调解协议不具有法律强制效力。

行业协会调解，是指在行业协会组成的调解委员会主持下的调解活动。行业协会调解，除具有其他调解方式通常所具有的程序灵活、能较充分反映当事人的意愿、体现第三方的劝导作用以及给当事方所带来的中立公允的感受外，还能使当事双方感到纠纷在相关行业专业人士的主持下得到了专业的裁判。本文将重点分析行业协会调解。

4. 银行业协会调解

为维护行业声誉、促进社会和谐，中国银行业协会于2010年7月下发《关于印发〈关于建立金融纠纷调解机制的若干意见（试行）〉的通知》（银协发〔2010〕48号），并在中国银行业协会设立了金融纠纷调解中心。2011年9月北京市银行业协会印发了《北京市银行业金融纠纷调解暂行办法》，并于2012年3月与北京市西城区法院联合建立了金融纠纷调解工作站。调解工作站是在双方当事人同意的情况下，由调解工作站的专业调解员对协会会员单位与客户之间的金融纠纷进行调解。调解工作站的专业调解员为协会会员单位推荐并经协会审查聘任银行在职人员。经调解达成协议的纠纷，当事方可向北京市西城区人民法院（后因管辖地原因改为海淀区人民法院）申请确认协议的效力。调解工作站的成立能发挥行业的专业优势，同时也能借助司法机关的权威和公信力。

据北京市银行业协会统计，2014年，协会全年共办理调解案件54件，其中：已达成调解协议的45件，涉及争议金额369.24万元，未达成调解协议的7件，涉及争议金额114.83万元。与2013年相比，受理件数增加3倍，调解成功件数增加5.4倍，调解成功率由54%增加至87%。①

（三）仲裁

1. 仲裁的概念

仲裁，是当事人根据其事先与其他当事方订立的仲裁协议，自愿将其争议提交由非司法机构的仲裁员组成的仲裁庭进行裁判，并受该裁判约束的一种制度。

2. 仲裁的特征

适用对象的限定性。可仲裁的纠纷应为平等主体的公民、法人和其他组织之间发生的合同纠纷和其他财产权益纠纷。涉及人身关系或行政争议的纠纷不得仲裁。

仲裁与司法相对独立，但又与司法密切相关。仲裁机构是社团法人，与行政机构、司法机构没有隶属关系。仲裁依法独立进行，不受行政机关、社会团体和个人的干涉。但仲裁中如涉及财产保全，仲裁裁决的强制执行等都是提交法院进行的。

———————————

① 北京市银行业协会：《关于2014年银行业消费者投诉与处理情况的通报》（银协京发〔2015〕3号）。

仲裁既体现了当事人的意志，也体现了仲裁机构作为第三方裁判的权威性。一方面，仲裁的发起需当事人事先达成有效的仲裁协议，仲裁机构由当事人共同选任；仲裁员裁判时更加尊重纠纷当事双方的合同约定，在法律没有明确规定时也更加尊重相关行业惯例。另一方面，仲裁法对仲裁程序进行了一些原则性的规定，各仲裁机构又都在仲裁法规定的框架内制定本机构的具体的仲裁规定，当事人须遵守仲裁机构的仲裁规则，且如仲裁协议有效，即使一方不出庭，只要仲裁庭在开庭前按仲裁规则履行了通知送达的程序，则仲裁裁决对缺席一方也将发生法律效力。

仲裁裁决具有法律强制效力。一方不履行仲裁裁决的，另一方可向法院申请强制执行。仲裁一裁终局。仲裁以不公开审理和裁决为原则。

（四）民事诉讼

1. 民事诉讼的概念

民事诉讼，是指民事争议的当事人向人民法院提出诉讼请求，人民法院在双方当事人和其他诉讼参与人的参加下，依法审理和裁判民事争议的程序和制度。①

2. 民事诉讼的特征

民事诉讼体现和依靠了国家强制力。民事诉讼的发起并不需要纠纷双方形成合意，只需要一方起诉，另一方就必须应诉，即使不到庭，法庭也可缺席审判。民事诉讼的裁判机构为人民法院，法院是国家的司法机关。法院依法审理作出的裁判，当事人必须服从。如一方当事人不主动履行判决义务，另一方当事人可依法向法院申请强制执行。

民事诉讼程序具有规范性。民事诉讼的审理必须依照民事诉讼法规定的程序和方式进行，法院或诉讼参与人如违反程序的可能导致诉讼行为的无效。民事诉讼以公开审理为原则。民事诉讼二审终审。

二、银行建立客户纠纷多元化解决机制的必要性

商业银行客户纠纷多元化解决机制，是指在商业银行内为应对、解决与客户的纠纷建立一套系统的、开放的、多元的争议解决体制，充分运用各种争议解决方式的特点，有效解决纠纷。这一机制强调的是综合运用多种争议解决方式，不偏重、不依赖某一种或几种解决方式，而是建立一个开放性的体系，任何能够依法有效解决纠纷的方式都可以被纳入其中。这一机制的建立是应对纠纷多样性、几种争议解

---

① 张卫平．民事诉讼法［M］．北京：法律出版社，2004.

决方式各有特点的必然要求。

（一）商业银行客户纠纷的多样性

1. 商业银行客户纠纷的概念

商业银行客户纠纷，是指商业银行在从事金融交易活动中与其客户之间产生的各种争议。从这一概念看，构成商业银行客户纠纷有如下要素：（1）主体应为平等的民事主体。与银行产生纠纷的另一方，可能是金融机构，也可能是其他法人或自然人，但无论是哪一种，在法律上的地位与银行都是平等的。（2）客体上应为银行与客户间从事的金融交易活动，如非为金融交易活动，例如，银行购买办公楼，不属于该概念的范畴。（3）法律性质上应为民事争议，应适用民法、合同法等民事法律法规进行调整。

2. 商业银行客户纠纷的分类

按主体分类，银行客户纠纷可分为银行与其他金融机构之间的纠纷、银行与企业法人之间的纠纷以及银行与自然人之间的纠纷。

按客体分类，银行客户纠纷可按所从事的金融交易的类型进行分类，如借款合同纠纷、信用卡纠纷、票据纠纷等。

按纠纷的发起方分类，可以分为银行发起和客户发起。前者如银行提出要求客户归还逾期贷款，后者如客户投诉电话。

3. 商业银行客户纠纷呈现多样化的特征

（1）对裁判者专业性要求不一

有的纠纷，如银行与客户之间的借款合同纠纷，法律关系相对简单，对裁判者的专业性要求不高；如非信贷业务、电子银行业务、创新业务纠纷，则法律关系复杂，专业化程度较高，对裁判者的专业要求较高。

（2）避免舆论影响的需要不一

银行与个人客户之间的纠纷，往往因公众将个人客户看做弱势一方，因而公共舆论容易被误导从而影响银行声誉，在纠纷处理中银行更多希望避免纠纷被舆论关注；而银行与法人客户之间的纠纷通常来讲就不存在上述问题，相反，对于那些涉嫌逃废债的客户，有时，银行还希望通过舆论的压力迫使其履行合同义务。

（3）对裁判者是否认可行业惯例的依赖程度不一

有的纠纷，有明确的法律依据，如存款、贷款等业务纠纷；有的纠纷，法律依据并不明确，银行是按照行业惯例办理业务，裁判者是否认可行业惯例对纠纷的裁判至关重要，如银行保函业务以及法律法规上尚无明确规定的创新业务。银行保函通常为见索即付保函，其赔付责任相对于所担保的基础交易有一定的独立性。而在我国，虽然担保法认可独立担保，但最高人民法院多年来并不承认国内保函的独立性。因此对于此类争议，银行更希望纠纷的解决能建立在对合同和行业惯例的尊重的基础上，如银行在纠纷方式的选择上掌握主动，则应尽量避免通过诉讼解决此类争议。

（4）金额大小差异较大，但案件的重要性与标的金额有时并没有直接关系

银行客户争议纠纷标的金额差异较大。有的纠纷，特别是与同业客户或其他法人客户的纠纷涉及金额可能上亿元，有的纠纷，可能只有几元钱。但金额小并不一定意味着不重要，相反，有的纠纷，特别是与个人客户之间的纠纷，金额虽小，确有着示范效应，纠纷解决情况的影响不容小觑，如有关银行收费的纠纷等，在选择纠纷解决方式时不应以经济成本为唯一考量。

（二）诉讼与非诉争议解决方式各有优劣

1. 权威性和强制性比较

诉讼无疑具有权威性和强制性。法院依法审理作出的生效裁判，当事方必须遵守。如一方当事人不主动履行的，则另一方可依法向法院申请强制执行。正是因为诉讼以国家强制力保障权利实现的特征，使得人们通常选择诉讼作为争议解决的方式。

非诉方式在权威性和强制性上弱于诉讼方式。协商完全依赖于纠纷双方的自愿；调解协议的达成同样如此，只是在经过法院对调解协议进行确认后，赋予其一定的强制执行力；仲裁是非诉方式中最具有权威性和强制性的。仲裁法对仲裁机构、仲裁员、仲裁程序都作了详细的规定，仲裁过程和仲裁结果也都有国家司法强制保证其顺利进行和得到实现。

因此，在权威性和强制性方面，诉讼有着当然的优势，但非诉方式中的仲裁也有着同样的权威性和强制性。

2. 专业性比较

诉讼的裁判者为法官。法官强调的是法律方面的知识背景，而并不要求法官具备专业方面的知识。

非诉方式中，协商不引入第三方，由纠纷双方自行解决；调解引入第三方，其中行业协会的调解，因其专业资源的优势，能让当事方体会到专业权威性，使其调解结果为人信赖；仲裁中作为仲裁者的仲裁员，按照仲裁法的规定必须是法律或经济贸易方面的专家，而许多仲裁委对仲裁员还有更严格的要求。仲裁员不仅有资深的法律界人士，更有许多是各行各业的专家，而且仲裁庭的组成是由当事人从仲裁员名单中自行指定。因此，可以说行业调解和仲裁相对更具有专业色彩。

3. 审理是否公开的比较

诉讼以公开审理和判决为原则。公开审判可以将民事审判活动置于社会广泛的监督之下，以保障审判的公正。但公开审判容易引起舆论的关注。诉讼中虽然也规定了在特殊情况下，当事人可向法庭申请不公开审理，但该等情形毕竟是有限的。

而协商、调解和仲裁均以不公开为原则，更利于保护当事人声誉免受舆论的影响。在保护当事人不受舆论影响方面非诉纠纷解决方式更胜一筹。

4. 效率比较

诉讼实行两审终审制度，即民事案件经过两级人民法院审理和判决即告终结的制度。而实际上，在判决生效后，当事人还可依法向法院申请再审。因此仅就程序设置本身看，诉讼的流程是比较长的。

仲裁并不存在上述问题，法律明确规定一裁终局，仲裁相对诉讼在流程上更短，且程序相对规范，耗费时间成本相对较少。而其他非诉纠纷解决方式，由于其达成的争议结果本身在强制力方面的欠缺，以及程序有更多的灵活性，因而在时间成本上可能较诉讼更大。因此，在效率方面非诉方式中的仲裁有着一定的优势。

5. 解决纠纷彻底性的比较

通常认为，因为诉讼的权威性和强制性，因而无疑具有解决纠纷的彻底性。但诉讼裁判作为法律上的最终结论并不意味着能真正地息诉止争。判决生效后，客户仍不断向各方投诉的纠纷仍是存在的。其中固然有客户自身的因素，但也有诉讼审理中主要依靠法院和法官的权威，当事人的意志在其中体现较少。当事人是否理解和认同法官的判决存在一定的不确定性。且法官自由裁量权较大的因素。我国法律、特别是民事法律并非诉讼涉及的每一事项都能找到明确的规定，法官态度和价值取向，很大程度上影响了案件的走向。在法律法规对纠纷事项没有那么明确的规定的情况下，存在当事人对裁判结果不认同的可能性。

非诉纠纷虽然在权威性和强制性上弱于诉讼，但由于更多地体现当事人的意志，因此在解决纠纷的彻底性上可能并不弱于诉讼。其中协商、调解，如当事人双方不能达成一致，是无法形成争议解决结果的。因而基于双方一致意愿的结果，应能为双方所接受，有着彻底解决纠纷的较大可能性。仲裁裁决的结果虽不以双方当事人达成一致为前提，但在仲裁机构、仲裁程序和仲裁员的选择方面有自主权，因而也在一定程度上是双方当事人意志的体现。

因此，在解决纠纷的彻底性方面，几种争议解决方式各有优势。

6. 费用的比较

诉讼向法院缴纳的诉讼费相对较高，国家对诉讼费用的收取有统一的标准。协商不存在第三方裁判者，因而也没有这方面的费用。调解虽然有第三方裁判者，但通常也不涉及向调解方缴纳的费用。如人民调解委员会调解纠纷，不收取任何费用。北京市银行业协会的调解，也不收取费用。仲裁需要缴纳仲裁费。各仲裁机构收费标准由其自行制定，并由物价部门核准。

因此，在集中争议解决方式中，诉讼和仲裁需向裁判机构缴纳费用，通常仲裁的费用争议金额越小，与诉讼相比较费用更高，但如考虑到诉讼方式是两审终审，这一费用上的差距相对较小。并且，无论是诉讼费还是仲裁费，均是由败诉方承担，如一方当事人胜诉把握较大，费用在争议解决方式选择时应不是关键因素。

7. 争议解决启动是否需当事双方合意

诉讼方式中只要一方当事人向法院起诉，除事先达成仲裁协议外，另一方必须应诉。非诉方式的采用则必须有双方合意，即争议各方均愿意采用该种方式解决争议，否则将无法进行，特别是仲裁，按照仲裁法的规定，还必须事先达成仲裁协议。因此，如希望推动另一方采用非诉争议方式解决纠纷，需要与对方协商一致；如希望采取仲裁方式的，以在与对方当事人签署合同时增加仲裁条款为宜。

从上述分析我们可以看出，各种争议解决方式并不存在孰优孰劣，面对多样化的银行客户纠纷，商业银行应当根据单个纠纷的具体特征和诉求，选择适当的争议解决方式。

三、银行建立客户纠纷多元化解决机制面临的难题

（一）解决客户纠纷的机制过于单一

长期以来形成的习惯，以及对诉讼权威性的倚重、对非诉权威性不足的误解，使商业银行在面对纠纷时，自然选择诉讼方式，而忽略了非诉解决方式。因商业银行长期以来将诉讼作为客户纠纷的单一法律解决途径，对非诉解决方式研究不够，对非诉方式的优势认识不足，利用不够，参与也不够。如行业协会调解方式和仲裁方式，银行还较少利用。

（二）缺少配套的银行制度

协商和调解，都完全以争议双方的意志为前提。有时还可能需要争议双方相互妥协才能达成一致。银行对于涉及赔偿事项的纠纷通过协商达成一致解决的还是少数，也很少利用调解来解决争议。究其原因，是因为大多数银行缺少相应的赔偿机制，只能对那些法律关系清晰，法律依据明确的通过主动赔偿的方式解决纠纷。例如，伪卡盗刷纠纷。在目前的法律，甚至司法解释上，都没有统一的规定，应当由

哪一方承担责任。但从北京目前的司法环境看，一旦认定为伪卡盗刷，法院很可能会判决银行承担全部责任。法院在判决书中的推理处于保护消费者的立场，忽视了银行卡业务不是单纯的存款业务，而是持卡人凭密码进行的自主支付，忽视了持卡人自身密码保管的责任，很难从目前的法律法规中找出法院如此判决的明确依据。遇到此类案件，虽从现有证据材料判断确实存在伪卡盗刷的，但由于上述原因，许多银行都不能主动为客户垫付被盗刷的款项。但银行要为此付出更大的代价，其面临的将不仅是赔偿盗刷款项，还可能面临承担利息、诉讼费、律师费的损失，以及对银行声誉的不良影响。

四、关于建立客户纠纷多元化解决机制的建议

（一）区分不同纠纷类型，合理确定争议解决的方式

根据前文对纠纷和争议解决方式的特征分析，建议避免不加区别选择诉讼方式解决的惯性思维，对不同的纠纷进行区别对待：对于与个人客户之间的纠纷，应尽量避免被诉，而应争取通过协商或行业协会调解的方式进行；对于借款合同纠纷等法律关系简单且需要依赖法院强制效力实现银行合法权益的纠纷，通过诉讼进行；对于专业性较强、法律依据不甚清晰的纠纷，如创新业务、保函纠纷等通过仲裁方式解决。需提示的是，通过仲裁方式解决，需事先与客户达成仲裁协议，或在相关业务合同中增加仲裁条款。

（二）建立小额纠纷赔偿机制

建议建立小额纠纷赔偿机制，并可考虑建立小额纠纷解决委员会，对于一定金额以下，银行确存在过错的，经集体审议后进行赔付。此种机制一旦建立，银行将可充分利用协商和行业调解，与客户协商尽量减轻银行因不必要的诉讼而承担诉讼费、律师费等额外损失，同时也可避免银行的声誉风险。

（三）深入研究非诉解决方式，培养相关专家队伍

建议银行组织力量深入研究非诉方式，培养相关专家队伍，向行业协会推荐人才参与调解，组织符合条件的骨干，参选仲裁员，在调解和仲裁领域发挥自己的作用和影响，以更好地利用上述非诉争议解决方式奠定基础。

金融风险中的社会信任研究

王　娟[①]

摘要： 金融风险是风险治理中的一个重要内容，而影响金融风险治理的核心因素之一就是社会信任。社会信任的影响因素涉及很多方面，以往的研究主要从性别、年龄、学历、职业等社会基础变量角度考察。价值相似信任模型的出现，为社会信任的影响因素研究提供了两个新的角度：价值相似性和风险感知。通过对全国2 082人对于金融风险的风险感知、公众与金融专家对金融感知的价值相似性、公众对金融专家的信任度的调查，分析我国公众的金融风险感知、价值相似性与社会信任的关系。结果显示，社会信任与金融风险感知利益、价值相似性呈正相关关系，价值相似性、感知利益越高则公众的信任度越高；社会信任与感知风险呈负相关关系，感知的金融风险越高则公众越不信任金融专家。

关键词： 金融风险感知　价值相似性　社会信任

20 世纪 50 年代以前，信任的研究在社会科学中一直没有出现。自 20 世纪 80 年代以来，随着国际社会重大变革和经济突飞猛进的发展，人们对经济活动的认识不断加深，无论是研究者还是普通公众都意识到信任对于一个国家的政治稳定、经济健康发展具有举足轻重的作用。在这种背景下，长期被忽视的信任问题成了哲学、政治学、经济学、社会学、伦理学、心理学等相关学科研究的重点与热点。学者们纷纷从各自的学科领域出发尝试对信任的概念及其基本构成做出解释。

经济学家对信任度的研究，主要源于金融风险治理中的公众信任缺失，表现为公众对于金融机构、金融专家的不信任而退出资金或在投资选择中举步不前。为了重新建立公众对金融专家的信任，研究者们不断探索和分析影响公众信任的因素，然而信任是一个相当复杂的社会与心理现象，牵涉很多层面并交互影响。其中，价值相似性和金融风险感知是影响公众信任的两个重要方面。

[①]　作者简介：王娟，博士，现供职于中国农业银行北京西城支行。

一、金融风险的概念与特征

金融风险是一定量金融资产在未来的时期内预期收入遭受损失的可能性。对于金融经营,风险是一种客观存在,并且伴随着金融经营的整个过程并蔓延后续利益关系。如何去控制金融风险、规制金融风险隐患,是金融风险治理的核心问题。

金融风险具有风险的一切属性,同时又包含其独有的特征:(1)不确定性:影响金融风险的因素难以估量,难以做好事前准备。(2)相关性:金融机构所经营的商品——货币的特殊性,决定了金融机构同经济与社会是紧密相关的。(3)高杠杆性:金融企业负债率偏高,财务杠杆大,导致负外部性大。另外,金融工具创新,衍生金融工具等也伴随高度金融风险。(4)传染性:金融机构承担着中介机构的职能,割裂了原始借贷的对应关系,处于这一中介网络的任何一方出现风险,都有可能对其他方面产生影响,甚至发生行业的、区域的金融风险,导致金融危机。

二、影响信任因素的相关研究

Rousseau 认为,信任就是信任者对好收益的一种意愿或期望,信任者因依赖有相似目的或价值的被信者而易受伤害。信任又分为一般信任和社会信任。社会信任(Social Trust)又称群体内(Within – group)的信任,指人际间通过重复的相互接触后产生的信任,社会信任是最高级、狭隘、封闭的,是最受限制的一种信任。一般信任(General Trust)又称群体间(Across – group)的信任,指信任的产生并没有经过相互接触的过程,一般信任是信任中最放松自由的形式。本文中讨论的主要是社会信任,这里将金融风险中的金融专家和公众视为同一个群体。社会信任,指个体委托与其有相似价值的其他人、组织或机构去完成特定的任务。这些任务是巨大的且复杂的,对于缺乏技术培训的个体来说很难独立完成,尤其对于特定的金融风险类业务,大部分人都会委托专业从事金融的人或金融机构来完成相关工作,因为个体没有足够的时间和专业能力来应对金融投资选择,那么这时就需要社会信任。社会信任,在调查中是通过独立而直接的问题来测量的,比如在核废料处理事件中,测试问题是:"是否信任核废料管理机构""是否信任核专家"。在本研究中,社会信任选取的考察变量是公众对金融专家的信任,相关问题是"您是否信任金融专家"。

1. 风险感知与信任

风险感知,英文标示为 Risk Perception,更多的学者将其翻译为风险认知。比如

Slovic 定义风险认知为"是用来描述人们对风险的态度和直觉判断的一个概念,它也包括人们对风险的一般评估和反应",这说明风险认知包括风险感知、一般评估和最终决策。风险认知更加侧重于金融专家的解释,但在调查公众对金融专家的信任的研究中,调查对象多为普通的公众,也许并没有专业的知识作为认知的依据,所以本文将解释为风险感知,更加侧重于公众对风险的真实感受和影响感知的情感要素。风险感知包含了人们的信念、态度、判断和感觉,融入了社会、文化背景和价值观,以及人们面对潜在危险和利益的选择。Kellstedt 于 2008 年通过电话采访的形式,对年龄在 18~90 岁的 1 093 人进行调查,研究表明公众对金融专家信任度越高,风险感知程度越高,对金融专家信任度越低,风险感知程度越低。Kasperson 在 2001 年运用 SARF 方法测验得出,信任金融专家和金融机构的那些人感知的利益比较高,而不信任的人感知的风险比较高。已有研究表明,公众越信任金融专家感知的利益越高,越不信任金融专家感知的风险越高。

2. 价值相似性与信任

价值相似性(Value similarity),指个人价值与管理机构、其他群体的价值相类似。Siegrist 认为,如果个人的价值与管理机构、管理者的价值相似,就会高度信任管理者,相比于管理者价值不相似和不信任管理者的个体来说,就会感知较少的风险。近年来,价值相似性和信任的模型建立之后,相关的实践研究也相继出现。Michael Siegrist 于 2000 年运用问卷调查方法分析了受访对象对农药、核电、人工甜味剂的认知,证明了价值相似性对社会信任的正作用,并探索了社会信任对感知风险和感知利益的重要性,提出了价值相似模型(Value Similarity and Trust,见图 1)。公众与金融专家的价值相似性程度越大,公众对金融专家的信任度越高。

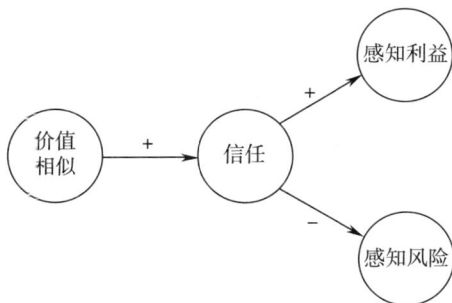

图1　基于价值相似的信任模型

3. 我国关于影响信任因素的研究

国内经济学方面对于信任的影响因素也作了一些相关的调研。王绍光等人通过对中国四个城市的居民关于信任的影响因素的调查,分析得出居民的居住时间、网络规模、性别、年龄、受教育程度、对生活水平的评价与预期、参加集体体育活动的频率、读报数量、社会地位、阶层、就业状况和收入水平等都会在一定程度上影响公众的信任。张维迎和柯荣住委托"中国企业家调查系统"2000 年对全国进行问卷调查，调查涉及全国 31 个省、自治区和直辖市的 15 000 多家企业和企业领导人，重点从经济绩效角度考量信任的来源要素，运用数据资料揭示了信任受到文化、交往、产权、社团参与水平以及经济发展水平等因素的影响。

综上所述，国外的学者针对风险感知、价值和信任作了一些相关的案例调研，分析了风险感知和价值是如何分别影响社会信任的，但是实际建立在 SVS 模型上的研究还较少，没有把风险感知、价值和信任放在同一个维度下来测量。国内的研究也只有风险感知和信任的影响因素的研究，关于价值对信任的影响还没有涉及，更没有运用价值相似模型的理论来指导实践调研。

三、我国公众的社会信任度调查

我国以往关于影响公众信任的因素调查中，主要有性别、年龄、受教育程度、对生活水平的评价与预期、参加集体体育活动的频率、社会地位、就业状况、经济发展水平等。区别于传统的心理学基本要素分析，价值相似模型的提出为信任影响因素的解释提出了新的角度，但是我国针对价值观和风险感知的影响因素分析还没有相关研究，所以在我国以金融风险为背景，测量公众对金融专家的信任度与价值相似性和风险感知的关系，以验证价值相似模型在我国是否成立，并且为提高我国公众对金融专家、金融机构的社会信任度提出一些建议，这对于我国金融风险治理具有重要的理论和实践意义。

1. 研究假设

本文将从公众的价值观和风险感知角度对信任度进行调查。提出如下研究假设：

假设 1：价值的相似性程度越大，公众对金融专家的信任度越高。

根据已有文献可知，当公众与金融专家的价值越趋向于类似或一致，那么公众与金融专家看待风险和处理风险的方式才会趋向于一致，公众认为此时金融专家能够代表公众，对公众负责，所以公众对金融专家的信任度会相对提高。

假设 2：公众越信任金融专家则感知的利益越高，越不信任金融专家则感知的风险越高。

当公众不愿意相信金融专家的言论时，就不愿意冒险去采取金融专家提出的建议，此时公众感知的风险越大；而当公众相信金融专家时，才会愿意配合和支持金融专家的决策，那么公众感知的利益越大。

2. 研究方法

本研究抽样方案采用分层三阶段 PPS 抽样，采用定量调查与定性访谈结合的方式，以全国十个省为调查点，按照人口比例抽样，我们共发出 2 200 份问卷，共获得有效问卷 2 082 份，针对焦点群体对金融专家的信任度进行调查研究。

3. 数据分析

（1）价值相似与信任

公众与金融专家的价值相似性主要包括公众与金融专家的价值、立场、目标、观点、行为、观点的执行是否一致。公众对金融专家的信任答案设置为："1"到"5"分别代表"非常不信任"到"非常信任"。价值相似性问题的答案设置为："1"到"5"分别代表"非常不一致"到"非常一致"。问卷中对应的变量与公众对金融专家的信任呈现以下关系：

公众对金融专家的信任与价值的所有因素有着显著的正相关关系。信任与公众与金融专家的价值一致、立场一致、同一目标、观点的支持、行为一致、观点一致的皮尔逊相关系数分别为 0.286、0.314、0.308、0.310、0.345、0.294，显著性均小于 0.001，双侧显著相关。说明公众对金融专家的信任度会随着价值观相关因素的不同而明显不同。见表 1。

表1　　　　　公众对金融专家的信任与价值因子的相关性分析*

		1	2	3	4	5	6	7
1. 您认为金融专家是否与您价值一致？	Pearson Correlation	1	0.630 **	0.573 **	0.569 **	0.568 **	0.573 **	0.286 **
	Significance（2 – tailed）		0.000	0.000	0.000	0.000	0.00C	0.000
	N	2 082	2 082	2 082	2 082	2 082	2 082	2 082
2. 您认为金融专家是否与您立场一致？	Pearson Correlation	0.630 **	1	0.697 **	0.742 **	0.693 **	0.694 **	0.314 **
	Significance（2 – tailed）	0.000		0.000	0.000	0.000	0.000	0.000
	N	2 082	2 082	2 082	2 082	2 082	2 082	2 082
3. 您认为金融专家是否与您同一目标？	Pearson Correlation	0.573 **	0.697 **	1	0.715 **	0.702 **	0.680 **	0.308 **
	Significance（2 – tailed）	0.000	0.000		0.000	0.000	0.000	0.000
	N	2 082	2 082	2 082	2 082	2 082	2 082	2 082
4. 您认为金融专家是否支持您的观点？	Pearson Correlation	0.569 **	0.742 **	0.715 **	1	0.735 **	0.725 **	0.310 **
	Significance（2 – tailed）	0.000	0.000	0.000		0.000	0.000	0.000
	N	2 082	2 082	2 082	2 082	2 082	2 082	2 082
5. 您认为金融专家是否与您行为一致？	Pearson Correlation	0.568 **	0.693 **	0.702 **	0.735 **	1	0.707 **	0.345 **
	Significance（2 – tailed）	0.000	0.000	0.000	0.000		0.000	0.000
	N	2 082	2 082	2 082	2 082	2 082	2 082	2 082

续表

		1	2	3	4	5	6	7
6. 您认为金融专家是否与您观点一致?	Pearson Correlation	0. 573 **	0. 694 **	0. 680 **	0. 725 **	0. 707 **	1	0. 294 **
	Significance（2 – tailed）	0. 000	0. 000	0. 000	0. 000	0. 000		0. 000
	N	2 082	2 082	2 082	2 082	2 082	2 082	2 082
7. 您是否信任金融风险活动中的金融专家?	Pearson Correlation	0. 286 **	0. 314 **	0. 308 **	0. 310 **	0. 345 **	0. 294 **	1
	Significance（2 – tailed）	0. 000	0. 000	0. 000	0. 000	0. 000	0. 000	
	N	2 082	2 082	2 082	2 082	2 082	2 082	2 082

注：＊＊：Correlation at 0. 01（2 – tailed）：...

根据研究假设的内容，我们分别将控制变量（公众对金融专家的信任）和主要自变量价值、立场、目标、观点的支持、行为、观点一致分别引入回归模型，运用最小二乘法进行一般线性估计，主要的回归模型是：$Y = b0 + biXi + e$。Y 表示公众的信任因子得分；b0 是截距，当 Xi 都为 0 时，表示 Y 的均值；Xi 是主要自变量和控制变量组成的向量（包括价值一致、立场一致、同一目标、观点的支持、行为一致、观点一致），bi 是各向量对应的回归系数，表示 Xi 每变化 1 个单位，Y 的该变量。估计结果见表2。

表2　　　　　　影响公众对金融专家的信任的价值因子的回归分析*

Model		Unstandardized Coefficients		Standardized Coefficients	t	Significance
		B	Std. Error	Beta		
1	（Constant）	1. 655	0. 064		25. 779	0. 000
	您认为金融专家是否与您的价值一致?	0. 309	0. 023	0. 286	13. 625	0. 000
2	（Constant）	1. 584	0. 063		25. 115	0. 000
	您认为金融专家是否与您立场一致?	0. 357	0. 024	0. 314	15. 097	0. 000
3	（Constant）	1. 606	0. 063		25. 537	0. 000
	您认为金融专家是否与您同一目标?	0. 352	0. 024	0. 308	14. 780	0. 000
4	（Constant）	1. 552	0. 066		23. 547	0. 000
	您认为金融专家是否支持您的观点?	0. 362	0. 024	0. 310	14. 871	0. 000
5	（Constant）	1. 462	0. 064		22. 762	0. 000
	您认为金融专家是否与您行为一致?	0. 397	0. 024	0. 345	16. 783	0. 000
6	（Constant）	1. 641	0. 064		25. 818	0. 000
	您认为金融专家是否与您观点一致?	0. 335	0. 024	0. 294	14. 011	0. 000

续表

Model		Unstandardized Coefficients		Standardized Coefficients	t	Significance
		B	Std. Error	Beta		
7	（Constant）	1.233	0.073		16.920	0.000
	您认为金融专家是否与您价值一致？	0.093	0.030	0.087	3.135	0.002
	您认为金融专家是否与您立场一致？	0.072	0.040	0.064	1.805	0.071
	您认为金融专家是否与您同一目标？	0.066	0.038	0.058	1.727	0.084
	您认为金融专家是否支持您的观点？	0.038	0.043	0.033	0.892	0.373
	您认为金融专家是否与您行为一致？	0.209	0.040	0.182	5.285	0.000
	您认为金融专家是否与您观点一致？	0.010	0.038	0.009	0.258	0.797

注：＊因变量：您是否信任金融风险活动中的专家？

在模型 1—6 中，我们分别建立公众对金融专家信任与价值、立场、目标、观点的支持、行为、观点一致等因素独立回归模型。分析结果见表2。

在模型 1 中，价值一致与人们的信任度回归系数为 B = 0309（p = 0.000 < 0.001），说明当自变量（价值）发生变化时，因变量（公众对金融专家信任）变异非常明显。在模型 2 中，立场一致与对金融专家的信任度回归系数为 B = 0.357（p = 0.000 < 0.001），说明当公众和金融专家的立场发生变化时，公众对金融专家信任差异非常明显。在模型 3 中，目标与对金融专家的信任度回归系数为 B = 0.352（p = 0.000 < 0.001），说明公众与金融专家的目标变化时，信任的差异性非常显著。模型 4 中，对观点的支持度与对金融专家的信任度回归系数为 B = 0.362（p = 0.000 < 0.001），说明对观点的支持度变化时，信任的差异性非常显著。模型 5 中，行为的一致性与对金融专家的信任度回归系数为 B = 0.0397（p = 0.000 < 0.001），行为发生变化时，信任的变化差异性显著。在模型 6 中，观点一致性与对金融专家的信任度回归系数为 B = 0.335（p = 0.000 < 0.001），说明当观点发生变化时，公众对金融专家信任差异非常明显。

模型 7 是前 6 个模型的联合模型，将前 6 个自变量因素放入一个模型中，我们可以比较各种因素同时存在时对信任度的影响效应。从系数的显著性来看，在联合模型中，立场（B = 0.072，p = 0.071 > 0.05）、目标（B = -0.066，p = 0.084 > 0.05）、观点的支持（B = 0.038，p = 0.373 > 0.05）、观点一致性（B = 0.010，p = 0.797 > 0.05）四个系数的显著性消失。这四个因素的显著性消失，是由于它们所能解释的方差相对于其他几个因素来说显得很弱，并且从表 1 中可以看出，这四个因素与价值、行为的一致性相关性很强，所以当六个因素同时进入一个模型考量时，价值和行为的一致性的变化严重影响另外四个因素的变化，而价值相似性（B =

0.093，p = 0.002 < 0.005）和行为的一致性（B = 0.209，p = 0.000 < 0.001）成为影响信任最显著的两个因素，其他因素的显著性随之消失。

表3　　　　　　　　　信任对其价值影响因子的回归分析[*]

Model		Unstandardized Coefficients		Standardized Coefficients	t	Significance
		B	Std. Error	Beta		
1	（Constant）	1.305	0.070		18.566	0.000
	您认为金融专家是否与您价值一致？	0.143	0.027	0.133	5.355	0.000
	您认为金融专家是否与您行为一致？	0.310	0.029	0.270	10.864	0.000

注：[*]因变量：您是否信任金融风险活动中的金融专家？

根据回归分析，建立二元线性回归方程。设"公众对金融专家的信任"作为因变量Y，价值相似性和行为一致性作为自变量X1、X2。表3显示，常数（Constant）、价值相似性（X1）、行为一致性（X2）具有统计意义。从表3可以推出回归模型方程：Y = 1.305 + 0.143X1 + 0.310 X2。说明公众对金融专家的信任与价值相似性和行为一致性呈线性正相关关系，随着X1、X2的升高，公众对金融专家的信任度Y也相应增加。见表3。这与假设1"价值的相似性程度越大，公众对金融专家的信任度越高"相一致，因此支持假设1。

（2）风险感知与信任

风险感知是由公众感知的利益与感知的风险两方面项构成的。关于感知利益和感知风险的答案设置为："1"到"5"分别代表从"非常少"到"非常多"。在问卷中对应的变量与公众对金融专家的信任呈现以下关系：

公众对金融专家的信任与风险感知的各因素有着显著的相关关系。尤其是信任与公众感知的风险的皮尔逊相关系数为 -0.113，显著性均为0.000（<0.01），双侧非常显著相关。信任与感知的利益也有着显著的相关，皮尔逊相关系数为0.047，显著性为0.033（<0.05），双侧较显著相关。说明公众对金融专家的信任度会随着公众感知的利益与风险的不同而明显不同，见表4。

表4　　　　　　　公众对金融专家的信任与风险感知因子的相关性分析

		1	2	3
1. 您认为金融风险治理能为人类带来多少利益？	Pearson Correlation	1	0.223 [**]	0.047 [*]
	Significance（2 – tailed）		0.000	0.033
	N	2 082	2 082	2 082

续表

		1	2	3
2. 您认为金融风险治理能为人类带来多少风险?	Pearson Correlation	0.223 **	1	− 0.113 **
	Significance（2 – tailed）	0.000		0.000
	N	2 082	2 082	2 082
3. 您是否信任金融风险活动中的金融专家?	Pearson Correlation	0.047 *	− 0.113 **	1
	Significance（2 – tailed）	0.033	0.000	
	N	2 082	2 082	2 082

注：＊：相关 0.05（双尾）。

＊＊：相关 0.01（双尾）。

①信任影响风险感知

表5　　　　　　　　　　感知利益与信任的回归分析*

Model		Unstandardized Coefficients		Standardized Coefficients	t	Significance
		B	Std. Error	Beta		
1	（Constant）	2.804	0.135		20.842	0.000
	您是否信任金融风险活动中的金融专家?	0.106	0.050	0.047	2.132	0.033

注：＊因变量：您认为金融风险治理能为人类带来多少利益?

公众感知的利益与对金融专家的信任度回归系数为 B = 0.106（p = 0.033 < 0.05），差异性显著，说明信任度对公众感知的利益的影响比较明显，根据回归分析，建立一元线性回归方程。设"公众感知的利益"作为因变量 Y，"公众对金融专家的信任"作为自变量 X1。表5显示，常数（Constant）、公众对金融专家的信任（X1）具有统计意义。从表5可以推出回归模型方程：Y = 2.804 + 0.106X1。说明公众对金融专家的信任与感知的利益呈线性正相关关系，随着公众对金融专家的信任的升高，感知的利益随之升高。

表6　　　　　　　　　　感知风险与信任的回归分析*

Model		Unstandardized Coefficients		Standardized Coefficients	t	Significance
		B	Std. Error	Beta		
1	（Constant）	3.121	0.100		31.159	0.000
	您是否信任金融风险活动中的金融专家?	− 0.192	0.037	− 0.113	5.200	0.000

注：＊因变量：您认为金融风险治理能为人类带来多少风险?

公众感知的风险与对金融专家的信任度回归系数为 B = − 0.192（p = 0.000 < 0.05），差异性显著，根据回归分析，建立一元线性回归方程，设"公众感知的风

险"作为因变量 Y，"公众对金融专家的信任"作为自变量 X1。表6显示，常数
（Constant）、公众对金融专家的信任（X1）具有统计意义。从表6可以推出回归模
型方程：Y = 3. 121 − 0. 192X1。说明公众对金融专家的信任与感知的风险呈线性负
相关关系，随着公众对金融专家的信任的升高，感知的风险随之降低，相反，随着
公众对金融专家的信任降低，感知的风险将随之升高。这与假设2"公众越信任金
融专家感知的利益越高，越不信任金融专家感知的风险越高"相一致，因此支持了
假设2。

②风险感知影响信任

在模型1 − 2中，我们分别建立感知的利益与感知的风险关于公众对金融专家信
任的独立回归模型。分析结果见表7。

表7   感知风险、感知利益对信任的影响的回归分析 *

Model		Unstandardized Coefficients		Standardized Coefficients	t	Significance
		B	Std. Error	Beta		
1	（Constant）	2. 404	0. 039		62. 055	0. 000
	您认为金融风险治理能为人类带来多少利益？	0. 021	0. 010	0. 047	2. 132	0. 033
2	（Constant）	2. 226	0. 052		42. 439	0. 000
	您认为金融风险治理能为人类带来多少风险？	− 0. 067	0. 013	0. 113	5. 200	0. 000
3	（Constant）	2. 206	0. 056		39. 374	0. 000
	您认为金融风险治理能为人类带来多少利益？	0. 020	0. 010	0. 023	1. 010	0. 036
	您认为金融风险治理能为人类带来多少风险？	− 0. 064	0. 013	− 0. 108	4. 844	0. 000

注：* 因变量：您是否信任金融风险活动中的金融专家？

在模型1中，公众感知的利益与对金融专家的信任度回归系数为 B = 0. 021
（p = 0. 033 < 0. 05），差异性上比较显著，说明公众感知的利益对信任度的影响比较
明显。在模型2中，公众感知的风险与对金融专家的信任度回归系数为 B = − 0. 067
（p = 0. 000 < 0. 001），说明随着公众感知的风险的变化，信任的差异性非常显著。

模型3是前两个模型的联合模型，同时将两个自变量因素放入一个模型中，我
们可以比较各种因素同时存在时对信任度的影响效应。根据回归分析，建立二元线
性回归方程。设"公众对金融专家的信任"作为因变量 Y，感知的利益和感知的风
险作为自变量 X1、X2。表7显示，常数（Constant）、感知的利益（X1）、感知的风

险（X2）具有统计意义。从表 7 可以推出回归模型方程：$Y = 2.206 + 0.020X1 - 0.064 X2$。说明公众对金融专家的信任与感知的利益呈线性正相关关系，与感知的风险呈线性负相关关系，随着感知利益的升高，公众对金融专家的信任度提高，随着感知风险的升高，公众对金融专家的信任度降低，越不信任金融专家。这证明了假设 2 中的延伸含义：公众感知的风险越高越不信任金融专家，公众感知的利益越高越信任金融专家。

四、讨论与结论

1. 信任与风险感知的关系，当不考虑任何研究类型时，最重要的定量分析成果仍然具有多变性。就风险感知而言，一些学者发现风险感知与信任强相关，一些学者发现是弱相关。尽管已有大量关于信任与风险感知的争论和理论研究集中于强度的问题研究，但通过调查可知，风险感知与信任的关系既不像 Slovic 的著作中所说的那样强相关，也不像 Sjöberg 所描述的关系微弱，在本次研究中体现为信任与感知风险的相关性要强于信任与感知利益的相关性。风险感知除了感知风险和感知利益两个重要影响因素外，还受到公众的知识、情感、背景等因素影响，所以信任与风险感知之间的关系是复杂的。

2. 价值相似性对信任的影响可以看出，在此调查中测量价值相似性的六个变量并没有都表现出与信任显著相关，信任只与价值、行为的一致性表现显著相关。说明在我国，公众注重的是价值观的统一和行为上的一致性，而在国外还涉及立场、目标、观点的一致性，在我国公众身上没有体现出来。我国公众与国外公众看待同一金融风险事件的侧重点并不是完全一致，有些变量在国外调查中体现出显著性，但是并不适用于我国。在各国特定的文化背景下，公民会形成各自较为统一的群体文化，看待问题和处理问题的方式基本上站在同一平台。研究跨文化的公众对金融专家的信任，既能从国外的经验得到启示，又能有针对性地提高我国公众对金融专家的信任，而价值观一致性的测量就是一个很好的变量选择，当然还有很多其他方面的跨文化研究变量，需要以后进一步探索。

3. 信任不仅影响风险感知，风险感知也同时影响信任。从信任与感知利益、感知风险的回归性分析可以看出，感知利益与信任正相关，感知利益越高，公众对金融专家的信任度越高；感知风险与信任负相关，感知风险越高，公众对金融专家的信任度越低。所以风险感知与信任的影响是互相的。因此，本研究不仅验证了价值相似的信任模型在我国也成立，同时还提出感知利益和感知风险对信任的显著影响，这是通过此次研究对价值相似模型的新的发现，如果将风险感知对信任的关系加入模型中，可以得到修正后的价值相似性、风险感知和信任的模型，见图2。

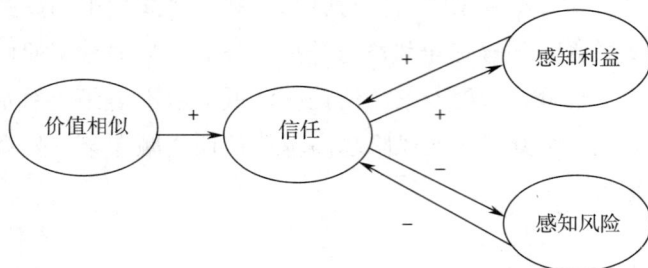

图2　价值相似性、风险感知、信任的修正模型

4. 价值相似模型揭示了不同的事件背景代表着不同的价值，人们可能在一种金融风险事件背景下相信金融专家，但是在其他事件中就不一定相信，因为在其他事件中公众与金融专家的价值相似性可能会变弱。因此，如果不是特定领域范围内考量对金融专家、决策者或相关部门的信任，就很难证明价值相似模型的实践意义。本研究是在金融风险的背景下进行调查的，金融风险有其特殊的文化背景和本身的特点，这与感知的风险和感知的利益息息相关。研究结果表明，感知利益与信任正相关，但没有感知风险与信任的相关性显著，价值相似性的测量中，也只有价值和行为的一致性体现出与信任的显著相关，这说明金融风险的事件本身决定了价值相似性和风险感知，如果以其他风险事件为背景，信任与风险感知、价值相似性的相关性就不一定如此显著了。

5. 就我国而言，公众对金融专家的信任度并不高，加强公众对金融专家的信任，需要加强公众与金融专家的价值相似性和提高感知利益，降低感知风险。提高价值相似性，首先就是要统一双方的价值观，可以通过加强教育等方式，从根源上提高素质和文化教育，让公众从观念上改变原有的保守或传统的价值观，接受新鲜事物并有能力从道德和伦理角度分析、评价风险事件，专业有效的评估能够让公众的观点更接近金融专家观点，这样才能提高价值相似性；同时，要通过科学、合理的风险沟通方式提高公众的风险感知。感知的利益和感知的风险都决定于公众对评价事物的了解，如果公众对所评价的事物比较熟悉，相关方面的知识也掌握得较多，那么公众会倾向于感知的利益较多，如果公众不熟悉所评价的事物，那么公众就可能倾向于感知风险较多，所以，要加强科学知识的宣传和普及，让公众了解风险事件。只有政府、媒体、金融机构、金融专家等重视公众的态度和建议，切实做好文化教育和风险沟通的工作，保证良好的互动和交流，才有可能建立价值相似性和提高公众的风险感知，才能加强公众对金融专家的信任。

参考文献

［1］王绍光，刘欣. 信任的基础：一种理性的解释［J］. 社会学研究，1999（3）.

［2］张维迎，柯荣住. 信任及其解释：来自中国的跨省调查分析［J］. 经济研究，2011.

［3］Terrence A. Hallahan, Robert W. Faff, and Michael D. McKenzie. An empirical investigation of personal financial risk Tolerance［J］. Financial Services Review, 13（2004）：57 – 78.

［4］John Grable, Ruth H. Lytton. Financial risk tolerance revisited：the development of a risk assessment instrument［J］. Financial Services Review, 8（1999）：153 – 181.

［5］Rousseau, D. M., Sitkin, S. B., Burt, R. S. and Camerer, C. Not so different after all：A cross – discipline view of trust. Academy of Management Review, 1988. Vol. 23, pp. 393 – 404.

［6］Beker, L. C. Trust as noncognitive security about motives［J］. Ethics. 1996, Vol. 107, pp. 43 – 61.

［7］Paul Slovic. The Perception of Risk［M］. London：Earthscan, 2000. p. 231.

［8］Pidgeon, N., Hood, C., Jones, D., Turner, B., & Gibson, R. Risk perception in risk：analysis, perception and management. A report of the royal society study group. London, archived manuscript, 1992：89.

［9］Kellstedt, P. M., Zahran, S. & Vedlitz, A. Personal efficacy, the information environment, and attitudes toward global warming and climate change in the United States［J］. Risk Anal, 2008, 28（1）：113 – 126.

［10］Kasperson, J. X. & R. E. Kasperson, 2001, Climate Change, Vulnerability and Social Justice, Stockholm：Stockholm Environment Institute, 2001, p. 4.

［11］Michael Siegrist. Salient Value Similarity, Social Trust, and Risk/Benefit Perception［J］. Risk Analysis. 2000, 20（3）：353 – 362.

从市场有效性理论看公允价值计量

李　伟[①]

摘要：本文从现代资本市场的基石——市场有效性理论出发，深入探讨公允价值计量模式应具备的前提条件，并根据有关理论以及实际情况提出建议，使公允价值计量模式能够得到更加合理的运用。

关键词：市场有效性　公允价值　建议

2007年8月次贷危机爆发，金融机构为了去杠杠化，大举出售资产，造成了资产价格的螺旋式下跌，进一步恶化了危机。社会各界在总结此次危机的经验教训时，纷纷将矛头指向公允价值计量模式，仿佛公允价值模式对此次金融危机的扩大化负有不可推卸的责任。究竟是公允价值计量模式本身固有的缺陷导致危机扩散，还是资本市场本身的缺陷通过公允价值计量模式使危机放大，本文拟从构成现代资本市场的基石——市场有效性理论出发，对此展开深入的探讨。

一、公允价值计量模式简述

一直以来，会计的计量属性都是历史成本，并构成会计的四大假设之一。所谓历史成本就是企业以购买资产时所花费的真实价格，用于反映资产的价值含量。随着市场经济的发展，特别是证券市场、房地产市场的发展，价格始终处于不断变动中，并在长期处于上升的趋势。继续采用历史成本计量，不足以反映企业的真实经济价值，从而影响企业的筹资、投资安排，并涉及企业日常经营管理方面。因此，公允价值计量模式应运而生。

公允价值，根据2006年2月15日我国财政部发布的《企业会计准则第22号——金融工具确认和计量》第四十二条第五款定义为：在公平交易中，熟悉情

---

① 作者简介：李伟，现供职于中国人民银行营业管理部。

况的交易双方自愿进行资产交换或者债务清偿的金额。在该条准则中，将金融资产和金融负债的价值确定分为存在活跃市场和不存在活跃市场两种情况，并按照市场活跃程度将公允价值运用划分为三个级次：资产或负债存在活跃市场的，应当以市场中的交易价格作为公允价值；资产本身不存在活跃市场，但类似资产存在活跃市场的，应当以类似资产的交易价格为基础确定公允价值；对于不存在同类或类似资产可比市场交易的资产，应当采用估值技术确定其公允价值。因此，公允价值计量有三种常用估价方法：一是现行市价估价法；二是使用未来现金流量折现法；三是在以上两种方法都不适用时可考虑期权定价模型估价法。通常情况下，最符合公允价值定义的、应用最广泛的就是市场价格。由于公允价值是双方自愿达成的交换价格，其确定并不在于交易是否发生，而在于双方一致地认识形成的一个价值，因此公允价值最适用于对金融工具尤其是各种证券如股票、债券进行计量。

二、市场有效性理论简述

市场有效性理论是现代资本市场的基石，许多现代金融市场理论如资本资产定价模型（CAPM）、套利定价理论（APT）都是建立在市场有效性理论的基础之上的。

一般认为，市场有效性理论最早发生于美国，这与美国发达的资本市场不无关联。在市场有效性理论的建立、发展过程中，美国芝加哥经济学教授尤金·法玛（Eugene Fama）起了决定性的作用。1965年，他发表了文章《股票市场价格的随机游走》（*Random Walks in Stock Market Prices*），提出了有效市场的概念：有效市场是这样一个市场，在这个市场中，存在着大量理性的、追求利益最大化的投资者，他们积极参与竞争，每一个人都试图预测单只股票未来的市场价格，每一个人都能轻易获得当前的重要信息。在一个有效市场上，众多精明投资者之间的竞争导致这样一种状况：在任何时候，单只股票的市场价格都反映了已经发生的和尚未发生、但市场预期会发生的事情，即价格包含了任何可能得到的信息。

1970年，法玛正式提出了市场有效性理论：如果在一个证券市场中，价格完全反映了所有可获得的信息，那么就称这样的市场为有效市场。衡量证券市场是否具有外在效率有两个标志：一是价格是否能自由地根据有关信息而变动；二是证券的有关信息能否充分地披露和均匀地分布使每个投资者在同一时间内得到等量等质的信息。

根据这一假设，投资者在买卖股票时会迅速有效地利用可能的信息。所有已知的影响一种股票价格的因素都已经反映在股票的价格中，因此根据这一理论，股票的技术分析是无效的。

有效资本市场假说有以下三种形式：

一是弱式市场有效性理论。该假说认为在弱式有效的情况下，市场价格已充分反映出所有过去历史的证券价格信息，包括股票的成交价、成交量，卖空金额、融资金额等。其数据集是历史成本数据。

如果弱式市场有效性理论成立，则股票价格的技术分析失去作用，基本分析还可能帮助投资者获得超额利润。

二是半强式市场有效性理论。该假说认为价格已充分反映出所有已公开的有关公司营运前景的信息。这些信息有成交价、成交量、盈利资料、盈利预测值、公司管理状况及其他公开披露的财务信息等。假如投资者能迅速获得这些信息，股价应迅速做出反应。

如果半强式有效假说成立，则在市场中利用技术分析和基本分析都失去作用，内幕消息可能获得超额利润。

三是强式市场有效性理论。强式市场有效性理论认为价格已充分地反映了所有关于公司营运的信息，这些信息包括已公开的或内部未公开的信息。

在强式有效市场中，没有任何方法能帮助投资者获得超额利润，即使基金和有内幕消息者也一样。

三、市场有效性理论与公允价值计量的关系研究

首先，我们从二者的理论前提来看。市场有效性理论建立在四个假设前提下：（1）资本市场信息全部公开化；（2）信息的获取没有成本或几乎没有成本；（3）市场存在大量理性投资者；（4）投资者会对信息做出全面迅速的反应，从而导致股价的变化。

公允价值并没有直接明确说明理论前提。但我们可从其定义分析得知，公允价值，是指在公平交易中，熟悉情况的交易双方自愿进行资产交换或者债务清偿的金额。公平交易意味着资本市场信息全部公开化和信息的获取没有成本或几乎没有成本；而熟悉情况的交易双方自愿进行资产交换或者债务清偿则意味着，交易双方是理性的，并对信息做出了理性的决断，从而直接影响交易的金额。

从以上的分析可以看出，市场有效性理论与公允价值计量的理论前提是一致的。如果市场有效性理论的理论前提不成立，也就意味着公允价值计量模式的不成立。因此，可以这样说，市场有效性理论是公允价值计量模式得以运用的前提条件。

其次，公允价值计量究竟需要以何种程度的有效市场作为运用的前提。我们已

经知道公允价值是为了弥补历史成本计量的不足而产生的，其最主要的功能是反映资产的现在价值，甚至在某些时候，要反映资产的未来价值。根据市场有效性理论，市场弱式有效的情况下，市场价格已充分反映出所有过去历史的证券价格信息，包括股票的成交价、成交量，卖空金额、融资金额等。换句话说，此时的市场价格不过是过去价格的现在延伸，本质上仍属于历史成本的范畴。市场弱式有效的情况下，公允价值与历史成本是一致的，并无本质的区别。因此，公允价值计量的前提是市场的有效程度必须在半强式以上（含半强式）。

四、关于市场有效性理论的实证研究综述

近四十年以来，中外经济学家对市场有效性理论进行了长期的实证研究，并产生了丰硕的成果，推动了现代金融理论不断深入发展。

（一）弱式有效市场检验

通常，针对弱式有效市场进行的检验是市场收益率随机游走检验，检验用过去的收益预测未来收益的能力。在市场有效性理论提出以前，Kendall（1953）与Roberts（1959）就发现股票价格序列类似于随机漫步，他们对这种现象的解释是：在给足所有已知信息后，这些信息一定已经被反映于股价中了，所以股价只对新信息做出上涨或下跌的反映。尤金·法玛（1965）利用道琼斯工业指数月收益率，检验其一阶自相关。Fisher（1966）研究了投资组合月收益率的自相关，尽管相关系数为正值，但是不能拒绝随机游走假设。[1] 进入20世纪80年代以来，经济学家利用方差比例法继续进行研究。总的来看，实证研究支持完善的股票市场，如欧美股票市场，是弱式有效市场。

（二）半强式有效市场检验

对于半强式有效市场进行的检验是事件研究。事件研究就是研究公司年报、公司并购、股票分红配股等信息公布后，股价对此的反应程度。该研究最早由尤金·法玛、Fisher和Roll等人提出。[2] 随后，其他人也进行了类似的研究。研究结论表明，存在一定程度半有效性的市场。但是，进入20世纪80年代以后，很多实证研究发现了有悖于这种有效性的各种市场"异象"（anomalies）。Ball与Brown（1968）

---

① 刘志新，贾福清. 证券市场有效性理论与实证［M］. 北京：航空工业出版社，2001：11－12.
② 刘志新，贾福清. 证券市场有效性理论与实证［M］. 北京：航空工业出版社，2001：12.

发现了与盈余公告有关的价格漂移现象；Basu（1977）发现以市盈率可以预测股票收益；Banz（1981）的研究发现小公司效应的存在，即通过投资于小公司股票可以应使投资者获取长期收益的一种现象。除此之外，还普遍存在着一月效应、周末效益和日内模式等令人困惑的市场"异象"。这些"异象"成为对市场有效性理论的有力挑战，它们是有效市场理论所无法解释的。

（三）强式有效市场检验

强式有效市场检验主要是内幕信息的检验，即检验利用内幕信息获取超额利润的能力。Neiderhoffer 和 Osborne（1966）的研究表明，证券交易所的专营经纪人利用控制指令的条件获取超额利润。进入 20 世纪 90 年代以来，经济学家的研究表明，咨询公司和其他证券投资分析机构利用其公布的信息可获得小的但统计上是显著的收益。[①] 上述研究实际表明，强式有效市场是不存在的。

（四）中国股票市场有效性的检验

中国的学者也对中国股票市场的有效性进行了检验。认为中国股票市场是弱式有效市场者和认为不是者各占一半左右。[②] 但普遍认为，中国股票市场尚未达到半强式有效市场。[③] 戴国强、徐龙炳和陆蓉（2005）的研究也表明，深圳股市存在显著的周末效应，原因可能是中国股票市场价格对政策反应敏感，而政策又往往集中在周末公布。[④] 实际上，从中国股票市场的 2006—2014 年的表现来看，政策市场的特征相当明显，完全没有反映出我国经济以 7% 以上的速度高速增长的现实。这有力地说明了我国股票市场尚未达到半强式有效市场。

五、结论与建议

（一）各国对公允价值计量模式不同的应对策略

1. 主张应将公允价值的计量方式改回历史成本计量模式，以彻底根绝"市场危机时，金融机构抛售资产改善资产负债表状况→造成市场价格急剧下跌→金融机构不断增加拨备，造成营利恶化→危机进一步扩大"的怪象。

---

① 刘志新，贾福清. 证券市场有效性理论与实证［M］. 北京：航空工业出版社，2001：13.
② 张兵. 中国股票市场有效性研究［M］. 南京：南京大学出版社，2004：79.
③ 张兵. 中国股票市场有效性研究［M］. 南京：南京大学出版社，2004：147.
④ 戴国强，徐龙炳，陆蓉. 金融市场有效性探讨［M］. 上海：上海财经大学出版社，2005：41.

2. 主张对公允价值计量模式进行技术层面的修补。如 2008 年底，国际会计准则理事会（IASB）和美国财务会计准则委员会（FASB）联手启动了"金融工具确认和计量"改进项目，旨在降低金融工具会计复杂性，改善财务报告质量。FASB 和 IASB 从会计层面上提出应对策略主要包括：

（1）金融资产重分类，允许在极少数情况下（如证券市场发生系统性风险），将原本按公允价值计量的非衍生交易性和可供出售金融资产重新划分为按摊余成本计量的金融资产。

（2）以内部估值取代市场价格，对因流动性缺失导致有价无市的特定金融资产（如 MBS、ABS 和 CDO），若管理层认为市价不能代表其真实价值，允许按内部模型（即未来现金流量折现值）进行估值和计量。

（3）从资产减值中剔除非信用因素，对持有至到期和可供出售金融资产，在减值测试过程中，剔除非信用风险因素（如流动性缺失）导致的公允价值低估，或允许将非信用风险因素导致的公允价值变动列入其他综合收益，而不计入当期损益。

（4）完善公允价值会计准则，一种做法是将金融资产由四分类改为二分类，对于具有基本贷款特征且以合同收益为基础进行管理的金融资产，按摊余成本计量，其余金融资产均按公允价值计量（IASB 的建议），另一种做法是对所有金融资产和金融负债全部按公允价值计量（FASB 的建议），以缓解金融工具计量基础不匹配所导致的业绩波动。

（5）改变贷款减值计提方法，由现行的"已发生损失模型"改为"预期损失模型"。[①]

（二）本文的结论与建议

我们也认为，把危机归咎于公允价值计量模式过于牵强。根据上述对市场有效性理论的实证研究结论，现代资本市场至多呈弱式有效，尚未完全达到半强式有效。而以证券交易价格作为基础的公允价值，其假定前提的真实性主要取决于资本市场的有效性。对资本市场有效性的理想要求是强式有效，但由于人的理性有限且存在交易成本等问题，现实中强式有效很难达到。不过，对有效市场的无条件引证至少是半强式有效假设（Watts&Zimmerman，1986；Brown，2000）。[②] 因此，对于次贷危机，公允价值计量模式本身是没有责任的，应负有责任的是其应用基础：市场的有效程度尚未达到半强式以上（含半强式）。

① 黄世忠. 公允价值会计的顺周期效应及其应对策略［J］. 会计研究，2009（11）：23 - 29.
② 甘道武. 假定前提真实：会计实证研究的起点［J］. 会计研究，2004（12）：34 - 38.

真正应该做的是根据实证研究结论，着力提高市场的有效性，从而为公允价值计量模式的运用奠定良好的基础：一是根据行为金融理论，借鉴美国最新通过的参院版金融监管方案，改善金融监管，加强对弱势投资者尤其是一些中小投资者的保护；二是继续完善信息强制披露制度，加强对会计师事务所、律师事务所等信息中介机构的监督机制，使每个投资者都能快速、无成本地获取相关信息；三是规范上市公司、券商、保荐机构等强势市场参与者的行为，加大对利用内幕信息、发布虚假信息套利和操纵证券交易价格等行为的打击力度，维护市场的公平交易；四是继续进行股份制的改造，进一步加大流通股份的幅度，防止大股东利用垄断优势侵占中小投资者的权益。

参考文献

［1］刘志新，贾福清．证券市场有效性理论与实证［M］．北京：航空工业出版社，2001.

［2］张兵．中国股票市场有效性研究［M］．南京：南京大学出版社，2004.

［3］戴国强，徐龙炳，陆蓉．金融市场有效性探讨［M］．上海：上海财经大学出版社，2005.

［4］黄世忠．公允价值会计的顺周期效应及其应对策略［J］．会计研究，2009（11）：23－29.

［5］甘道武．假定前提真实：会计实证研究的起点［J］．会计研究，2004（12）：34－38.

金融服务

金融业要积极扶持企业抱团出海

郑良芳[①]

摘要： 在李克强总理"企业一定要抱团出海，防止恶性竞争"指示指引下，论述了企业"走出去"存在诸多问题的基础上，对金融业如何扶持企业"走出去"提出了十二条对策与建议，供探讨。

关键词： 金融业　企业　出海

党的十八大提出，"加快'走出去'步伐，增强企业国际化经营能力"。习近平主席和李克强总理在外出访问时，也不忘记为我国企业、产品和技术"走出去"充当"超级推销员"。习近平主席在中央财经领导小组会上的讲话表明，中国正从之前的"引进来"战略过渡到"引进来"和"走出去"战略并重的阶段，而且"走出去"将放在更加重要的位置。前不久，国务院总理李克强在利马主持秘鲁中资企业座谈会时指出："中国产业结构转型升级，装备走出去是突破口，而且'走出去'过程中，面对地域文化差异和各种风险，企业一定要抱团出海，防止恶性竞争，国家会在金融等方面给予相应的政策优惠支持"。李克强总理上述企业一定要抱团出海的重要指示，为企业如何"走出去"指明了方向。"走出去"战略是经济金融全球化背景下，我国提出的主动参与国际经济合作与竞争的重要决策，可以推动我国优势和富余产能跨出国门，促进中外产能合作，拓展发展空间。金融是经济的核心，金融业扶持企业"走出去"是形势所需，我们应总结推广这方面的成功经验，以促进我国经济增长。

一、存在的问题

中国经济贸易促进会副会长王文利说：中国企业在海外投资总体来讲是不成功

---

① 作者简介：郑良芳，中国人民银行研究生部和西南财经大学兼职教授、中国管理科学研究院金融发展研究所高级研究员、中国合作经济学会常务理事、中国老教授协会财经管理分会成员。

的。中国有 2 万多家企业在海外投资，90% 以上是亏损的。来自商务部的调研显示，中国企业"走出去主要面临政治、法律、市场、金融、信用、环境等风险。近年来，政治壁垒、技术壁垒、贸易壁垒、标准壁垒、投融资知识产权成为中国企业对外投资面临的五大困局"。

企业走出去涉及方方面面的政策，如产业政策、税收政策、外汇管理政策、信贷政策、国别政策等。但目前这些政策法规散见于各部门，缺乏系统性和连贯性，不仅造成多头管理、责任不清、监管不力等体制性问题，也使企业在境外发生投资纠纷时无法可依，正当的行为得不到法律的保护。中国与大多数发展中国家一样，在国际标准和规则的制订上处于从属地位，导致很多企业走出国门因为规则和标准适用问题陷入被动。当前中国的体制远不能适应企业走出去开展国际化经营的要求。企业需要的大量服务非常缺失，包括对海外权益的保护，在海外饮食服务、信息服务、人才服务、法律服务等方面，重管理轻服务，企业之间恶性竞争，结果是内战内行，外战外行。

企业"走出去"风险防范不足。中国企业在寻找投资项目时，倾向于选择那些在经济发展程度比国内稍逊、起步略晚于国内的地区。但在这些地区进行投资往往面临一定的经济和政治风险。政策性保险在贸易领域虽有所适用，但覆盖面和保险额度有限，不利于走出去企业的风险防范。

中资银行与企业跨国经营的金融服务需求存在多层面的差距。一是中资银行国际化水平程度低，不少做法尚未与国际惯例接轨，境外服务不能够满足境外投资企业的要求。二是在中资银行境外金融网点的布局上，金融机构走出去的难度较一般企业更大，网点少、规模小，与企业走出去的主要区域存在一定程度的错配。

二、企业走出去的对策与建议

一是企业走出去一定要抱团出海，防止出现恶性竞争。所有走出去企业均要按照国家政策、相互协商好价格，统一按照一致的价格对外进行交易，才能防止出现相互恶性竞争。要知道我国企业之间进行恶性竞争，损失的是我国企业，这种蠢事切忌重演。

二是企业要走向全球，必须要靠技术"国际领先"。格力电器所以能走向全球，是靠技术"国际领先"。截至目前，格力电器累计申请技术专利 1.4 万多项，其中申请发明专利近 5 000 项。自主研发的超低温数码多联机组、高效离心式冷水机组、1 赫兹低频控制技术、变频空调关键技术的研究和应用、超高效定速压缩机、R290 环保冷媒空调、多功能地暖户式中央空调、水磁同步变频离心式冷水机组、无稀土磁阻变频压缩机、双级变频压缩机等12项"国际领先"成果，填补了行业空白，改写了空调业百年历史。

三是中国企业走出去已经进入一个新阶段，中国企业需要国外的市场、品牌、技术。中国政府对企业走出去的支持力度大，是因为中国企业有获得先进技术、海外市场以及在全球范围内合理配置资产的需求。中国企业的海外并购与中国经济发展密切相关，比如复星国际收购地中海俱乐部就是看好中国消费升级的大趋势，中国消费者对国际著名旅游度假品牌的认可度越来越高。

四是企业走出去需要大量服务，包括对海外权益的保护、在海外饮食服务、信息服务、人才服务、法律服务等，这些服务非常缺失。国内服务企业走出去的支撑服务体系远远没有发展起来，这是需要政府有关部门努力去做的。到海外投资一开始你要收集情报，并购对象是谁，要了解法律，这些要靠投资银行、会计师事务所、大的律师事务所。现在国内这方面是非常欠缺的。所以企业没有办法，在海外投资只好找他们，以避免很多陷阱扑进去会被套住。但去找跨国公司的投行、会计师事务所又要付很多钱。所以说国内的支撑服务体系远远没有发展起来。

五是企业选择合适的时机进入并购市场。首先企业要强化风险意识，完善防控体系，企业在投资前期扎实做好调研工作，及时把握第一手资料，仔细甄别投资机遇，运用大数据等技术综合考量政治、法律、财税等风险来源，通过政府、企业、第三方服务机构、协会组织间的多种反馈渠道来汇总信息，构建符合我国企业要求的风险评价指数体系，为企业投资决策和投资进入提供重要参考。

六是企业要加强经营管理，提高经营管理水平。企业要培养一大批优秀的世界级经营管理人才，以适应企业走出去对人才的需要。要加强与银行合作，实现共赢。要依据市场化，找准共同点，在此基础上不断提升合作空间和合作层次，推动企业资本与产业资本的良性互动，实现我国企业海外投资的平稳发展。

三、金融业的支持路径及手段

一是为了有利于企业走出去，建议央行要深化外汇管理体制改革。比如要进一步简化手续，提高企业用汇和汇出的便利化程度。鼓励境内机构使用自有外汇资金、符合规定的国内外汇贷款、人民币购汇或实物、无形资产及经外汇局核准的其他外汇资产来源等进行境外直接投资。积极研究和探索境内企业和金融机构为走出去企业提供外汇支持的渠道，为企业走出去提供外汇便利。

二是为有利于企业走出去，应提高政策性金融机构支持走出去的能力。建议增加进出口银行资本金，增强其融资能力和抵御风险能力。扩大政策性银行在境外设置分支机构的国家范围，特别是在一些市场前景好、中国企业开始进入投资，但金融资源匮乏、商业银行不愿意设点的欠发达国家和新兴市场国家。同时，要创新适应经济全球化的金融工具，可在政策性银行先行先试。

三是为有利于企业走出去，应加快商业银行全球授信系统建设。商业银行应以本国企业为主要的目标客户群的"跟随客户"的经验，鼓励商业银行在走出去企业对外投资比较集中的区域，尤其是境外经贸合作区、工业园区所在地设立支行或办事处，为境外走出去企业提供本地化金融服务。农行江苏分行创新推出了一系列金融产品，比如"内保外贷"业务，人民币贷款利率在6%~7%，而美元贷款利率仅为2%，集团设在纽约的分公司贷款美元，大大节省了资金成本。

四是要充分发挥银行主动服务国家"一带一路"战略，扶持企业走出去。今年以来，农业银行黑龙江分行积极响应国家"一带一路"战略部署，借俄罗斯政府远东开发契机，大力支持企业走出去，提升对俄罗斯国际金融服务质量。黑龙江分行积极服务走出去企业，对取得原油进口权的外贸企业及拥有粮食自营进出口权的农垦企业提供贸易融资支持；对在俄罗斯兴建的大型综合农场，通过境内外分行联动给予内保内贷或其他融资方式支持。同时，大力扶持在俄罗斯能源开发企业相关项目建设，积极对接边境地区进口资源深加工企业及农业产业化龙头企业的融资需求。截至目前，该行已办理涉外非融资性付款保函业务2.17亿美元，贸易融资业务5 262万美元，跨境参融通业务8 970万元。

五是要完善跨国经营风险管理制度，发展政策性保险和商业性保险，为走出去企业防范风险服务。要建立对外投资风险组织体系和内控制度，建立企业的风险预警定位系统。合理运用各类金融衍生品工具和综合贸易手段等来规避汇率等市场风险。充分利用产业链关系、行业协会等中介机构来实现金融风险的分担。通过合资的方式进行海外扩张，将政治风险与东道主进行分摊，规避意识形态和文化差异带来的冲击。要成立商业性出口信用保险公司，与政策性保险公司形成一种在业务、区域上既有所区别又适度竞争的关系，提升我国出口信用保险的经营管理水平，降低保险成本，扩大保险整体规模。同时，应增加中国出口信用保险公司资本金，提高政策性信用保险的覆盖面和渗透率。政府还应出台相应的补贴措施，提高企业投保的积极性，引导鼓励走出去企业在出口和对外投资中投保。

六是要有效防范和化解走出去过程中的各种融资风险，需要企业和金融机构紧密合作、共同努力。对于保险公司而言，建议抓住战略发展机遇，加大走出去保险产品的开发与扶持力度。越来越多的案例表明，保险在解决各类融资难问题上发挥着独特作用。在走出去的过程中，保险一头连着银行、一头连着企业，通过提供足额丰富信用保证保险产品，可以撬动更多的金融资源投向走出去企业和项目。应在完善和扩大信用保证保险等已有险种的基础上，大力开展海外投资的承保、研发适用的商业保险险种，更好地发挥保险在企业和银行之间的润滑剂和桥梁纽带作用。

参考文献

［1］付碧莲．"变卦"的海外投资［N］．国际金融报，2015－02－09．

［2］方华．风险管理"补课"，让出海企业走远走稳［N］．金融时报，2015－03－25．

［3］匡平，何虹．加大金融对企"走出去"的支持力度［J］．金融论坛，2015（5）．

［4］方烨．"走出去"暴露的问题亟待解决［N］．经济参考报，2014－10－20．

［5］郎雅琼．中国企业走向全球：谁能担大任？［N］．人民日报，2015－02－28．

［6］罗进．农行汇苏分行创新服务助企业"走出去"［N］．中国城乡金融报，2015－01－14．

［7］蓝怀忠，冯兴国．农行黑龙江分行引领企业"走出去"［N］．中国城乡金融报，2015－05－29．

［8］中国企业"走出去"当有效管控融资风险［N］．金融时报，2015－03－25．

新型城镇化的金融支持路径研究

——以鄂州市为例

张　智　魏燕子　陈　都①

摘要： 现阶段我国正处于城镇化快速发展期，金融作为城镇化投融资体制的重要组成部分，其资金融通和资源配置对推进城镇化建设具有重要的现实意义。本文基于鄂州实际，选取城镇化水平②及 6 组分别代表人口分布、工业化、非农化，经济发展、公共服务和金融发展水平的 15 项经济、金融指标。在此基础上回归分析了金融支持新型城镇化的作用机制和效果，并从如何完善金融服务体系、增强金融投入力度和优化信贷结构等方面，探讨了如何选择有效路径加大金融支持作用，以更好地促进新型城镇化发展。

关键词： 城镇化　金融支持　路径

一、研究背景

（一）鄂州市城镇化发展的概况

党的十八届三中全会提出要"推动大中小城市和小城镇协调发展"、"促进城镇化和新农村建设协调推进"，新型城镇化③成为我国经济结构转型期促进城乡经济良性互动发展有效途径。作为全省版图最小的地级市，毗邻武汉鄂州一直担当全省改革试验田重任，近年来，鄂州大力推进"两改一化"④ 工作目标，加速经济发展，

---

① 作者简介：张智、魏燕子、陈都，均供职于中国人民银行鄂州市中心支行。
② 城镇化水平：全市城镇人口占总人口的比重。
③ 新型城镇化：坚持以人为本，以新型工业化为动力，以统筹兼顾为原则，推动城市现代化、集群化、生态化、农村城镇化，全面提升城镇化质量和水平，走科学发展、集约高效、功能完善、环境友好、社会和谐、个性鲜明、城乡一体、大中小城市和小城镇协调发展的城镇化建设。
④ 综合示范区改革、新型城镇化、城乡一体化。

加强城市建设，不断提高城市化水平，城镇化建设取得了明显进展。2014 年末，全市共有 66.4 万城镇人口，较 2010 年增加了 6 万人，城镇化率由 2011 年的 58% 提高到了 62.1%，上升了 4.1 个百分点，高于全国城镇化率 7.32 个百分点。2013 年城区建成区面积 60.1 平方公里，较 2010 年增加 6.8 平方公里；人口密度每平方公里为 661 人，较 2010 年每平方公里增加 3 人。按可比口径测算①，城镇化率提高带动地方投资增长 27.08 个百分点、拉动消费增长 13.17 个百分点。城镇居民可支配收入为 24 852 元，城乡居民收入比为 2.29∶1，农村居民收入增幅连续多年高于城镇居民增幅。全市农村户籍人口 68.48 万，目前已有 17.8 万人入住新社区，农户入住社区比例达 25.7%。

（二）文献综述

国内外学者对金融支持城镇化路径以及两者相互关系进行了大量研究。郑长德（2007）通过分析得出城镇化与金融发展之间存在互动机制，金融在为城镇化提供便利的同时也促进了自身的增长。随后，马青、蒋录升（2011）进一步证明了银行贷款在推进欠发达地区城镇化中发挥了比财政资金更大的作用。此外，吴超、钟辉（2013）基于不均衡发展理论，证明了金融支持城镇化应集中优质资源，为工业化发展、农业部门生产效率提高、产业结构优化、基础设施完善以及中小企业发展服务。在具体路径方法上，中国农业银行湖南分行课题组（2011）认为金融助推农村城镇化发展应该把握支持重点，强化对城镇工业化、农业产业化、基础设施建设以及城镇服务业的支持力度；通过增设网点、加大信贷配给、拓宽金融服务口径、加大信贷力度等方式，提高金融支持效率。刘芬华（2011）则强调构建适应城镇化发展的金融制度安排，加强金融服务城镇化的政策引导和补贴力度，通过增加收益诱导商业金融回归农村，提升金融效率，有效防止农村城镇化资金外流。

二、金融支持新型城镇化发展的实证研究

（一）对城镇化水平数据与相关经济、金融指标的一般分析

城镇化水平测度的指标较多，在不同的指标体系下结果各异，我们把握全面、

---

① 根据国家统计数据分析测算，2014 年中国城镇化率达到 54.77%。城镇化每提高一个百分点，将拉动当地投资增长 3.7 个百分点，拉动消费增长 1.8 个百分点。

主导、可操作的原则，借鉴已有的研究理论，利用现有统计资料①基础上，选取 2004—2013 年区间内数据，以全市城镇人口占总人口的比重近似衡量城镇化水平；同时构建了 6 组分别代表人口分布、工业化、非农化、经济发展、公共服务和金融发展水平的 15 项经济、金融指标与之进行分析。

通过基础数据分析（略），我们发现鄂州市城镇化与经济、金融发展具有以下特点：

1. 城镇化水平总体上滞后于工业化、非农化发展进程。鄂州市土地非农化程度很高，非耕地面积占比平均高达 79%，同时带动非农产业人员就业比重平均为 66%，而对应的城镇人口占比只有 54%。这反映了鄂州市虽然实现了劳动人口向非农部门转移，但由于非农产业空间分布的聚集程度不高，人口生活区域仍相对分散。

2. 经济发展水平增长幅度较快。在测定区间内，经济发展水平指标人均投资、人均消费和人均占有财政支出的离散系数分别达到了 0.77、0.43 和 0.66，在指标体系中处于较高水平，且呈明显的正向波动，反映了统计周期内鄂州市经济发展一直处于快速增长状态。

3. 鄂州市社会服务水平快速发展，但仍有发展空间。从统计区间系数变化来看，交通、教育、医疗指标均呈现正向波动，反映鄂州市社会服务水平的不断改善。但另一方面，鄂州市 2013 年千人公路里程和千人病床位分别为 2.94 公里和 4.02 个，分别低于当年全省平均数 3.9 公里和 4.6 个，在未来鄂州市城镇化进程中可进一步加大相关领域的建设投入力度。

4. 金融设施总量持平，间接融资增长较快。受金融机构改制、农村网点减少的影响，2004—2010 年，全市金融设施逐年减少，但在 2010 年后，加大了对农村金融设施建设，金融设施逐渐增加，总体与 2004 年间持平。统计区间内，人均贷款离散系数达到 0.55，且呈正向波动，贷款投放增长较快，是鄂州市新型城镇化建设的重要力量。

（二）对影响鄂州市城镇化水平因素的回归分析

我们将样本区间内的城镇化率 R_{urb}（城镇人口占城市总人口的比重）作为因变量；将上述 6 组 15 项经济、金融指标进行指数化②，作为解释变量；运用 Eviews7.2 软件，采用互换变量法对 15 个解释变量进行逐步最小二乘回归筛选，最终得到与全

---

① 相关城镇化数据来源于《鄂州市建市三十年（1983—2013）》，统计周期为 2004—2013 年末；金融数据来源于银监会《金融数据统计手册》，统计周期为 2004—2013 年年末。

② 为消除指标量纲的影响，对其进行指数化，具体方法为：用某个年份某项指标值除以全部样本该项指标算术平均值，用其比值作指数。即 $I_i = x_i / \bar{x}$。

市城镇化率相关性显著的 7 项经济、金融指标，分别是：城镇人口密度 I_{popu} 、第二产业从业人员占比 R_{popu} 、土地非农化比率 R_{land} 、人均占有财政支出 $Expend$ 、人均占有中小学教师数 $Teach$ 、人均占有金融设施 Fin 、人均贷款余额 $Loan$ 。

经 Eviews7.2 进行拟合，估算出鄂州市城镇化发展一般模型为：

$$R_{urb} = 0.04 + 1.1 \times I_{popu} - 0.03 \times R_{popu} + 0.1 \times R_{land} + 0.03 \times Expend$$
$$- 0.07 \times Teach + 0.05 \times Fin + 0.14 \times Loan + \mu_{it}$$

$$(R^2 = 0.9978 \quad DW = 2.31)$$

（三）金融信贷对城镇化发展因素的影响分析

为探寻金融支持新型城镇化发展中的重点，我们进一步对全市信贷投向进行剖析，研究信贷投向与影响城镇化发展的各因素之间的关系，设定各项经济指标与人均占有贷款余额之间的线性回归一般形式为：

$$X = c + c_1 \times L_x$$

经测算，其对应关系及回归方程拟合优度如表 1 所示。

表1　　　　　　　　　　人均贷款占有与相关经济指标回归表

X	L_x	相关行业人均贷款占贷款总额比重	拟合优度 R^r
城镇人口密度	居民生活相关贷款	16.79% 3 559 元	0.8924
第二产业从业人员占比	工业贷款	9.8% 2 078 元	0.3512
土地非农化率	基础设施建设类贷款	7.05% 1 495 元	0.4433
人均占有财政支出		15.14% 3 210 元	0.9079
千人占有中小学教师数	教育业贷款	4.32% 916 元	0.3805

三、基于回归结果对鄂州市金融支持新型城镇化发展路径分析

结合金融支持新型城镇化发展的角度，通过对鄂州市金融发展情况的深入调查，进一步对上述回归结果进行现实分析，发现鄂州市金融支持新型城镇化发展主要通

过三个路径。

（一）通过完善金融服务体系，强化金融服务功能

在回归模型中，千人占有的金融服务设施指数对城镇化水平决定系数为 0.05，反映了在当前农村金融服务水平不高、仍处于快速发展的情况下，其在推动城镇化水平提高中有着重要作用。

据调查，近年来鄂州市辖内农村金融服务体系建设取得了较大进展，农村居民较为明显地感受到了金融发展为城镇化生活带来的便利性。从 2012 年末到 2014 年末，鄂州辖内金融营业网点由 149 家增加到 162 家。在鄂州市辖内已布设 ATM 436 台、POS 机 5856 台、转账电话 4815 部，与 2012 年相比，分别增长 81%、10.5% 和 21%。

但是，当前鄂州市金融体系发展与新型城镇化建设的需求相比，仍有一定差距，主要体现在：一是金融服务机构数量总体偏少、类型单一，信托、租赁等非银行业金融机构发展空白，小额贷款公司、典当行等新型金融组织实力偏弱。二是资信评估、融资担保、会计审计等金融中介服务体系仍不健全，影响金融深层次对接改革发展的有效性。三是农村金融体系建设薄弱，推进生态农业和新农村建设发展有待进一步加强和完善。

（二）通过持续增加信贷投入，加强金融资金支持

在回归模型中，人均贷款余额指数对鄂州市新型城镇化建设水平提高有着较为显著的影响，其决定系数为 0.14，反映了信贷投入对鄂州市新型城镇化建设具有较为显著的影响。

近年来，鄂州辖内银行业金融机构信贷投入总量持续增加。2014 年末，全市贷款余额共计 303 亿元，比 2012 年末净增 93 亿元，增幅为 44.3%；存贷比（贷款余额/存款余额×100%）从 2012 年末的 60.7% 提高到 67.6%。自 2012 年以来，各金融机构围绕鄂州市"八大新区"建设，加大基础设施建设类贷款①投入力度，截至 2014 年末鄂州市基础建设类贷款余额 42.3 亿元，较 2012 年末净增 14 亿元。从鄂州市人均贷款余额与城镇化率变化趋势比对来看（见图 1），全市人均贷款余额持续较快增长，且与城镇化率变动呈现正相关性。

然而，从图 1 中可以看到，人均贷款余额增速明显快于城镇化率，说明鄂州市信贷投入新型城镇化建设过程中仍面临一些制约因素，主要有：一是金融深化程度不够，

---

① 包括租赁和商业服务业、水利环境和公共设施管理业、交通运输仓储和邮政业。

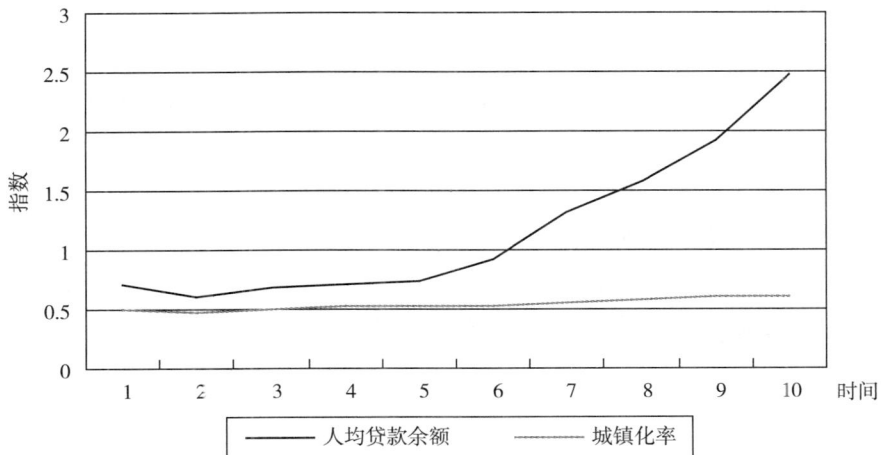

图1　鄂州市城镇化率与人均贷款余额比对趋势图

影响金融对实体经济的传导效率，鄂州市金融相关率①1.1，低于全省平均水平0.69个百分点；二是新型金融产品应用推广不足，难以适应新型城镇化建设需求，从回归结果来看鄂州市农村土地非农化率对城镇化决定系数为0.09，具有较为显著的作用，而农村土地信贷投入占比仅为7%，反映了金融对农村土地非农化投入较低，例如，鄂州市在农村土地承包经营权业务推进中存在多方障碍，无法有效推进，导致家庭农场、合作社等新型农业主体无法扩大融资规模，影响城镇化持续推进。

（三）通过信贷结构调整，促进资源配置优化

从回归分析结果来看，鄂州市城镇化水平与人口分布、经济发展水平等经济因素均有不同程度的相关性，同时金融信贷的投向结构又对这些因素产生不同程度的影响，由此可见，通过调整优化金融信贷结构，能够改变新型城镇化建设中的经济资源配置，从而间接达到提高城镇化水平的目的。

一是金融支持居民生活方式转变，能够有效提高城镇化水平。投向居民生活相关的贷款占人均贷款余额的16.79%，居民贷款与乡镇人口密度的回归拟合优度为0.89。反映了居民贷款投入促进人口聚集的作用较强。与此同时，人口密度指数对城镇化率的决定系数也高达1.07，具有高度相关性，这反映了人口密度增加对鄂州市城镇化发展的显著影响。投向包括批发零售、住宿餐饮等一般生活服务以及购买住房、大件商品等消费领域的贷款，对于提高鄂州市城镇人口密度具有较强作用。

二是财政支出撬动金融信贷投入，能够有效促进城镇化发展。从回归结果来看，

---

① 金融相关率＝存贷款总额/地区生产总值，该指标反映地区金融发展水平，以衡量该地区金融深化水平。

人均占有财政支出对城镇化率的决定系数为 0.03，对鄂州市新型城镇化具有一定的推动作用。财政支出与人均贷款余额的回归拟合优度为 0.9，相比于其他方面处于最高水平，反映了财政支出对人均贷款余额具有较强的撬动作用。2014 年，全市财政支出为 75.61 亿元，较 2012 年增加 12.93 亿元，集中投入到交通运输、邮政业、环境、水利建设、公共设施建设行业，对基础设施建设类贷款具有较强的集聚效应，在鄂州市城镇化建设中起到基础性作用。

四、金融支持新型城镇化建设的措施建议

结合分析结果，我们发现金融体系伴随着鄂州市新型城镇化也在不断发展，并通过总量支持和结构优化发挥着重要作用，但也仍然存在一些不足和障碍，因此，鄂州市要立足新型城镇化发展实际，在现有的金融发展基础之上加以改进和完善。

（一）完善地方金融服务体系

1. 拓展金融服务网点。合理安排区域金融机构布局，引导金融机构向华容区、梁子湖区等金融服务薄弱地区拓展服务网点。鼓励引入信托、租赁、财务公司等非银行业金融机构，吸引更多社会资本设立、参股金融机构。

2. 增设和改进金融服务设施。把握金融服务体系的公共服务性质，加大金融机构增设和改进金融服务设施的公共投入。各级政府应安排相应财政支出，用于普惠金融体系建设，对金融机构进行基础设施投资、技术改造等给予相应补贴和奖励。

3. 培育完善金融中介服务体系。积极引进和培育资信评估、融资担保、会计审计、信息发布和咨询等中介服务机构，发挥好地方财政融资担保资金的撬动作用，扩大农业主体、小微企业增信渠道。

（二）进一步扩大金融资金投入

1. 健全资本市场体系。拓展多渠道的融资市场，当前信贷间接融资在城镇化建设中占比过高，应大力发展股权、债权等直接融资渠道，为实体经济发展资金开源通渠，建立完善的金融市场体系，吸引多种形式资金支持推动城镇化发展。

2. 强化政策激励和约束。政府部门可根据鄂州市城镇化发展需求，通过开展银企对接等方式，加强金融机构与企业联系，帮助金融机构充分认识本地有潜力、有条件的企业，引导更多信贷资金投向本地。

3. 加大金融产品创新力度。积极发展科技贷款、产业链融资、农村产权质押等，完善小额贷款保证保险、纳税信用贷款机制，建立小微企业融资综合服务中心

和再担保体系，增强金融、保险与地方经济发展的共生效应。

（三）继续优化信贷投放结构

1. 支持鄂州市产业转型升级。根据鄂州市产业升级转型规划，有针对性地加大主导产业和新兴产业的信贷投入总量和比例，做好顺丰国际物流核心枢纽、葛店电厂三期等重点项目的金融服务跟进，强化对梁子湖生态文明示范区、葛店中部电商基地等新兴产业园区的信贷支持，依托"八大新区"建设为基础，整体协同推进城镇化建设。

2. 加大小微企业、生态农业支持力度。结合新型城镇化发展过程中的企业实际需求，强化对乡镇小微企业、新型农业主体的金融服务，把握"大众创新　万众创业"和生态农业建设在鄂州市城镇化进程中的重要作用，建立完善的信贷支持小微企业、生态农业信贷服务机制，加大信贷资金投入，创新信贷产品和模式，补强信贷支持城镇化建设中的薄弱环节。

3. 加快公共服务体系建设。鄂州市在交通基础设施、医疗资源建设等方面仍有提升空间，且在千人占有教师信贷投入仅占4.32%，在全部指标中占比最低。应充分发挥财政资金在公共服务建设中的撬动作用，引导更多金融资本、社会资金投入到交通、医疗和教育等公共服务，进一步完善公共服务体系。

参考文献

［1］中国人民银行宜昌市中心支行课题组．国家城镇化建设背景下金融支持小城镇发展问题研究［M］．北京：中国金融出版社，2014.

［2］张炯玮．浅谈金融支持城镇化建设［N］．金融时报，2009 - 09 - 20（10）.

［3］周景彤，陈敬浈．充分发挥金融业对城镇化的支持作用［J］．中国金融，2010（4）.

［4］吴超，钟辉．金融支持我国城镇化建设的重点在哪里［J］．财经科学，2013（2）.

［5］左晓慧．城镇化的金融支持研究［J］．福建论坛（人文社会科学版），2012（3）.

［6］李卫国．金融支持区域综合改革的实践与思考——以鄂州为例［J］．武汉金融，2015（8）.

［7］姚士谋．农村人口非农化与中国城镇化问题［J］．地域研究与开发，2009（6）.

［8］李新星．我国城市化进程中的金融支持研究［D］．长沙：湖南大学．

金融支持现代农业问题研究

——基于孝感实践

朱敬忠[①]

2013 年初，中共中央、国务院出台一号文件提出加快发展现代农业，推进中国特色农业现代化事业的战略部署，意义十分重大。现代农业是传统农业（第一产业）向第二、第三产业的扩大，成为一个与发展农业相关、为发展农业服务的产业群体。这个围绕着农业生产而形成的庞大的产业群，在市场机制的作用下，与农业生产形成稳定的相互依赖、相互促进的利益共同体。这一过程也对金融业提出了多元化的服务需求，同时也为金融业发展提供了难得的机遇和挑战。

一、现代农业及金融需求

（一）现代农业的概念及特征

现代农业是指运用现代先进科学技术、工业装备、科学的管理制度、资本运作同农业生产的各个环节相结合、农工贸紧密衔接、产加销融为一体、多元化的产业形态和多功能的产业体系，是资源节约，可持续发展的绿色农业。

与传统农业相比，现代农业实现了四大"突破"：一是突破了传统农业仅仅或主要从事初级农产品原料生产的局限性，实现了种养加、产供销、贸工农的一体化，使得农工商的结合更加紧密；二是突破了传统农业远离城市或城乡界限明显的局限，实现了城市中有农业、农村中有工业的城乡经济社会一元化协调发展布局；三是突破了传统农业部门分割交叉管理、服务落后的局限性，实现了按照市场经济体制和农村生产力发展要求、管理和服务体系纵横贯通；四是突破了传统农业封闭低效、

---

① 作者简介：朱敬忠，现供职于中国人民银行孝感市中心支行。

自给半自给的局限性，发挥资源优势和区位优势，实现了农产品优势区域布局，农产品贸易国内外流通。

1. 现代农业具有高效性。一方面，现代农业通过物质循环和能力多层次综合利用及系列化深加工，实现经济增值，实现废弃物资源化利用，降低农业成本，提高效益；另一方面，由于其循环利用和相应的配套设施，必然为农村大量剩余劳动力创造农业内部就业机会，从而提高了农民从事农业的积极性。

2. 现代农业系统具有稳定性。其稳定性不但表示系统的生产力不易受外界因素变动而经常变化外，还包括营养物质与能量平衡的动态稳定和系统产出经济效益稳定增值。就一般意义上而言，现代农业系统的稳定程度，主要取决于系统结构的复杂程度，系统内食物链的多少和长短。生产结构越复杂、食物链越多，则系统越稳定。

3. 现代农业具有持续性。现代农业通过防治污染，保护和改善生态环境，维护生态平衡，提高农产品的安全性功能变农业和农村经济的常规发展为持续发展，把环境建设同经济发展紧密地结合起来，在最大限度地满足人们对农产品日益增长的需求的同时，提高生态系统的稳定性和持续性，增强农业发展后劲，从而促进农业的可持续发展。

4. 现代农业具有综合性。现代农业通过强调发挥农业生态系统的整体功能，把整个农业看成其发展的起点，按照"整体、协调、循环、再循环"原则发展，促进农业生产的良性循环。

（二）现代农业的金融需求

现代农业是在传统农业的基础上发展的，其基本经济单位对金融服务的需求，除传统农业对金融服务的需求外，因其不同于传统农业的特征，对金融服务的需求也表现出不同的特点。

1. 随着农业规模化程度提高，农业金融需求由过去"散、小"向规模化金融需求转变。目前，我国现代农业的经济主体主要有四类，即种养殖大户、家庭农场、农村经济合作组织和龙头企业。这四类组织的形成及发展壮大，是通过土地、生产资料、农业机械等生产要素逐步集中，经营效率不断提高来实现的。以孝感市为例，截至2014年末，全市农民承包耕地流转面积77.6万亩，占耕地总面积的21.5%，比开始登记的2007年增加14.7个百分点。其中：50亩以上的种植大户3 825户，比2007年增加3倍；上市蔬菜占到全市蔬菜产量的25%；规模养殖水产品占到全市水产品产量的30%以上；生猪工厂化、规模化养殖比重超过50%。随着农业规模化程度提高，农业金融需求由过去"散、小"向规模化金融需求转变。特别是随着设施农业、机械农业加快发展，对大型农业机械采购、冷库储存、节水灌溉等农业基础建设、生产设施设备的投入要求增多，产生了大量的固定资产融资需求，农业生产的融资期限也逐渐转向中长期。

2. 随着现代农业产业链的延伸，对金融服务的品种、质量的要求进一步提高。现代农业的经营使农产品生产的前、中、后产业链条各环节结合更加紧密，过去作为创新产品的"公司+农户"或"公司+X（基地、专业合作组织等）+农户"以及订单农业等产业链信贷模式已经成为常态。随着农业产业链加快整合与发展，各农业经营主体的利益联结更加紧密，资金循环体系更加健全，对金融服务提出了全方位、综合性的更高要求。以孝感市为例：截至2014年底，全市市级以上农业产业化龙头企业216家，与其形成紧密关系的基地面积350万亩，松散型基地200万亩，带动农户45万户，占农户总数的44.3%。已注册农民专业合作社3 024家，带动农户30万户，占29.4%。家庭农场已注册573家。专业大户3 650家，总投资10.75亿元，年产值28.27亿元，年利润6.1万元，以及以四类主体为基础的混合模式，如孝感"龙岗模式"，先是土地流转（涉及龙岗等4个村），成立龙岗土地股份合作社，再由龙头企业春晖集团加入，以农机入股，成立农机合作社，经过土地平整，开展从种植品种选择、育秧、生产、仓储至农产品初加工、销售的基地化生产、工业化管理、市场化经营的现代农业公司运作模式经营。这些多元化的新型农业经营主体区别于传统的单一农户，具有不同的经营特点和金融需求，客观上要求商业银行在产品设计、准入标准、信贷政策、风险控制等方面进行特色化的设计和安排。

3. 随着现代农业各项功能的不断增加，对金融服务领域要求不断拓展。随着农业与第二、第三产业加速融合，形成了有机农业、循环农业、生物能源农业、休闲农业和文化创意农业等多种新型业态。其经济功能、社会、文化和环境功能的不断强化，新型农业产业形态通过公司化运营，对引入资本、发行债券、上市、管理咨询、现金管理等非信贷类银行服务需求明显增多，对农业投资基金、租赁融资、信托融资等多样化融资需求日益增长，要求金融机构提供创新型金融解决方案。

二、现阶段金融对现代农业支持途径的选择

金融业的经营特点与服务功能决定，其支持现代农业只能是把握现代农业发展各阶段的特点，抓住关键环节，发挥杠杆作用推动其发展。当前，我国现代农业处于起步阶段，其特点表现为：①现代投入物快速增长。②生产目标从物品需求转变为商品需求。③现代因素（如技术等）对农业发展和农村进步已经有明显的推进作用。在这一阶段，农业现代化的特征已经开始显露出来。

（一）金融支持现代农业发展的关键环节（载体）选择

1. 支持土地制度变革。土地制度变革是现代农业发展的基础，通过土地变革能有效改善土地资源配置的效率，有效解决土地规模经营以及农村剩余劳动力转移两大问题，而且参与土地流转的经济主体多元化，农户、专业大户、专业合作社、龙头企业等主体均需通过土地流转发展，这一进程，需要金融业提供长期、稳定、有效的资金支持，同时对金融业自身的经济效益来说，也是一个巨大市场和难得的发展机遇。

2. 金融服务的现代化。以现代农业经济实体为载体，在国家现代农业产业发展规划框架下，以市场为导向，将现代农业经济实体的培育与市场培育作为重点，推动现代农业的发展。

（1）支持农业生产的规模化。按《全国主要功能区规划》，切实保障农产品生产与供应的安全，通过金融服务引导主要农业生产功能区农业生产的规模化，引导其主导产业按市场规律经营和享受金融服务。

（2）支持现代农业主体的发展壮大。一是支持重点辐射能力强的农业产业化龙头企业。推动企业提高产品科技含量，加快新技术、新工艺的研发推广和应用，促进涉农产业和产品升级，培育知名农产品品牌。支持行业内具有强势市场地位的龙头企业通过标准化基地建设、创新流通方式，向产业链上下游延伸，实现产供销一体化、种养加一条龙式发展。支持具备较强扩张能力的龙头企业通过完善治理结构、兼并重组、开拓国际市场等方式跨区域、跨领域、跨城乡、国际化发展，积极培育全球领先的农业产业化企业集团。二是支持新型现代农业经济主体。重点支持农业产业链上的龙头企业发起的合作社，按照宜社则社、宜户则户的原则，通过组织和引导合作社引入现代金融保证（担保）体系，在加大对农民专业合作社信贷支持的基础上，批量开展对合作社成员农户的信贷及信息支持。同时，充分利用金融部门的行业优势，加大对新型经济主体的信用培育力度，推动农业信贷服务的普惠和服务成本的下降。

3. 支持农业技术的推广及农业基础设施的建设。

（1）以现代种业、高效安全肥料农药兽药研发和农业科技项目转化为重点，以重点企业为载体，为农业科技研发、新技术推广和农产品生产加工技术升级提供资金支持。探索支持生物育种等战略性新兴产业。进一步加强与农业类院校、科研院所战略合作，推动农业科技产学研结合。大力支持大中型农机制造装备业发展，为先进适用、安全可靠、生产急需、节能减排的农业机械生产研发提供资金支撑，大力扶持设施农业发展。

（2）积极支持农产品生产基础设施、农产品流通的专业市场设施和农业信息化产业设施的建设。

（二）金融支持现代农业的方式选择

1. 加快金融服务现代农业手段的创新。建立由政府主导的金融与现代农业经济主体的对接平台，缓解信息不对称问题。同时，疏通现代农业产业的直接融资渠道，扩展现代农业发展资金来源。

2. 做好与支持现代农业财政政策的配合。金融支持政策与财政政策的配合，保证金融资源的合理、有效配置，同时强化金融支持现代农业的风险分散机制。重点支持农业生产机械化、农业服务社会化、资源利用循环化、耕地利用规整化及农产品储存现代化。

3. 做好金融支持现代农业的金融产品创新。在进一步推广产业链融资的各项金融信贷支持手段外，不断根据现代农业发展的特点，在抵押物设定、保险产品设计、结算服务、金融中介服务等方面进行创新，同时，细化现代农业各领域的支持策略，建立金融体系合作失去工作机制，推动现代农业的均衡、有效发展。

三、现代农业发展中的金融供需矛盾

近年来，农业部、人民银行和银监部门等经济金融主管部门都对金融支持现代农业发展提出了指导意见，但金融支持现代农业的发展仍然面临着诸多困难。主要表现在：

（一）需求总量扩大化与信贷供给缩小化之间的矛盾

县域金融资金外流在以农业为主要产业的县域表现得尤为明显。以孝感市为例，截至2014年底，全金融机构人民币贷存比为48.69%，其中：县域金融贷存比为46.88%。全部低于全省、全国平均水平。遍布于乡村的邮政储蓄机构，由于体制原因信贷权限严重上收，成为名副其实的农村资金"抽水机"。

（二）涉农金融机构服务错位

1. 国有商业银行"不为"，逐步撤离县域农村地区。如安陆市农村乡镇除雷公镇有1家农行机构外，其他乡镇都没有国有商业银行机构。

2. 政策性银行"不能"，机构职能难以发挥。目前农发行仅限于单一的国有粮棉油流通环节信贷服务，对改善农业生产条件、调整农村产业结构和促进农民增收作用乏力。

3. 农村金融机构实力较弱。农村信用社虽然是农村金融的主力军，但在平衡利润与服务群体选择上，对"三农"的支持往往也显得力不从心。

（三）信贷需求多样化与信贷品种偏少之间的矛盾

1. 金融产品的适应性较差。首先为贷款期限短，与农业生产的长周期、季节性的特点不相适应。如农民从事养殖业一般需要 1~3 年，农产品加工和储运一般需要 1~4 年，林果业需要 3~5 年才能产生效益，这就需要贷款期限与之相适应。但目前能提供贷款支持的农村信用社贷款短期化趋势十分明显，平均期限不足 6 个月。其次为贷款额度偏小，农村信用社对农户小额信用贷款正常授信 5 000 元以内，最高授信额度仅为 1 万~3 万元，与规模农业和特色农业发展不相适应。最后信贷资金规避风险的本能与农业高风险的矛盾突出。缺少风险投资资金的介入。

2. 信贷交易成本远高。近年来，国有商业银行调整经营战略和市场定位，逐步从农村市场退出，这使农村信用社的区域垄断定价能力得以增强，农村信贷供给价格不断提高，资金价格趋高和农业收益较低的矛盾突出。

（四）政策性农业保险品种单一与农业经营主体多种需求之间的矛盾

由于农业生产经营风险大，保险赔付率高，商业保险公司开展农业保险的积极性较低，导致农业保险险种较少。如目前种植业险种仅限于水稻，且每亩为 200 元；养猪业仅有母猪险，养鸭、养鱼、养鸭等则没有任何保险。

（五）农业生产主体投入增加与缺乏有效抵押担保之间的矛盾

随着农业生产主体规模扩大，以及生产资料价格的升高，投入增长较快。而农业生产主体所拥有土地为农村耕地，所有权、承包权与经营权三权分离，不能作为抵押物。农村缺乏相应的产权评估机构和产权交易市场，影响抵质押资产的价值评估和处置效率。由于缺乏有效担保抵押物，许多农业生产主体主要依靠联户联保获得贷款，不仅融资规模偏小，且协调成本高。

四、金融支持现代农业模式的探索

在孝感市县域经济总量中，农业经济仍然占有较大比重，金融系统在支持现代农业中进行了有益探索。

（一）引导县域资金回流的探索

2012年开始，孝感市在县域资金外流较为突出的三个县（云梦县、孝昌县和大悟县）开展了县域资金回流工程，主要做法及成效：

1. 主要做法

（1）搭建政策支持平台。在孝感市政府的主导下，先后出台和完善了《孝感市金融机构考评奖励办法》、《孝感市市级公共性资金存款管理办法》，将增加县域信贷资金投入，提高县域存贷比作为考核重点，加大激励力度。市县两级财政每年拿出近700万元专项资金对金融机构进行奖励，合理配置市级公共性资金在各银行业金融机构间的存放比例，充分发挥公共性资金统筹存放的杠杆调节作用，引导和激励银行业金融机构加大信贷投放。三县市政府也出台了具体措施，综合运用财政、税收、补贴、奖励等经济手段，引导资金回流。

（2）搭建银企对接平台。开展银企对接、服务小微企业金融产品推介、信贷产品创新支持农业产业化发展推介会，仅2012年就与1 151户各类企业签订了228.67亿元的信贷投入合同以及A级企业培植协议，履约率达75.33%。2013年，孝感市组织了"金桥工程"县域信贷行等9场银企对接活动，有186家企业现场签约66亿元。2014年开展"金桥工程"银企对接推进会7场，签约39亿元。两年履约率均达85%以上。孝感市政府还出资建立了孝感金融服务网，实现了银企对接常态化，年点击量达到65万次。

（3）搭建金融创新平台。引导各金融机构在风险可控的前提下，创新信用模式和扩大贷款抵押担保物范围，在支持中小企业方面，重点探索开展应收账款质押贷款、组合担保贷款、贸易融资等10余项信贷业务；在支持"三农"方面，重点推进林权抵押贷款、订单农业质押贷款、农村土地承包经营权（水面经营权）抵押贷款等15项信贷产品创新。结合中小企业和现代农业经济的特点，推行组合担保，放大了担保贷款比例。

（4）搭建组织机构平台。为引导资金回流，孝感市大力引进金融机构，壮大市场主体。2011年和2012年，相继引进了哈尔滨城商行和龙江银行来孝感市发起设立了应城融兴村镇银行和孝昌本富村镇银行。2012年，湖北银行在孝昌、大悟相继设立支行。2012年以来引进新设小贷公司24家，总数达到38家。同时推动金融改革，增强地方金融活力，推动农信社改组农商行工作。截至2014年底，全市7个县市区共拿出1 929.16亩土地置换农信社不良资产15.58亿元，土地权证全部办理到位。全市7家农信社改组农商行工作方案全部获省政府、省联社批复同意，6家已挂牌正式营业。

2. 主要成效

全市信贷总量稳定较快增长，信贷资金回流县域速度加快，较好地支持了县域经济持续、快速发展。主要表现为实现了"四个高于"，即贷款增幅高于GDP增幅，高于全省贷款平均增幅，高于武汉城市圈平均增幅，贷款增量高于目标任务。2014年底，全市金融机构贷款增幅高于本地GDP增幅9.69个百分点，高出全省贷款平均增幅2.53个百分点，高出武汉城市圈平均增幅6.12个百分点，贷款增量高于年初确定的目标任务。其中，涉农贷款增幅高于全市贷款平均增幅2个百分点。

2014年，孝感市县域信贷资金回流加速更加明显。截至2014年底，全市存量存贷比比2013年末增加1.75个百分点，增量存贷比2013年末增加12.9个百分点。孝昌县、云梦县增量存贷比分别比2013年末高出17.23个和42.97个百分点。孝昌县、大悟县金融机构各项贷款余额较年初分别增长39.89%和35.27%，增幅位列全市第一、第二位。

（二）建立现代农业信用体系建设的探索

在安陆市政府的支持下，2013年开始，金融系统与经济主管部门合作，通过现代农业经济主体信用信息收集和利用，以及先进示范带动，选择2~3家在每年上半年由人行、农办、经管局组织召开的金融机构支持经营主体发展专场对接会上进行表彰。对获得表彰的，授信额度较上年提高25%、贷款利率在上年基础上下浮10%。积极开展现代农业主体信用客户培育，取得良好效果。

1. 提升了经营主体获贷能力。安陆市四类新型农业经营主体信贷获贷能力稳步提高。截至2014年12月末，安陆市农业产业化龙头企业、农民专业合作社、家庭农场、专业大户贷款余额分别为13.27亿元、1.36亿元、0.35亿元和0.83亿元，同比增长11.65%、24.17%、63.49%和23.88%。如安陆市晨风农机专业合作社受益于"信用经营"模式，累计贷款18笔900余万元，2014年安陆市信用联社主动对其授信300万元，对10名主要股东授予大额信用贷款额度各20万元，计200万元。

2. 推动了经营主体快速发展。截至2014年12月末，安陆市共有市级以上农业产业化龙头企业40家，其中，国家级2家，省级11家，市级27家，成为孝感市龙头企业最多的县（市）。注册登记的农民专业合作社384家，比上年增加263家，注册资本达3.8亿元，比上年增加2.76亿元。经安陆市经管局认定的家庭农场共有334家，比上年增加138家。全市万头养猪大户有13户，比上年增加2户，养殖规模32.5万头，比上年增加4.3万头；禽业大户72户，比上年增加9户，养殖规模261万只，比上年增加28.89万只；水产养殖户93户，比上年增加6户，养殖面积

2.3 万亩，比上年增加 0.51 万亩。

3. 探索了信用经营新模式。信用经营管理激励深入推进，促使四大农业主体的经营者对自身信誉更加关注，借款到期不还、恶意逃废债等现象得到了有效遏制，部分欠贷款的经营主体股东为不影响自身经营，主动归还拖欠多年的贷款。如安陆市黄成农副产品专业合作社章程明确规定："信用不好者、不思进取者、抹牌赌博者、游手好闲者"四类人员不得入社。该社现有社员 179 人中，18 人因有欠款达不到入社门槛，主动归还逾期贷款和民间借款 36.27 万元。

（三） 创新并落实金融支持与财政支持配合模式

孝昌县创新金融支持机制，信贷支持紧盯财政支持模式，在增加县、乡两级财政投入的同时，千方百计争取项目资金、贷出银行资金、吸纳民间资金，汇聚各方投入支持现代农业发展。孝昌创新并严格落实农户小额贷款减免税收政策，严格落实扶贫贷款贴息、农业产业化龙头企业贷款贴息资金，并根据金融机构当年贷款净增额、增量存贷比、税收贡献率给予奖励；设立涉农贷款增量奖（按 3%），建立信贷风险补偿机制（按利息收入营业税征缴额 10% 奖励）。仅 2013 年，县政府对金融机构奖励 72 万元。创新机制争取县级投入 1 300 万元，用于农业农村发展，其中争取县政府农业发展基金 700 万元，另外从农业综合开发、退耕还林、"双低"改造、生态公益林补助等项目中筹措 600 万元，对集中发展苗木花卉产业、种粮大户实行"以奖代补"，对标准化养殖场进行补贴，对连片发展河蟹种苗养殖进行补贴。创新业体培育机制，出台支持创业政策措施，对新增龙头企业、"三品一标"认定等，县政府给予一定的奖励，充分调动农业经营业主的积极性。仅 2013 年孝昌累计发放小额担保贷款、贴息贷款、"农家乐"创业扶持资金 1 亿多元。

（四） 建政银企合作平台促进金融支持现代农业模式

应城市通过政府主导、部门合作、银企积极参与的方式，积极搭建金融与现代农业主体的合作平台，有效推进了金融支持现代农业的发展。主要做法及成效如下：

1. 建立对接平台。政府牵头，人行与市农委、农业局、农经局等相关部门合作，建立了四类经营主体基本信息共享制度，全市 44 家农业产业化龙头企业（其中省级 8 家、地级 18 家、县级 18 家），401 家农民合作社、376 家家庭农场、474 个专业大户的相关信息分类汇编成册，编印了《应城市新型农业经营主体名录》，统一由人行向金融机构发布。对四类主体的一般性信息变动定期按季发布，对重要信息的变动不定期及时发布，为金融机构主动与经营主体对接提供了有力的信息支撑。

2. 长效平台建设。由人行牵头，与乡镇政府、农业主管部门一起，积极为金融机构与四类经营主体交流沟通创造环境、搭建平台、提供便利。定期不定期组织召开金融机构信贷产品推介会、银农座谈会、银农联谊会、银农对接现场签约会等集中型方式，促进银农之间的交流。同时还督导金融机构主动上门采用一对一的交流方式，提供个性化的金融服务；四类经营主体主动到金融机构咨询情况、营销自己。如2014年7月，人行应城市支行、邮储银行应城市支行与应城市汤池镇政府联合举办了专门针对新型农业经营主体的信贷产品推介和授信活动。现场向汤池镇5个村100多家农民专业合作社、家庭农场、养殖大户授信1 330万元，与1户家庭农场签订30万元的贷款合同。截至7月底，辖内所有10家银行业金融机构已先后与300多个新型农业经营主体进行了个别性的一对一的交流。

3. 建立通报制度。积极督导辖内各金融机构与新型农业经营主体，按照双向选择、自主自愿的原则进行主动对接，确立主办行关系。通过定期通报，既能促使金融机构做到知己知彼，查找自身支农的不足，又能扩大金融支农的社会影响力，增加金融支农的推动力。

4. 积极开展政策引导。人民银行利用支农再贷款、支小再贷款、存款准备金、合意贷款规模调控等货币政策工具和手段，督促和鼓励金融机构支农。2014年累计为应城融兴村镇银行发放了支农再贷款3 000万元，以帮助其解决支农资金的不足。

五、对金融支持现代农业问题的几点思考

（一）外部环境建设

1. 政府主导下的现代农业金融服务模式。政府支持对于实现农业现代化至关重要。金融支持现代农业发展需要良好的政策环境，通过政府政策引导，正确协调处理金融支持现代农业发展中各部门的利益分配和责任落实，完善各项支持政策的协调配合，促进支持政策的优化组合，推进金融支持现代农业中介机构的规范运作，约束和规范现代农业主体的经营行为。

2. 农村土地流转、抵押登记制度完善等要素市场建设，夯实金融支持基础。加快农村土地流转的推进试点工作步伐，规范土地流转工作程序和行为，夯实现代农业发展的基础，加快将林权、土地使用权等不动产和农业机器设备、农用车、农产品等动产引入农村信贷业务。破解农村土地经营承包权、农村居民房屋、林权、农机具所有权和经营权、农村集体建设用地使用权、库堰塘水域和海域承包经营权这"六权"抵押担保难的问题。积极搭建土地流转抵押平台，由政府设立土地转包、

抵押的管理机构，并出资或吸收社会资本设立专门的公司，专事土地的流转、处置。

3. 风险分担机制。组建符合农村经济发展需要的政策性担保公司，鼓励建立民间出资的商业化担保公司和会员出资的会员制担保公司，发展壮大农村互助担保组织，缓解农民贷款担保难问题。加快推进农业保险和再保险发展，为农业保险再保险提供税收优惠。加快发展农产品期货市场，对于具备产销条件、现代化程度较高的农业企业，鼓励其通过交易所会员经纪公司代理直接进入期货市场，完成保值交易。加快推进农村征信体系建设，建立农业企业和农户信用信息基础数据库，使征信系统建设和征信服务覆盖到广大农村和农民。

（二）金融机构支农机制建设

1. 完善金融支持现代农业体系建设。多元化的农村金融体系应包括政策性金融机构、商业性金融机构和新型农村金融机构。这些机构既相互竞争又互相补充，共同促进农业现代化。

（1）加快推进农业发展银行改革。重新调整农业发展银行的经营范围，进一步拓宽支农领域，将农业发展银行由目前单纯的"粮食银行"转变为支持农村基础设施建设、农业综合开发、农业产业结构调整、农产品进出口的综合性政策性银行。

（2）切实发挥农业银行、邮政储蓄银行等大型金融机构支农的骨干和支柱作用。大型银行业金融机构既要遵循商业化经营原则，又要积极履行好在保障国家粮食安全和农民增收中应有的社会责任。合理增设在农村分值机构，提高农村金融覆盖面；调整信贷管理方式，下放信贷管理权限，提高县域资金运用水平；拓宽信贷支持范围和延长贷款期限，加大对粮食安全和农民增收中薄弱环节的支持力度；降低贷款利率，减轻融资负担，推进农村金融适度竞争和引导民间借贷价格导向。

（3）积极引导民间借贷组织规范化和合法化发展。要积极引导民间夹带规范发展，探索组建服务于农村中小企业的小额信贷组织，发挥其只贷不存、信息对称、方便灵活的优势，满足小额信贷资金需求。鼓励民间资本成立服务农业、农民以及农村经济发展的贷款基金、担保公司，管理规范民间资金，引导资金支持"三农"经济发展。

（4）降低农村金融准入门槛。在风险可控的前提下，降低村镇银行、资金互助社、贷款公司等多种适合粮食安全及粮农增收需要的微型农村金融机构的准入条件，在农村形成政策性、商业性、普惠制、合作制和民间金融等多种性质金融机构并存的农村金融服务体系，以满足多元化、多层次的农村金融需求。

2. 支农经营方式的转变。

（1）探索多种物权担保形式的产权抵押贷款。加快探索和尝试农村土地经营权抵押贷款工作，积极推行应收账款、仓单、林权、水面等多种权利质押方式，有效扩大抵押担保范围，解决农民贷款融资难问题。

（2）大力发展农业设备设施融资租赁业务。积极组建涉农金融租赁公司，主要针对大型喷灌、滴灌等水利和大型农业机械设备设施，有租赁公司或银行按照农民、农民专业合作社等使用方应承担的资金比例购买设备部分使用权，将设备出租给使用方，租赁公司或银行按照投入资金额度和设备出租年限计算收取租金额度，使用方定期支付租金，租金全部支付后，设备所有权转交使用方。

（3）构建"金融机构＋资金互助社＋农户"的信贷机制，扩大农户资金融通渠道，降低金融贷款运行成本和信贷风险。建立"专业合作社＋资金互助社"双社对接。一方面有利于互助社有效吸纳合作社的限制资金，扩大资金规模，提高利用效率，另一方面通过资金的聚集，可以为合作社提供大量的生产发展资金。

（4）积极建立新的金融支持模式。借鉴美国等农业发达国家经验，发展"农户＋农民专业合作社＋收购（加工）企业＋期货公司＋银行"和"订单＋期货＋信贷"产业融资模式，解决"三农"融资难题。

3. 风险防范。关注现代农业经营中存在的风险，做好针对性风险防控工作。针对不同经济主体，有针对性地开展风险分类管理，实施风险退出机制。建立现代农业系统的风险防火墙，防范部分农业产业化集团客户的信贷风险，跨区域、跨行业多元化扩张动向。关注食品安全风险、安全生产风险、企业法人道德风险，防范此类风险向金融业扩散。

参考文献

［1］中共中央　国务院《关于加快发展现代农业，进一步增强农村发展活力的若干意见》（2012. 12. 31）。

［2］《国务院关于印发全国现代农业发展规划（2011—2015 年）的通知》（国发〔2012〕4 号）。

［3］wenku. baicu. com/view/5bd269020740be1e650e9ad6. html 百度文库——现代农业。

家庭农场发展初期金融支持问题研究[①]

——基于对广西壮族自治区合山市、来宾市金秀县的调查

赵　悦[②]

摘要： 家庭农场是我国传统农业向现代农业转变过程中的新型组织形式，良好的金融支持是家庭农场健康发展的重要保障。与传统农户的金融需求相比，家庭农场信贷需求额度增大，融资期限变长，融资用途多元化，对支付结算、分散农业风险等方面的金融服务也有更高要求。但自身实力不足、有效抵质押物缺乏、金融产品设计不合理、农业保险供给不足等原因使我国正处于发展初期的家庭农场难以获得足够的金融支持。因此，创新融资担保方式、丰富面向家庭农场的金融产品、发展农业保险和完善农村金融服务成为解决家庭农场发展初期金融支持困境的优化路径。

关键词： 家庭农场　融资困境　金融支持

一、引言

2013 年中央一号文件提出，"鼓励和支持承包土地向专业大户、家庭农场、农民合作社流转，发展多种形式的适度规模经营"，确立家庭农场为我国重要的新型农业经营主体。

家庭农场是以家庭成员为主要劳动力，从事农业规模化、集约化、商品化生产经营，并以农业收入为家庭主要收入来源的新型农业经营主体。我国家庭农场的主要特征为，第一，家庭经营。家庭农场保留了家庭承包经营的传统优势，农场主是

---

① 本论文受国家级大学生创新训练计划项目《家庭农场发展初期的问题研究及对策》（项目编号 GCCX2015110083）资助。

② 作者简介：赵悦，现就读于中央民族大学经济学院财政学专业。

所有者、劳动者和经营者的统一体。第二，适度规模。家庭农场体现产业化经营，具备一定的规模以融合现代农业生产要素，但受资源禀赋及农场主经营管理能力的限制，适用不同的标准，经营规模需适度。第三，市场化运作。家庭农场以市场交换为目的，以利润最大化为目标开展专业化生产。第四，企业化管理。家庭农场应当运用现代企业标准化制度和管理理念。

我国的家庭农场处于发展初期，对金融支持的需求旺盛，而各地金融支持家庭农场的方法皆处于探索阶段，还存在很多问题。本文分析了广西壮族自治区合山市、来宾市金秀县的七家家庭农场的金融支持情况，探究两地家庭农场金融支持存在的问题，并提出完善家庭农场金融支持的建议。

二、合山市、金秀县家庭农场概况

截至 2015 年 7 月，广西壮族自治区合山市工商行政管理局注册登记的家庭农场共有 9 家，经营面积在 100 亩以下的有 8 家，100 亩以上的有 1 家。土地来源为自有、租赁、转包、承包四种形式。经营类型方面，有八家种养结合，一家单纯种植西瓜。主要种植品种有龙眼、百香果、竹笋、砂糖橘、西瓜，主要养殖品种为鸡、鱼。家庭农场主要劳动力为家庭成员，农忙时雇佣劳动力。

截至 2015 年 7 月，广西壮族自治区来宾市金秀县共有 6 家家庭农场。经营面积在 100 亩以下的有 5 家，在 100 亩以上的有 1 家。土地来源为自有或租赁。主要种植品种为橘子、蜜柚、水稻，主要养殖品种为猪、鸡。家庭农场主要劳动力为家庭成员，农忙时雇佣劳动力。

本次调研共走访了 7 家家庭农场，其中合山市 4 家，来宾市金秀县 3 家。这 7 家家庭农场的基本情况介绍如下（详细情况见表 1 ~ 表 4）。

表1 　　　　　　　　　　　合山市家庭农场基本情况

家庭农场	土地			劳动力		经营品种	盈利状况	困难
	面积（亩）	来源	期限	家庭	临时雇工			
1	40	承包	10 年	2 人	约 10 人	龙眼、土鸡	纯利润 4 万 ~ 6 万元/年	资金不足融资困难利润低销路不畅
2	30	自有	—	2 人	约 10 人	砂糖橘	未盈利	
3	80	租赁	15 年	5 人	约 10 人	龙眼、芒果、百香果、鸡	未盈利	
4	130	自有 80 亩转包 50 亩	30 年	2 人	约 10 人	油茶、坚果、鸡	纯利润低	

表2 金秀县家庭农场基本情况

家庭农场	土地			劳动力		经营品种	盈利状况	困难
	面积（亩）	来源	期限	家庭	临时雇工			
1	75	租赁	20年	2人	5~8人	蜜柚、橘子、猪	年纯利润20万元	资金不足
2	50	自有	—	4人	—	鸡	未盈利	融资困难
3	33	租赁	20年	4人	10人	脐橙、猪、鱼	未盈利	保险缺乏

表3 合山市家庭农场初始投入资金来源

家庭农场	初始投入资金来源				
	自有资金	贷款			
		贷款总额	还款期限	担保	还款情况
1	15万元	5万元	1年	三户联保	有时无法还款
2	9万元	6万元	1年	—	有时无法还款
3	65万元	5万元	2年	—	可以按时还款
4	20万元	3万元	1年	—	可以按时还款

表4 金秀县家庭农场初始投入资金来源

家庭农场	资金来源					
	自有资金	借款	贷款			
			贷款总额	还款期限	担保	还款情况
1	17万元	—	3万元	3年	—	有时无法还款
2	10万元	10万元	无			
3	15万元	30万元	5万元	2年	—	可以按时还款

（一）家庭农场规模

在调研的7家家庭农场中，经营面积在50亩以下的有3家，50~100亩的有3家，100亩以上的有1家，户均面积62亩，总体来看家庭农场规模偏小。7家家庭农场都有扩大农场规模的意愿，但资金短缺问题制约了农场规模的扩大。

（二）家庭农场初始投入资金来源

将7家家庭农场的初始投入资金加总统计，其中自有资金占69.2%，借款占18.5%，金融机构贷款占12.3%。家庭农场初始投入资金绝大部分来源于自有资金，而家庭农场要想扩大经营规模自有资金显然已经无法支持，亲友借款利率普遍在20%～25%，融资成本太高，因此家庭农场面向金融机构的融资需求日益旺盛。而目前当地金融机构提供的均是数额3万～5万元，还款期限1～3年的短期小额信用贷款，难以满足家庭农场融资需求。

（三）家庭农场盈利状况

在调研的7家家庭农场中，有4家尚未开始盈利，3家开始盈利但盈利水平低。合山市、金秀县的家庭农场均于2013年才陆续注册经营，家庭农场尚处于发展初期，一方面基础设施建设、农资购买的投入高，另一方面农业回报周期长，现阶段的农业产出较低，再加上金融支持力度有限，故家庭农场盈利能力弱。

三、合山市、金秀县家庭农场金融需求特点

家庭农场是从事农业规模化、集约化、商品化生产经营的新型农业经营主体，其金融服务需求由传统农户的小额信贷需求向规模化、综合化、个性化金融需求转变。下面分析广西壮族自治区合山市、金秀县家庭农场金融需求的特点。

（一）信贷需求旺且额度较大

家庭农场的经营规模普遍较大，在经营初期一次性投入比较集中，在生产过程中也比较重视先进技术设备、高质量生产要素的投入，且随着农场规模效应的显现，农场主继续扩张生产经营规模的意愿也会增强，这些都要求大量的资金投入，而靠家庭农场的自身积累难以满足投资需要，因此家庭农场对信贷资金的需求旺盛且额度较大。

（二）融资期限逐渐变长

普通的农户以短期信贷为主，大多为临时性周转需求，具有很强的随机性。而家庭农场的资金需求期限更加多元化，短期资金需求、季节性资金需求和长期资金需求并存。短期资金需求表现为购买饲料、肥料等生产资料的常规性资金需求，季节性资金需求表现在支付土地流转租金、雇工工资等方面，长期资金需求则表现在厂房建设和维修、机器设备购买和扩大生产规模等方面。短期和季节性的资金需求额度较小，通常可以由家庭农场自身的资金积累满足，而长期的大额资金需求则需要通过外部融资来满足。因此家庭农场的融资期限逐渐变长。

（三）融资用途多元化

传统农户的融资需求主要是季节性和周期性强的生产性支出，而家庭农场不再

局限于传统的种养领域，开始向生产、加工、销售的纵向一体化方向发展。生产经营链条上的各个环节都需要大量的资金投入，融资用途多元化。

（四）家庭农场所需金融支持类型多样

家庭农场所需的金融支持类型呈现多样化的特点，不仅包括传统的存贷款业务，还需要理财、支付结算、代理、汇兑、金融租赁、期货等金融服务；不仅需要柜台业务，还需要更灵活的 ATM、电话银行等业务；不仅寻求金融服务，还需要了解金融知识、金融信息、金融政策等综合化的金融信息服务。

四、家庭农场金融支持困境

通过调查发现，合山市、金秀县家庭农场的金融需求满足程度低，金融支持力度不足，严重制约了家庭农场的进一步发展，下面分析造成两地家庭农场金融支持困境的原因。

（一）家庭农场实力不足，金融机构支持家庭农场积极性弱

合山、金秀两地家庭农场发展处于起步阶段，农场资产规模较小、自身积累少，风险承担能力有限；家庭农场经营管理水平较为落后，多数农场主实践经验丰富但普遍缺乏现代金融知识和现代经营管理理念，在财务管理、融资管理、农田管理、市场行情掌握等方面有一定的短板，经营水平低；家庭农场产业化链短，标准化养殖程度不高，深加工、冷藏、保鲜环节滞后，产品附加值低，市场竞争力有限。因此，家庭农场与当地已发展成熟的农业龙头企业、农业合作社相比实力明显不足，并且政府也未出台专门面向家庭农场的金融支持政策，金融机构提供适合家庭农场的金融产品的积极性不高。家庭农场普遍面临着融资成本高、融资困难的问题。

（二）家庭农场缺少有效抵质押物，难以获得贷款

家庭农场获取大额长期贷款需要有效的抵质押物，当前家庭农场财产主要是土地使用权、宅基地使用权、房屋、生产性固定资产、耐用消费品等。但我国《物权法》和《担保法》规定集体土地所有权、耕地、宅基地、自留地等集体所有的土地使用权不得设定抵押；我国虽已开放了林权、土地承包经营权、农村居民房屋产权"三权"抵押贷款业务，但广西目前只有林权抵押贷款较为普遍，其他两项产权贷款由于确权估值难、风险较大难以推行；知识产权、农产品等抵质押物由于流动性受限，能够获得的贷款额度有限；大型农机具抵押虽可实行，但开办此业务的银行

很少，合山和金秀两地尚无家庭农场通过此项抵押获得贷款。家庭农场缺少有效的抵质押物，难以从银行获得大额长期贷款。

（三）金融产品单一且设计不合理，无法满足家庭农场需求

目前，广西涉农金融机构主要为农村信用社、中国农业发展银行、中国农业银行、邮政储蓄银行、村镇银行等，上述金融机构目前为支持"三农"所提供的金融产品主要服务对象为农业龙头企业与传统农户，专门针对家庭农场设计的金融产品比较匮乏，并且产品设计不够合理。对家庭农场发放贷款时参照对普通农户贷款的做法，主要发放农户小额信用贷款和农户联保贷款，授信期限一般不超过 1 年，最长不超过 3 年，贷款的额度一般为 3 万~5 万元。而家庭农场在经营初期一次性投入比较集中，生产周期较长，资金需求较大，银行贷款难以满足家庭农场中长期大额融资需求，从而制约了家庭农场发展基础设施和扩大生产规模。此外，对家庭农场运营中需要的诸如理财业务、期货业务等金融服务很少涉及，金融支持还局限在贷款支持上，金融产品单一。

（四）农业保险供给不足

家庭农场既是农业生产的主体，又是市场主体，面临着自然与市场双重风险，同时由于其经营规模大，风险也更大，对农业保险的需求较强。但合山、金秀两地的农业保险供给不能满足家庭农场需求。商业保险方面，由于农业生产经营风险大，保险赔付率高，商业保险公司开展农业保险的积极性较低，农业保险险种较少，且保费价高，赔付水平较低，农民参保意愿不强。政策性保险方面，目前合山、金秀两地政策性农业保险覆盖的农产品有能繁母猪、育肥猪、奶牛、鸡、水稻、糖料、公益林、商品林、香蕉、竹子、柑橘、芒果十二种，涵盖农产品种类少，且补偿的多为成本，补偿水平低。保险供给不足降低了家庭农场分散农业生产经营风险的能力，也进一步制约了家庭农场获得贷款的能力。

五、完善家庭农场金融支持的建议

完善对家庭农场的金融支持，可以从创新家庭农场融资担保方式、丰富面向家庭农场的金融产品、发展农业保险和完善农村金融服务着手，营造良好的农村金融环境。

（一）创新家庭农场融资担保方式

一是加快建立农村产权交易市场，积极推动土地经营权、宅基地使用权的确权、

颁证、登记、流转等基础性工作，逐步开展"三权"（土地承包经营权、林权和居民房屋产权）抵押贷款。二是探索家庭农场农副产品订单、仓单、应收账款及农用生产设备、机械、水域滩涂使用权、专利权（商标）等作为合法担保物。三是鼓励农业企业为订单家庭农场生产性贷款提供担保，由企业承贷，家庭农场使用。四是依托市、县财政建立政府主导和社会资本参与下的多种形式县域担保公司和组织，鼓励家庭农场牵头成立农民贷款担保协会等互助性担保组织并给予财政扶持，为家庭农场及广大农户等提供担保。

（二）完善农业保险

在农业保险体系上，首先，应拓展政策性农业保险的范围，提高保费的补贴范围和标准，将更多的家庭农场纳入到政策性农业保险中来。其次，通过税收优惠、财政补贴等方式，鼓励商业性保险机构开展农业保险业务，形成以政策性农业保险为主体、以商业性农业保险为补充的农业保险体系。还可以引导农民和农村合作经营组织建立农业保险合作社，构建多元化的保险体系。在农业保险功能上，把农业保险从单纯的灾后救济，转变为事前预测、事中防控、事后补偿一体化的服务和保障，增强农业保险的风险控制作用。在农业保险产品上，在丰富农业保险所覆盖农产品品种的同时，逐步增加气象、产量和价格指数保险，从保成本扩展到保收入，进一步提高农业保险的针对性、精确度和保障水平。在农业保险理赔机制上，保险机构应摒弃"重保轻赔"的思想，尽量简化手续，采用标准化、格式化的程序，提高理赔效率和水平。在农业保险机构风险控制上，应积极推动农业巨灾保险及再保险的发展，以应对大的干旱、洪涝等自然灾害所导致的巨额损失。

（三）丰富面向家庭农场的金融产品

一是根据家庭农场的经营类型、信用水平和贷款需求从利率、贷款金额、还款期限、担保物方面做出调整，制定符合家庭农场需求的信贷产品。二是提供理财产品，例如推广债券、黄金、基金等理财产品，这些产品风险小，回报稳健，有利于农民增加收入。三是发展农产品期货市场，鼓励并帮助家庭农场参与套期保值业务，让农场主根据期货远期价格信号及时了解未来市场供应状况和农业市场价格走势，通过先交易后生产的模式，提前锁定销售价格，合理调整生产规模，减少生产经营的盲目性。四是探索"银保联合"的金融支持产品，信贷机构和保险公司合作，信贷机构可以根据农户、农业企业对农业经营项目投保财产保险、寿险或者人身意外险的情况给予利率优惠，如此既增加家庭农场的贷款资金又能降低银行的风险。五是探索产业链金融，由产业链条上的其他相关企业或是集体从商业银行处获取信贷资源,再将这些资源转给关联的家庭农场,助其以优惠的价格完成融资。

(四) 完善农村金融服务

首先要进一步改善农村支付环境,各银行机构要大力推广 POS 机、网上银行、电话银行等新型支付业务。深化银行卡助农取款服务和农民银行卡特色服务,大力推广使用银行卡、电子汇划等非现金支付方式,多渠道为新型农业经营主体提供便捷的支付结算服务。其次要持续推进农村信用体系建设,建立健全对专业大户、家庭农场、农民合作社的信用采集和评价制度,逐步将家庭农场纳入征信系统管理,做到信用评价与信贷投放相结合。

结语

作为从事农业规模化、集约化、商品化生产的新型农业经营主体,家庭农场对于金融支持的内容产生了新的更高的要求。而广西壮族自治区合山市、金秀县现有的家庭农场金融支持方式仍遵循金融支持传统农户发展的思路,不能满足家庭农场的新型融资需求,使得资金短缺问题严重制约了家庭农场的发展。基于此,合山市、金秀县的涉农金融机构应该积极创新面向家庭农场的金融产品,完善农村金融服务,优化农村金融环境,破解家庭农场融资难题,推动家庭农场的发展。

参考文献

[1] 兰勇,周孟亮,易朝辉. 我国家庭农场金融支持研究 [J]. 农业技术经济,2015(6).

[2] 李善民. 家庭农场金融服务困境及其优化路径——以广西 151 户家庭农场例 [J]. 武汉金融,2014(6).

[3] 龚建文. 完善家庭农场金融支持 [J]. 中国金融,2015(4).

[4] 纪敏,祝红梅. 农村金融服务创新实践 [J]. 中国金融,2015(15).

[5] 韩喜平,金运. 中国农村金融信用担保体系构建 [J]. 农业经济问题,2014(3).

分析研究

重启大额存单的国内外经验借鉴及启示

高　勇[①]

摘要： 当前，研究发达国家大额存单的发展历程，将对我国发展大额存单市场有重要的借鉴作用。本文在对美国和日本的大额存单的发展历程进行阐述的基础上，进行比较分析，并梳理出相关的实践经验和教训。同时，针对我国历史上发展大额存单出现的问题进行分析，提出相关的政策建议。

关键词： 大额存单　利率市场化　经验借鉴

一、美国和日本的大额存单的发展历程

目前，比较各国大额存单的发展历程，以大额存单的起源国美国和成功引入大额存单的日本最具代表性。

（一）美国的大额存单发展历程

1. 大额可转让定期存单（Negotiable Certificate of Deposit，NCDs）的含义和特点

美国大额可转让存单（以下简称大额存单）是具有一定的期限和利率计算方法的标准化合约，其面值在 10 万美元以上，能在二级市场上进行流通，不记名、不可提前支取，实质是商业银行通过银行存款的证券化形式来实现主动负债。主要特点如下（见表1）。

[①]　作者简介：高勇，现供职于中国人民银行宣城市中心支行。

表1　　　　　　　　　　　　美国大额存单的主要特点

项目	内容
发行机构	存款型金融机构且信用较好
发行对象	企业、个人及机构投资者
发行金额	大额存单的面额有最低限制（机构投资者最少10万元，个人最少100万元），一般金额较大且不记名
发行期限	七天到一年至两年不等，短期为主，一般在一年以内
发行利率	固定利率存单为主，约占存单总量的80%。浮动利率存单的利率主要由基准利率加上点差来确定
支取条款	不可提前支取，到期后可按票面金额及规定的利率提取全部本息，逾期不计息
运作模式	由一级市场和二级市场组成

资料来源：笔者整理。

（1）可流通的标准化合约。发行主体可根据业务需要，自行决定大额存单的发行时间、面额、期限及利率计算方法。美国只允许存款机构发行大额可转让定期存单，同时禁止银行购买自己发行的大额可转让定期存单。

（2）部分受存款保险保护。联邦存款保险公司（FDIC）规定，当购买存款保险的银行发生破产、进行清算时，FDIC将对存单持有者进行最高金额不超过10万美元的兑付，超出部分是不受存款保险保护的。

（3）不需缴纳存款准备金。美联储规定，大额存单计入定期存款账户，缴纳存款准备金。但自20世纪90年代以来，美联储将非个人定期存款的准备金率调至0%，意味着大额存单从此不用缴纳存款准备金。

（4）建立了对提前取款的惩罚机制。如果大额可转让存单的持有者在存单到期前提出兑付要求，其将受到提前取款的利率惩罚。

（5）大额可转让定期存单运作模式。一级市场通常由银行直接间接（通过交易商）向投资者出售大额存单，二级市场则由交易商通过自有账户进行做市。

2. 大额存单在美国发展过程（见表2）

1961—1968年：初期快速增长。1961年美国花旗银行首次发行了大额存单，该批存单面额为10万美元，可在二级市场上流通转让。随后大额存单进入快速发展期，1967年市场规模达到185亿美元，存款占比达到4.7%。

1969—1970年：进入低谷期。当时公开市场利率已经超过"Q条例"① 规定的大额存单利率上限，投资者不愿意持有，商业银行转而通过其他金融工具融资，大额存单发展步入低谷期。

———————————

① "Q条例"颁布于1929年，终止于1986年，是美联储按字母顺序排列的一系列金融管理条例中的第Q项规定。主要内容是：商业银行不得为30天以下的活期存款公开支付利息，并对储蓄存款和定期存款设定了利率上限。

　　1970—1983 年：利率限制逐步取消，进入高速发展期。1970 年 6 月美联储准许 10 万美元以上、90 天以内的大额存单不受"Q 条例"的利率上限的限制，同意证券公司进入货币市场基金，到 1973 年则进一步完全放开所有大额存单的利率上限。而此时小额的定期和储蓄存款利率尚有限制，小额储户纷纷通过货币市场基金投资大额存单，因此，大额存单规模快速增长，存款占比也大幅提高。

　　1983—1986 年：利率市场化后期，利率优势逐步削弱，发展放缓。20 世纪 80 年代以后，美国利率市场化大幅提速，MMDAs① 和 NOW② 相继被引入以及个人存款利率管制的放松，致使储蓄存款占比逐步上升、货币市场基金的资产大幅下降。相应地，银行大额存单的发行也大幅下降。

　　20 世纪 80 年代后期，美国利率市场化改革完成后，大额存单成为一种重要的货币市场工具，其发展情况受本国宏观经济状况以及信贷增长等因素影响。至 1991 年，市场规模一度达到 2 150 亿美元，但之后由于美国经济进入衰退期和市场监管规则的转变，大额存单的规模有所下降。目前，全美商业银行的大额存单占全部存款比例稳定在 15% ~20% 之间。

表 2　　　　　　　　　　　　　　　美国大额存单出现和管制放松进程

年份	内容
1961	美国花旗银行推出首单大额存单，规避了"Q 条例"对活期存款的利率管制，其利率仍受到定期存款利率上限的制约
1970	美联储取消了 10 万美元以上，三个月以内大额存单的利率限制
1973	完全放开所有大额存单的利率上限

　　资料来源：肖欣荣．美国利率市场化改革对商业银行的影响［J］．国际金融研究，2011（1）.

　　3. 美国大额存单市场大发展的背景和原因

　　一是直接金融市场的高度发达。由于面临金融"脱媒"的重压和非银行存款机构的有力竞争，"二战"后至 60 年代初这段期间美国商业银行存款大规模的流失，严重影响了商业银行的经营和发展。

　　二是通胀压力加剧。经历两次石油危机后，美国通胀率高企，实际存款利率为负，资金大量流向金融市场，金融"脱媒"加剧。面对经营压力，商业银行主动创新，推出大额存单等新的金融产品。

　　三是货币市场较为成熟。大额存单推出初期，美国的货币市场已经发展到较成熟阶段，可供交易的金融工具较多，利率已经市场化，机构投资者较为丰富，可以

---

① MMDAs 指货币市场存款账户。
② NOW 指超级可转让支付命令商业账户。

2015年第4辑
北京金融评论　　　　　　　　　　　　　　分析研究

在二级市场为大额存单的流动性提供保证。

四是初期缺乏替代产品。在大额存单推出初期，美国的利率市场化尚未提速，由于缺乏可替代的金融产品，大额存单具有明显的利率优势，因此商业银行的活期和储蓄存款迅速转移为大额存单。

（二）日本的大额存单发展模式

1. 日本大额存单发展历程（见表3）

日本大额存单发展较快，但规模和占比远低于美国。

1979—1984 年，初期快速发展。1979 年，日本首次引入大额定期存单，面额起点为 5 亿日元，期限 3 ~ 6 个月，发行利率完全市场化，不受《临时利率调整法》的限制。为扩大市场规模，其后又将面额缩小到 3 亿日元。大额可转让存单推出后发展迅速，1985 年余额达到 8.7 万亿日元，占存款比例 3.5%。

1985—1987 年，阶段性放缓。1985 年日本银行引入与大额存单市场利率联动的MMC[①]存款，并将大额存单面额下限由 3 亿日元提升至 10 亿日元，发行时间由 3 个月缩短为 1 个月。大额存单增速呈现阶段性放缓，与 MMC 存款迅速增长有关。

1987—1989 年，管制放松推动高速增长。日本逐步降低大额存单和 MMC 存款的额度下限，并将期限延长，大额存单增长迅速。

1989 年以后，大额存单增速放缓，成为常规业务。

表3　　　　　　　　　　　　　日本大额存单发展历程表

时间	内容
1978 年 12 月	金融制度调查会决定推广大额可转让存单
1979 年 4 月	首次正式推出大额存单，面额最低为 5 亿日元，期限 3 ~ 6 个月，发行完全利率市场化
1984 年 1 月	大额存单面额下限降为 3 亿日元
1985 年 4 月	大额存单面额下限降至 1 亿日元，期限为 1 ~ 6 个月
1985 年 5 月	《关于金融自由化和日元国际化的现状及展望》规定，大额存单的面额由 3 亿日元上调至 10 亿日元，同时将发行时间由 3 个月缩短至 1 个月
1985 年 10 月	大额存单面额下限调至 10 亿日元，期限 3 个月至 2 年
1987 年 4 月	大额存单面额下限降至 1 亿日元
1989 年 10 月	大额存单面额下限降至 1 000 万元

资料来源：王瑱，雷曜. 日本利率市场化改革的路径及效应［J］. 中国货币市场，2012（9）.

2. 日本大额存单市场发展背景和条件

---

① MMC 存款为货币市场联动型定期存款。

一是间接融资为主的金融市场体系。日本以间接融资为主，直至利率市场化完成，金融体系仍然银行主导。因此，日本银行业"脱媒"压力远低于美国，吸存压力也弱于美国。其利率市场化进程也是由政府主导，在美国压力下从1985年开始推行。

二是金融市场发育程度较低。大额存单推出前，日本金融市场发展程度较低，交易品种很有限，银行是交易主体。随着利率市场化改革的提速，各种金融交易工具逐渐丰富，其他非银行金融机构和企业被逐步引入，货币市场得到一定提升，但发展程度仍低于美国。

三是其他利率自由产品的推出，部分替代了大额存单市场。日本推出大额存单的同时，引入了与大额存单市场利率联动的MMC存款，并且与存款利率自由化改革同时推进，在利率市场化改革的后期，其他存款的占比往往提升得更快。

二、美、日两国大额存单发展历程的比较分析

由于市场结构、推出背景等方面的差异，美、日两国的大额存单发展历程各不相同，在管制内容、存单规模、二级市场等方面存在诸多差异，主要区别如下（见表4）。

表4　　　　　　　　　　美、日大额存单发展历程对比表

项目国家	美国	日本
市场结构	直接融资为主	间接融资为主
推出背景	1961年商业银行为规避"Q条例"和金融脱媒现象推出，成为自下而上的改革	1979年由政府主导推出，成为自上而下的改革
推出阶段	存款保险制度建立之后、利率市场化完成之前	存款保险制度建立之后、利率市场化完成之前
管制内容	限制较少，初期利率受到定期存单上限的限制，1973年全面取消利率限制	没有利率管制，但初期受到面额和期限的管制，然后逐步放开
监管者	美联储、联邦保险公司	日本银行
发行方	存款型金融机构	存款型金融机构
发行对象	机构、工商企业和个人	企业和地方政府机构
大额存单占存款比例	推出时为10%，峰值达到20%～25%，目前为15%～20%	一直较低，峰值仅为7%～8%，目前仅为5%左右
二级市场	市场力量建立，由商业银行直接主动发起	行政力量建立，由大藏省和商业银行发起

资料来源：笔者整理。

一是推出的背景不同。美国大额存单的推出实际上是一次自下而上的改革，是

商业银行迫于同业竞争和监管压力而自发创新的负债型金融工具。而日本大额存单的推出是政府主导引入的，是自上而下完成的改革。

二是初期对大额存单的管制内容不同。美国于1961年推出大额存单时，利率受到"Q条例"的限制，随后逐步取消利率限制，到1973年美国已全面取消了对大额存单的利率限制。日本在1979年引入大额存单之初就没有实行利率限制，而是对大额存单的面额和期限方面进行管制，随后根据改革进程逐步降低发行额度和期限的限制。

三是发行的对象有所不同。美国直接金融市场发达，非银行金融机构的资金来源充足，大额存单的发行对象既包括机构也包括工商企业和个人，但主要是机构投资者。而日本金融市场发育程度较低，银行是绝对的交易主体，初期投资者主要由企业和地方政府机构构成，金融机构和个人较少。

四是大额存单的规模和在全部存款中的占比不同。美国发行大额存单时已建立起以直接融资为主的金融市场体系，其大额存单是银行自发设计的，所受限制较少，初期发展迅猛，大额存单占存款比例的峰值高达20%~25%。日本是间接融资为主的金融市场体系，银行占据主导地位，其"脱媒"程度和吸存款压力也无小于美国。相应地，日本大额存单的规模和在全部存款中的占比也远低于美国，峰值仅为7%~8%。

五是二级市场的建立过程中，商业银行的主动性不同。美国大额存单的二级市场是由商业银行直接主动发起，依靠市场力量建立的，而后由美联储进行管理。早在20世纪60年代，拥有官方背景的第一波士顿公司即为刚刚推出的大额存单提供二级市场的流转服务。而日本大额存单是由日本大藏省和商业银行共同发起，依靠行政力量建立。

三、美、日两国大额存单发展经验的经验与教训

一是大额存单从管制到放开是一个渐进的过程。

美国大额存单发行以后从管制到放松阶段（1961—1973年），早于存款利率市场化（1973—1986年），晚于存款保险制度的建立（1933年）（见表5）。从首单出现到利率管制完全放开共历经12年，出现后9年即1970年开始放松管制，至1973年全面放开，管制放松顺序是从大额到小额，从短期到长期。

表5　　　　　　　　　　　美国利率市场化历史进程一览表

时间	内容
1933	《格拉斯—斯蒂格尔法案》（*Glass－Steagall Act*，也称1933年银行法案）通过，存款保险制度确立，"Q条例"颁布

续表

时间	内容
1961	花旗银行发行第一张 10 万美元以上的大额存单，规避了利率监管的限制
1970	美联储（FED）宣布取消面额 10 万美元以上、期限在 3 个月以内的大额存单的利率限制
1973	美联储宣布大额存单可以不受 "Q 条例" 规定的定期存款利率上限的限制；解除 1 000 万美元以上、期限超过 5 年的定期存款的利率上限
1978	准许存款型金融机构引入 MMDAs，并可正常支付利息
1980	《存款机构方式管制和货币控制法》颁布，主要内容包括：未来 6 年内分阶段 "Q 条例" 对利率的限制，取消贷款利率上限，所有金融机构均可开设 NOW 账户
1982	准许存款机构引入货币市场存款账户（2 500 美元以上）
1983	准许存款机构引入 NOW，取消所有定期存款的利率上限，存款机构可自行决定 1～30 个月存款利率
1986	取消 NOW 账户的利率上限以及存款账户的利率下限，美国利率市场化改革完成

资料来源：肖欣荣. 美国利率市场化改革对商业银行的影响［J］. 国际金融研究，2011（1）.

同样，日本大额存单引入以后从管制到放松阶段（1979—1993 年），也是早于存款利率市场化之前（1994 年），晚于存款保险制度（1971 年）。其管制放松与存款利率的市场化同时推进，完成则早于存款利率市场化（见表 6）。日本大额存单从首单引入到管制基本放开历经 14 年，推出之初就完全放开了存单利率的管制，从1985 年开始利率市场化实质推进开始，额度和期限管制逐渐放开，放开顺序为从大额到小额，期限品种也随之逐步扩大。

表6　　　　　　　　　　日本利率市场化历史进程一览表

时间	内容
1971 年	存款保险制度建立
1977 年 4 月	日本大藏省准许国债上市流通
1978 年 4 月	日本银行允许银行拆借利率弹性化，票据买卖利率自由化
1979 年	引入大额存单
1985 年 5 月	《关于金融自由化和日元国际化的现状及展望》颁布，主要内容为：大额存单面额下限为 10 亿元，期限由 3 个月降至 1 个月，引入 MMC，逐步降低限额，扩大期限
1988 年 2 月	包括大额存单、短期国债在内的短期交易品种逐渐丰富
1989 年	放松 1 000 万元的小额存款利率
1991 年 11 月	创设小额的市场利率定期产品，产品面额不断降低
1993 年 6 月	废除了面额限制，定期存款完成市场化
1994 年 10 月	除支票存款（禁止付息）外，所有的存款利率均实现市场化

资料来源：国风，林林. 利率市场化分析［M］. 北京：中国财政经济出版社，2003.

二是大额存单的发展受本国政府的监管政策的制约。美国的大额存单发展历程中，1969 年曾出现低谷期。当时的《Q 条例》规定的存单利率上限为 5.5%，远低于当时的国债利率①，这导致当年大额存单发行的数量锐减，二级市场的交易也大幅萎缩。大额存单进入日本金融市场后发展迅速，但是自 1985 年政府对大额存单的面额和期限管制标准进行调整之后，大额存单的发行和交易量迅速萎缩。

三是大额存单的发行表现出明显的亲周期效应。亲周期效应指银行发行大额存单的数量和意愿与经济周期存在正向的反馈机制。根据相关数据测算，美国的大额存单的增速与 GDP 增速的相关系数高达 0.497，远高于活期存款增速与 GDP 增速的相关性（0.02）②。典型案例是 20 世纪 90 年代开始的经济衰退期，由于贷款需求减少、不良上升，再加上资本充足率的要求提高，一些大银行停止了资产扩张，大额存单的发行也因而大幅萎缩。

四是大额存单成功发行均依赖于流动性较好的二级市场的存在。美、日两国均建立了二级市场，制定了相关的交易规则。美国的二级市场则由交易商通过自有账户进行做市。日本大额可转让存单交易主要通过短资公司③代理完成。短资公司（也称资金经纪人）的营业场所本身即为市场，是拆借市场和央行宏观调控操作的中介者。

四、我国大额存单的发展历程及存在的问题

（一）我国大额存单的发展历程

我国的大额存单业务发展较晚，1986 年由交通银行率先引进，随后近 30 年时间里，大额存单发行的历经多次反复（见表 7）。1996 年发行的大额存单的利率在基准存款利率的基础上上浮 10%，可流通转让，集活期存款的流动性和定期存款的收益性于一体，因此受到了投资者欢迎，大额存单市场迅速发展。但当时全国范围内缺乏统一的管理办法，在面额、利率、转让等方面的制度建设甚至曾一度出现混乱。因此，央行在 1989 年 5 月下发了《大额可转让定期存单管理办法》，对大额存单市场进行规范。此后，为了规范高息揽存的现象，央行又根据市场变化将发行利率、期限、发行金额等条款了几次修改。由于当时通胀水平较高，大额存单几乎无利率优势，并且大额存单市场出现了许多伪造、诈骗的犯罪行为，中央银行最终于 1997 年暂停审批银行的发行申请，大额存单业务实际上已完全暂停。

---

① 当时的 3 个月、6 个月、1 年国债的平均收益率分别高达 6.67%、6.86% 和 7.12%。
② 熊启跃，张依茹．美国大额可转让存单市场的发展及启示［J］．国际金融，2014（3）．
③ 日本央行规定，只有短资公司和金融机构的分支机构，才具有经营大额存款的资格。

表7　　　　　　　　　　　　　我国大额存单发展历程表

时间	主要事件	评价
1986 年	交通银行首先引进和发行	我国首次推出大额存单
1989 年	央行首次发布《大额可转让定期存单管理办法》	大额存单在全国推行
1990 年	为防止高息揽储，央行下达通知，发行对象为企事业单位的大额存单，利率等同于同期存款利率，向个人发行的可上浮 5%	此政策出台后，大额存单已无利率优势，发展停滞
1996 年	央行重新修订《大额可转让定期存单管理办法》，对利率、期限、发行金额等进行明确	无统一市场，仍有许多伪造、诈骗的犯罪行为，情况不容乐观
1997 年	暂停审批银行的发行申请	大额存单业务实际上已全部暂停
2010 年	工行纽约分行在美国市场推出首单大额存单	大额存单业务可能重回国内
2013 年	《同业存单管理暂行办法》公布	国内大额存单即将重启
2015 年 6 月	《大额存单管理暂行办法》的出台，九家发行人推出首批大额存单	国内大额存单市场重启

资料来源：笔者根据媒体信息整理。

总结当时我国大额存单发展遇挫的原因如下：

一是法律规定不明确，业务创新未结合我国国情。大额存单业务涉及《票据法》和《大额可转让定期存单管理办法》，这些法规的条款细则往往不够清晰，实际操作性不强，导致后来市场的无序发展。此外，在产品的最初设计上基本照抄国外模式，忽略了我国的具体国情，没有对存单流通转让等细节进行再创新，从而导致了此项业务的发展遇挫。

二是未形成统一的交易市场，存单转让存在困难。我国虽然对大额存单转让的相关内容进行了规定，例如规定经营证券交易业务的金融机构可以办理大额存单转让业务，并对其买卖价差和手续费的上限进行了规定，但由于当时国内次级证券市场还没有完全形成，居民参与度不高。同时，大额存单的转让不便捷也为不法分子提供了业务漏洞，引发了伪造大额存单、欺诈和倒买倒卖等行为。

三是利率市场化条件还远未具备。央行为了防范高息揽存问题，对大额存单的利率进行严控，导致大额存单的利率优势尽失。由于央行进行的利率管制，大额存单市场的发展实际上已经由监管机构所主导，而并非出自于银行自身经营的需要。

四是金融基础设施落后。例如，根据相关规定，记名大额存单可办理登记挂失，十日后即补发新存单，并且转让时只需买卖双方和证券交易机构进行背书即可生效。但是，受当时的交易系统和技术条件所限，原发行银行无法实时掌握大额存单的转让情况，以致欺诈案件频发。

（二）我国大额存单的重启

随着利率市场化的推进，大额存单重新回到监管层的视线中。2015年6月《大额存单管理暂行办法》（以下简称《办法》）的出台，标志着国内大额存单市场再次打开。同月，九家发行人推出首批大额存单，但在随后的销售过程中遇冷。其主要原因有以下几方面：

一是转让市场未建立，流动性优势无法体现。由于目前无第三方转让平台，大额存单无法转让，且提前支取也有诸多限制，如有的银行仅允许提前支取一次，而且大部分银行规定大额存单如提前支取则按活期计息。这导致大额存单的流动性优势未得到充分发挥。

二是利率无优势。目前，大额存单票面利率为基准利率的1.4倍，而银行存款可以上浮至基准利率的1.5倍，大部分银行上浮至0.3～0.4倍，而理财产品收益率超过了5%，这使得大额存单在收益上无优势。

三是认购门槛较高。《办法》规定的大额存单的认购标准为，个人最低30万元，机构投资者最低1 000万元。相比之下，银行理财和定活期存款一般无此门槛。

五、美国和日本经验对我国的启示

（一）大额存单利率管制的放开需要循序渐进。可借鉴美、日两国的经验，为防止商业银行存款的过度转移，初期对大额存单的利率、额度和期限等方面加以适当管制，再逐步放宽利率的浮动幅度以及对面额、期限等方面的限制，最终实现管制完全放开的目标。

（二）尽快实现大额存单二级市场的高流动性。目前对大额存单的流动性安排，是通过存单的提前支取来实现。此举可能导致银行不易控制存款规模，对其负债管理提出了挑战。应尽快研究出台市场转让的相关办法和交易规则，允许大额存单进入银行间债券市场，除了发行银行不能回购外，市场上所有其他银行及金融机构均可从事现券交易和回购交易；在此基础上，引入做市商制度，逐步统一建立国内流通市场。

（三）实行扶持政策，免缴或少缴存款准备金。发行大额存单是否要缴存款准备金，各国规定并不相同。其中，自20世纪90年代以来，美国商业银行所发行的大额存单不用缴纳存款准备金。由于我国存款准备金的缴存并没有按存款种类进行区分，大额存单的缴存比率与活期存款趋同。从扶持的角度来看，目前我国可实行大额存单不缴纳或少缴纳存款准备金的优惠政策。

（四）推动金融监管的改革。大额存单会加剧存款市场的亲周期效应，将会增加银行体系的系统性风险。因此，监管层应积极推进逆周期宏观审慎监管，采用逆周期风险损失拨备、逆周期资本缓冲等工具来"熨平"亲周期效应；同时，针对大额存单推出后银行负债结构产生的新变化，积极优化现有的流动性监管指标，推进《巴塞尔协议Ⅲ》中流动性覆盖率和净稳定资金比例的使用。

参考文献

［1］国风，林杖．利率市场化分析［M］．北京：中国财政经济出版社，2003年．

［2］陈晓东，谢彬彬．重启我国大额存单的经验借鉴及发展展望［J］．农村金融研究，2015（3）．

［3］王瑱，雷曜．日本利率市场化改革的路径及效应［J］．中国货币市场，2012（9）．

［4］黄金老，薛洪言．大额存单发行后的经营策略［J］．中国金融，2015（12）．

［5］孙良涛．扩大大额存单发行主体［J］．中国金融，2015（12）．

［6］宋宇阳．增强大额存单流动性［J］．中国金融，2015（12）．

［7］纪敏，张翔．大额存单重启与市场利率化［J］．中国金融，2015（12）．

［8］王佃凯．境外大额可转让存单的发展与特点［J］．银行家，2014（3）．

［9］熊启跃，张依茹．美国大额可转让存单市场的发展及启示［J］．国际金融，2014（3）．

［10］游春，胡才龙．关于我国重新启动发展［J］．大额可转让定期存单市场的相关问题研究［J］．福建金融管理干部学院学报，2011（10）．

［11］肖欣荣．美国利率市场化改革对商业银行的影响［J］．国际金融研究，2011（1）．

新资本协议对商业银行贷款定价的影响分析

张英男[①]

摘要： 近年来，随着巴塞尔资本协议Ⅲ的发布，我国商业银行也在按照中国银监会的要求逐步推进新资本协议在贷款定价中的应用建设。本文首先从理论的角度分析新资本协议对银行 RAROC 贷款定价方法及定价结果的影响，继而从实践的角度探讨现阶段新资本协议在银行贷款定价中的进展和问题，并提出相关建议。

关键词： 巴塞尔新资本协议　贷款定价　内部评级法

2010 年 12 月 16 日，巴塞尔委员会正式发布了巴塞尔资本协议Ⅲ，并要求各成员国两年内完成相应监管法规的制定和修订工作，2013 年 1 月 1 日开始实施新监管标准，2019 年 1 月 1 日前全面达标。2011 年 4 月，中国银监会发布了我国实施新监管标准的指导意见，我国银行业于 2012 年 1 月 1 日开始执行新监管标准。新资本协议不仅对资本充足率提出了更高的要求，还从三个支柱的层面规范了信用风险、市场风险、操作风险的计量和管理，对商业银行贷款定价带来一定影响。

一、巴塞尔新资本协议在后金融危机时期的主要修订内容

2004 年 6 月，巴塞尔委员会正式公布了《资本计量和资本标准的国际协议：修订框架》，即巴塞尔协议Ⅱ。巴塞尔新协议延续了 1988 年巴塞尔旧协议中以资本充足率为核心、以信用风险控制为重点、突出强调国家风险的风险监管思路，吸收了《有效银行监管的核心原则》中提出的银行风险监管的最低资本金要求、外部监管、市场约束的三个支柱原则，提出了衡量资本充足率的新思路和方法，风险范围涵盖

---

① 作者简介：张英男，现供职于中国人民银行营业管理部。

信用风险、市场风险、操作风险。

随着金融创新的不断涌现，巴塞尔协议Ⅱ秉承的资本充足管理理念受到挑战。2007年美国次贷危机充分暴露出发达经济体的主要金融机构在业务模式、发展战略方面存在的根本性缺陷，以及金融监管方面存在的漏洞。为了应对危机，巴塞尔委员会制定了一系列文件，规定了银行业监管新标准，即巴塞尔协议Ⅲ。三大支柱下监管标准修订的主要重点。

（一）第一支柱中的资本

巴塞尔协议Ⅲ重新定义了资本构成，提升了资本质量；提高了资本框架的风险覆盖范围，特别是对交易账户的风险、资产证券化的风险、资产负债表外工具风险以及衍生产品带来的交易对手风险暴露的覆盖；提高了最低资本要求比率；引入了杠杆率作为资本充足率的补充方法。

（二）第二支柱中的监管标准

巴塞尔协议Ⅲ提出了流动性风险管理的17项原则，完善了金融工具评估实践，提升了压力测试的地位，规定了薪酬原则和标准的评估方法，完善了公司治理原则，并突出了加强跨国监管协调的重要性。

（三）第三支柱中的信息披露

巴塞尔协议Ⅲ提高了信息披露的要求，增加了对六方面信息的披露，分别为交易账户中的证券化风险披露、资产负债表外交易工具信息的披露、内部评估方法和其他资产支持商业票据流动性信息披露、再证券化风险披露、证券化资产评估风险披露以及管道和仓储风险证券化风险的披露。

（四）增加了流动性比率标准并提出逆周期的资本缓冲

巴塞尔协议Ⅲ提出了流动性覆盖比率（短期标准）和净稳定融资比率（长期标准）两项指标，加强流动性管理。为了应对顺周期的问题，巴塞尔协议Ⅲ提出了逆周期资本缓冲工具，用于缓解顺周期效应对宏观经济造成的不良影响。

表1　　　　　　　　　巴塞尔协议Ⅲ主要改进内容汇总表

监管资本	
资本构成项	明确普通股和留存收益是一级资本的主要构成项，核心资本总数中扣减不能吸收损失的构成项；收紧一级资本和二级资本构成项的标准，一级资本必须按照事先设定好的比例来分担损失等。

续表

监管资本	
一级资本比例	最低的普通股比例从"巴塞尔协议Ⅱ"下的2%上升到4.5%，最低的一级资本比例从"巴塞尔协议Ⅱ"的4%上升到6%。总资本比例在增加资本缓冲之前仍是8%，增加保守性资本缓冲要求2.5%，由普通股满足保守性资本缓冲的需要。在信贷增长过快时期增加0~2.5%的逆周期资本缓冲。由普通股满足逆周期资本缓冲。拟对系统重要性银行增加额外的资本要求等。
杠杆比率	一级资本/总暴露≥3%
信用风险	
交易对手信用风险	明确提出银行需要计算由于交易对手信用风险导致的违约风险占用的资本，增加应对场外衍生交易预期的交易对手信用风险盯市损失的监管资本（即"信用估值调整风险"），银行对金融机构的所有非违约暴露采用内部评级法计算信用风险的监管资本时，符合一定条件的情况下，对资产价值相关性系数进行更加审慎的调整。
标准法（不含资产证券化暴露的信用风险）	没有变化
内部评级法	"巴塞尔协议Ⅱ"下采用PD/LGD法的有些股权暴露从一级资本和二级资本中各扣除50%改为按照12.5的风险权重计算风险加权资产。
资产证券化信用风险	
再次资产证券化	列入银行账户的证券化暴露，即使是具有相同外部长期评级或短期评级的结果，与证券化暴露相比，再次证券化暴露的风险权重提高幅度更大；列入交易账户的证券化暴露需要的资本不少于同类列入银行账户的证券化暴露需要的资本。证券化暴露使用外部评级结果时，要求银行满足严格的操作要求，进行尽责调查。不管期限长短，银行对证券化暴露提供的流动性支持承诺的信用转换系数统一为50%。如果使用外部评级结果计算再次资产证券化暴露的风险加权资产，信用转换系数统一为100%。
市场风险	
标准法	没有变化
内部模型法	"巴塞尔协议Ⅱ"规定监管资本计算公式为： Max ¦前一天的VAR值，放大系数×1/60∑之前 i 个工作日计算的VAR¦，放大系数为3。 "巴塞尔协议Ⅲ"规定资本计算公式为： Max ¦前一天的VAR值，放大系数×1/60∑之前 i 个工作日计算的VAR¦ + Max ¦前一天压力情形下的VAR值，放大系数×1/60∑之前 i 个工作日压力情形下计算的VAR¦，其中放大系数最高可以调整为4。
流动性风险	巴塞尔协议Ⅱ下没有全球统一的监管指标，巴塞尔协议Ⅲ提出两项新的监管指标：流动性覆盖率和净稳定性融资率。

二、新资本协议对 RAROC 贷款定价方法的影响

RAROC 贷款定价方法是在贷款信用风险定价模型中引入风险调整函数，将贷款的预期损失量作为当期成本，衡量经风险调整后的收益大小；同时计算银行为缓冲非预期损失而保有的资本金，通过预设资本收益率来决定贷款定价。其定价公式为：贷款利率＝资金成本率×（1－经济资本占用率）＋运营费用率＋预期损失率＋经济资本占用率×风险调整后资本收益率。我国多数大中型银行已经采用该方法对贷款利率进行定价。

信用风险的计量是 RAROC 贷款定价方法的重要组成部分。新资本协议对信用风险的计量提出两种方法。一种方法是标准法，即依靠外部评级机构确定各类风险的风险权重，以标准化处理方式来处理风险加权资产。另一种是内部评级法，内部评级法又分为初级法和高级法，两者之间的区别主要反映在数据的要求上，初级法和高级法的违约概率（PD）都是银行自己估值，但在违约损失率（LGD）、风险暴露（EAD）以及期限（M）数据上，初级法由监管当局确定，高级法则由银行自己估值。内部评级法允许银行采用自身开发的内部评级体系，自己估算与风险资本相关的各类参数。

（一）新资本协议中预期损失（EL）的计算

随着巴塞尔新资本协议在全球范围内的逐步实施，作为新资本协议核心的内部评级法（IRB）将成为银行风险管理和资本监管的主流模式。在内部评级法下，银行贷款的风险特征主要有四个构成因素：借款人违约概率（PD）、债项特定违约损失率（LGD）、债项的违约敞口（EAD）、债项的期限（M）。预期损失（EL）一般定义为 $PD \times LGD \times EAD$，并月一定方式进行期限调整。

1. 违约概率（PD）

违约概率（PD）是指借款人在一定时期内（通常一年）不能按照合同要求偿还本金或履行相关义务的可能性。违约概率是实施内部评级法的商业银行需要准确估计的重要风险要素。巴塞尔协议要求商业银行估计某一信用等级平均违约概率，可采用内部违约经验、映射外部数据和统计违约模型等技术，商业银行可选择一项主要技术，辅以其他技术作比较，并进行可能的调整；针对信息和技术的局限性，商业银行可运用专家判断对估值结果进行调整。

（1）内部违约经验，是指商业银行利用自身积累的数据，进行保守估算平均违约概率。

（2）映射外部数据，是指商业银行将内部评级映射到外部信用评级机构或类似机构的评级，将外部评级的违约概率作为内部评级的违约概率。

（3）统计违约模型。是指对任一级别的债务人，商业银行使用违约概率预测模型得到的每个债务人违约概率的简单平均值作为该级别的违约概率。

2. 违约损失率（LGD）

违约损失率指某一债项违约导致的损失金额占该违约债项风险暴露的比例，代表了违约发生时风险暴露的损失程度。违约损失率的大小不仅受到借款企业的因素影响，而且还同贷款项目的具体设计密切相关，所以影响违约损失率的因素比影响违约概率的因素更多、更加复杂。具体而言，影响 LGD 的因素包括：清偿优先性、抵押品等项目因素、借款企业因素、行业因素和宏观经济因素。最简单的 LGD 估计方法是历史数据平均值法，新资本协议提出了以下三类更加准确的估计方法。

（1）历史数据回归分析法，是根据违约资产的违约损失率历史数据和理论因子模型应用统计回归分析和模拟方法建立起预测模型，将特定项目相关数据输入预测模型中得出该项目的违约损失率预测值。

（2）市场数据隐含分析法，从市场上尚未出现违约的正常债券或贷款的信用升水幅度中隐含的风险信息（包括 PD 和 LGD）分析得出。这种方法要应用复杂的资产定价模型，也需要充足的数据来支持这种复杂的分析。

（3）清收数据贴现法，是通过预测违约不良资产在清收过程的现金流，并计算出其贴现值而得出 LGD。

3. 风险暴露（EAD）

风险暴露，也称风险敞口，是指债务人违约时预期表内和表外项目的风险暴露总额。风险暴露应包括已使用的授信余额、应收未收利息、未使用授信额度的预期提取数量以及可能发生的相关费用等。风险暴露 = 表内风险暴露 + 表外风险暴露 × CCF，CCF 为表外项目信用转换系数，在计算风险暴露时需要考虑风险缓释。

4. 风险缓释工具

风险缓释是通过风险控制措施来降低风险的损失频率或影响程度。风险缓释的作用是降低债项违约时的实际损失，弥补债务人资信不足的缺点。信用风险缓释工具是伴随巴塞尔协议不断修正和改进而不断发展的，特别是在新巴塞尔协议中信用风险缓释技术有相当重要的地位。

新资本协议中对信用风险缓释工具具体内容作了详细阐述：一是明确并扩展了合格抵押品、担保人认定的范围；二是对信用风险缓释技术对资本要求的影响进行了详尽的说明与规定；三是对信用风险缓释技术的风险权重制定了统一的标准；四是对信用风险缓释技术的法律确定性给予了应有的重视；五是对银行做出披露信用风险缓释技术使用情况的要求。

基于新巴塞尔协议的重视，信用风险缓释工具越来越多地应用到银行业，为银行精确计量资本金提供了更好的方法。另外，银行若能够采用更加复杂精确的方法评估信用风险缓释技术对信用风险的影响，那么合格信用风险缓释工具的种类和范围也会扩大。精确的计量方法还可以获得较低的风险权重，从而降低监管资本的要求，激励银行采用先进的风险计量管理技术。

（二）新资本协议对经济资本（EC）的规定

资本成本是贷款定价中另外一项重要成本，根据 RAROC 定价原理，银行需要计量分配到每一笔贷款上的经济资本，并在该经济资本上制定相应的回报要求。经济资本计量包括信用风险经济资本、市场风险经济资本以及操作风险经济资本。

信用风险经济资本计量同样涉及与新资本协议相关的违约概率（PD）、违约损失率（LGD）、风险暴露（EAD）、期限（M）以及风险缓释等风险因子，因此，信用风险经济资本计量与新资本协议密切相关。市场风险经济资本是指基于银行因市场价格的不利变动而使银行表内外业务发生损失所需要的资本。根据新资本协议规定，市场风险计量包含两种方法，一种是标准法，另一种是 VAR 值法。标准法本质上是一种"搭积木"方法，即对银行面临的不同市场风险模块，包含利率风险、外汇风险、股票风险以及商品风险等分别计算风险资本要求，再进行简单加总。VAR 值方法是一种利用现代数理分析技术测量金融风险的方法，利用相关数学模型计算 VAR 值来确定所需要的市场风险经济资本。针对操作风险资本计量，新资本协议也给出了三类方法：基本指标法、标准法和高级计量法，给商业银行提供可操作的参照，为其准确度量操作风险所需要的经济资本奠定基础。

三、新资本协议对贷款价格的影响

（一）风险覆盖范围的扩大和资本充足率的提高会提升贷款价格

在实践中，多数商业银行经济资本的计算是用风险加权资产与资本充足率的乘积推导得出。在新资本协议下，风险覆盖范围在原有信用风险和市场风险的基础上又增加了操作风险，即总风险资产由三部分组成：所有信用风险加权资产和市场风险加权资产以及操作风险加权资产。在资本充足率整体要求不变的情况下，分母的增加意味着有更高的分子要求，经济资本的要求因此增加。同时，新资本办议将核心一级资本充足率从当前的 2% 提升至 4.5%（我国《商业银行资本管理办法》要求核心一级资本充足率不得于5%），一级资本充足率从当前4%提升至6%，这就提高了资本充足率的要求，从而对商业银行提出了更高的资本要求水平。资本成本是贷款定价中一项重要成本，综上可以看出，在新资本协议的风险管理要求下，贷款的资本回报要求更高，需要更高的贷款价格才能弥补，贷款利率价格因此提高。

（二）逆周期缓冲资本要求在信贷过快增长时会提升贷款价格

巴塞尔协议Ⅲ提出逆周期缓冲资本，旨在确保银行业资本要求考虑到其运行所在的宏观金融环境状况。如果监管当局认为某时期的信贷过快增长导致系统性风险的积累，应启动对银行体系的逆周期缓冲资本要求，从而确保银行业有足够的资本缓冲抵御未来的潜在损失。逆周期缓冲资本要求为风险加权资产的0～2.5%，具体要求取决于系统风险累积的程度。当信贷过快增长时，逆周期缓冲资本要求就会启动，银行会面临更高的资本充足率要求，既定额度贷款需要更多的资本予以支撑，在资本回报率一定的情况下，只有提高贷款价格才能覆盖经济资本成本，贷款利率价格由此上升。

（三）内部评估方法的使用会节约资本，从而降低贷款价格

经济资本管理的实施背景和新资本协议的要求是息息相关的。新资本协议的一个重要目标是更好地协调最小监管资本要求和受监管机构的投资组合的真实风险水平，从而避免旧资本协议中"一刀切"的特征。新资本协议的一个重要改变是允许银行在一定程度上使用银行内部资本评估方法来确定所需资本量，这样保证银行资本计量的灵活性。随着新资本协议内评高级法的实施，商业银行风险加权资产量将可在一定程度上得以降低，资本将可获得一定节约，这也有利于贷款价格的降低。

（四）我国《商业银行资本管理办法》对信用风险权重系数的调整对各类贷款价格影响各异

2012年6月，中国银监会根据巴塞尔新资本协议制定并发布了《商业银行资本管理办法（试行）》，对一些贷款的信用风险权重进行了调整。首先，对已抵押房产，在购房人没有全部归还贷款前，商业银行以再评估后的净值为抵押追加贷款的，追加的部分风险权重由原来的50%上调为150%。这种对投资性用途的住房按揭贷款给予惩罚性风险权重的规定会提高相应的贷款价格。其次，将小微企业贷款和个人贷款的风险权重由原来的100%下调为75%，降低了相关领域的信贷成本，从而降低了贷款价格。此外，将"银行可以控制的未使用信用卡额度"的信用风险权重由原来的50%下调为20%，降低了个人消费信贷的成本，从而降低了贷款价格。

四、新资本协议在商业银行贷款定价中的应用进展及问题

新资本协议为各项风险的计量提供了更加科学、准确的方法和依据。我国商业银行正在逐步推进新资本协议在贷款定价中的应用。然而现阶段多数商业银行的贷款定价精细化程度与新资本协议的要求仍有差距，且在贷款定价中推进新资本协议的应用也存在诸多困难。

（一）定价技术和模型有待完善

现阶段商业银行综合化定价在技术上仍存在欠缺，例如对客户的风险计量还不够精确，成本费用的核算难以精确到每笔业务或客户，交叉销售带来的多种产品的综合收益计量还不完善等。此外，有些因素由于未能定量测算，在定价时也未予纳入，因此定价结果可能出现偏差。同时如何适时合理地调整定价模型中的各种参数，使模型的结果更加贴近市场、指导定价也是模型应用的一大难点。

（二）定价基础系统和定价基础数据的支持不充分

多数银行的新资本协议还在实施过程中，PD、LGD以及风险资本等与定价相关的基础系统还在不断升级建设中，各源系统的数据精细化程度还存在不足，数据质量还有待提升。以某股份制银行为例，在系统建设方面，该行启动了数据仓库、风险数据集市、财务会计数据集市等基础系统建设工作，但系统建设密集，系统间的衔接、协调难度较大。在历史数据积累分析方面，该行信用风险量化基础数据建设量相对较大，相关债项与抵押信息在信贷系统中有比较好的保存，但不良贷款损失、清收、诉讼费等损失数据大多数以手工台账形式存在，未完全实现系统化。在内评项目的建设中，该行的基础数据基本能满足非零售内评初级法、零售内部评级法建模数据需求，但在非零售初级内评法下合格缓释认定所需担保数据、高级内评法下违约损失率建模所需清收数据，仍存在一定差距。

（三）多重因素制约模型定价结果在实际中的应用

银行的优质客户议价能力较强，模型定价结果在与优质客户议价时较难实现。此外，市场变化较快，同业竞争激烈，商业银行经常需要在市场份额以及盈利要求之间做出平衡。使得运用定价模型测算出的理论价格难以在现实中得到应用。

（四）部分商业银行项目实施时间紧迫

2018 年是《商业银行资本管理办法（试行）》过渡期的最后一年，届时银行业将进入《办法》完全实施阶段。为按时完成达标工作，部分商业银行设置了较为紧凑的新资本协议实施时间进度表。以某城市商业银行为例，该行拟于 2016 年底前后向监管部门提出信用风险非零售初级内部评级法、零售内部评级法、操作风险标准法实施申请，2017 年底前后向监管部门提出第二支柱实施申请。进展较快的商业银行同业对巴 II、巴 III 采取分阶段实施且已基本完成巴 II 的建设，但该行新资本协议实施启动时间较晚，采取巴 II、巴 III 同步推进方式，项目实施工作量大，时间非常紧迫。

（五）专业人才稀缺

新资本协议项目实施人员需求量大、专业性要求高，需要一批精通商业银行资本和风险管理的复合型人才。对于项目实施时间较为紧迫的商业银行来说，新协议项目建设时间较为集中，对专业人才的需求就显得更为突出。目前各家银行都在同一阶段全面实施监管新标准，对专业人员的需求存在较大缺口，使得人才资源更显稀缺。

五、新资本协议下商业银行贷款定价的应对

新资本协议的实施，一方面可以提升银行全面风险管理能力，赋予风险管理能力强的银行更大的灵活性；另一方面也为商业银行的贷款定价提供了科学定量测算的可能，进而成为商业银行提升精细化管理能力的重要途径。商业银行应从以下方面提高自身的风险定价能力，增强核心竞争力。

（一）树立科学的风险定价意识，建立以风险调整的资本收益率为中心的贷款定价体系

商业银行应以风险调整的资本收益率模型作为定价理论基础，建立涵盖内部资金转移定价、客户综合贡献度分析、多维度内部成本核算、贷款风险管理、资产负债结构分析等多方面信息的贷款定价体系。在定价中还应综合考虑自身经营发展策略、同业竞争态势、市场变化趋势等因素。

（二）建立符合商业银行实际的贷款定价机制

国内商业银行目前普遍缺乏基于风险与收益相匹配的贷款定价战略和目标，需

要尽快探索并形成包括定价策略、定价流程、定价方法、事后评估等一系列工作组成的内部机制，建立贷款定价授权管理、贷款定价动态调整管理、贷款定价监控管理等配套制度，全方位提高商业银行贷款定价管理能力。

（三）加大科技投入，建立、完善风险计量及管理信息系统

科学合理的贷款定价体系需要完善的风险计量及管理系统和准确全面的数据信息，商业银行应借助新资本协议实施的契机，加大科技投入，加大对违约数据库、转移矩阵等方面的基础设施建设，累积内外部的数据库，建立、完善内部评级系统、内部资金转移定价系统、盈利分析系统、经济资本系统、客户关系管理等系统，以提高对资金成本、运营成本、风险成本以及客户综合贡献度等的准确计量，从而实现基于客户关系的综合定价，巩固客户关系，为贷款定价提供科学、高效的系统平台。

（四）加强人才保障，培养专业的贷款定价管理人员队伍

商业银行在夯实贷款定价管理基础的过程中，不仅应注重信息系统及定价方法等"硬件"的开发和完善，还应致力于定价管理队伍建设。应建立由总行、业务管理部门和分行层面定价管理人员组成的定价管理队伍。总行层面管理人员应具备从全局出发，强调战略与定价的结合以及拟定价格政策方案的能力；分行层面管理人员应具备定价政策执行能力以及与当地实际相结合的能力。

（五）积极参与市场利率定价自律机制建设

市场利率定价自律机制是由金融机构组成的市场定价自律和协调机制，旨在符合国家有关利率管理规定的前提下，对金融机构自主确定的货币市场、信贷市场等金融市场利率进行自律管理，维护市场正当竞争秩序，促进市场规范健康发展。商业银行应通过加入并积极参与定价自律机制建设，实现强化自身财务约束，提高自主定价能力，防范经营风险，提升金融服务水平。

参考文献

［1］冯宗宪，郭建伟．银行利率定价原理和方法［M］．中国金融出版社，2008.

［2］陈颖，甘煜．巴塞尔协议Ⅲ的框架、内容和影响［J］．中国金融，2011.

［3］耿明英，耿晓宇，陈钰．巴塞尔协议Ⅲ的主要规定及在中国的实施［J］．对外经贸实务，2011.

［4］章彰．从"巴塞尔协议Ⅱ"到"巴塞尔协议Ⅲ"：改进及对银行业的影响［J］．银行家，2011.

［5］甄士龙．基于《巴塞尔新资本协议》下的我国商业银行贷款定价方法研究［J］．http：//www.docin.com，2008.

评级业的市场化选择：国外经验和国内探索

——基于声誉资本约束的视角

摘要： 近年来，国际信用评级体系发生重大变革，对评级机构的监管趋于加强，但也面临评级机构声誉资本约束机制不健全问题。在国内评级市场，出现了信用评级质量参差不齐和评级机构无序竞争等现象，特别是在信贷市场，评级市场发育遭遇瓶颈。为此，本文以声誉资本理论为基础，对信用评级机构的声誉资本受损、修复、弥补进行分析，探讨如何通过转变评级监管模式，建立评级市场化运行模式配套机制，从而逐步改善我国信用评级机构的市场认可，促进我国信用经济发展。

关键词： 评级业　市场化　选择

一、信用评级声誉资本的基本内涵

早在200多年前，亚当·斯密已经把声誉看做是对经济主体的隐性激励，认为声誉是一种保证契约能够得以顺畅实施的重要机制。1982年，Kreps、Milgrom、Roberts和Wilsin运用博弈论中重复博弈的理论研究声誉问题，开辟了声誉资本研究的新路径，其理论被总结为KMRW定理。从此，经济学中的声誉理论越来越受到人们的普遍关注，而且在各个领域广泛应用。声誉资本理论的主要观点是：在市场经济条件下，存在信息不对称以及道德风险等问题，声誉资本可以提高信息优势方的公信力，由此产生的信任可以降低交易成本。特别是在交易人数不多的条件下，交易双方在多次交易时声誉资本作用能够被充分发挥。在声誉资本的约束下，即使没有政府监管，市场中的交易同样能够顺利进行。

[①] 中国人民银行平凉市中心支行课题组，课题组组长：高国运；课题组成员：齐俊峰、高彩萍。

信用评级市场作为一个典型的信息不对称市场，声誉资本问题自然受到了高度重视。对于信用评级机构来说，信用评级服务得以产生发展并且在金融市场中被监管部门和投资者依赖是建立在其能够获得和维系声誉资本之上的。如果信用评级机构提供的信用评级服务质量不高，那么就会影响它们的声誉资本。若这种现象持续一段时间，信用评级机构的声誉资本就会逐渐降低，市场就会减少对其信用评级服务的需求，最终导致被新的信用评级机构取代。这种声誉资本的约束力量已成为信用评级市场有序运作的基础。

二、信用评级机构声誉资本受损的市场反省

在2008年的金融危机中，信用评级机构的信用评级不但成为引发金融危机的原因之一，还导致金融危机的进一步蔓延和发展。在次贷危机发展过程中，被评为3A级的金融衍生品占到75%以上，即使是高风险的产品，以标准普尔、穆迪、惠誉三大信用评级公司为代表的信用评级机构都给予其2A以上的评价，信用评级掩盖了贷款及其证券化产品的真实风险。出现危机后，信用评级机构又迅速降低该类金融产品和公司的评级，造成资产减记，公司股价下跌，银行不再信任金融公司，不愿意借钱，从而导致公司破产。正是由于信用评级机构的不当评级，使市场投资者对信用评级机构的独立、公正、准确的声誉产生怀疑，不再盲目依赖信用评级机构的信用评级。总结此次金融危机，人们普遍认为，金融危机前一段时期内，信用评级机构声誉资本机制没有有效发挥作用，金融危机中的表现使信用评级机构声誉严重受损。

具体而言，以下情况造成声誉资本机制的受损。

一是信用评级市场供给主体高度垄断。准入门槛较低的自由竞争市场是声誉资本发挥作用的前提，但是这个前提却往往无法满足。如果市场存在垄断现象，无论是买方还是卖方垄断都有可能扭曲信用评级结果，操控评级费用。以次贷危机为例，评级行业三大巨头均为美国的评级机构，它们不仅垄断了美国市场，更垄断了全球市场，其在危机中的表现使得人们对其评级结果的客观性提出了严重质疑。

二是信用评级市场产品趋于复杂化。声誉资本发生作用，需要投资者可随时检验信用评级结果的公正、可靠性，能对评级结果作出迅速而准确的反应，以增进或减损评级机构声誉资本。随着金融创新的发展，金融产品的设计日趋复杂，评级业务越来越复杂，导致投资者难以真正了解金融产品，对评级结果的反馈出现滞后，因而不能迅速地对信用评级机构声誉资本造成影响，这就影响了声誉资本机制发挥作用。

三是市场信号传递机制不完善。通畅的信号传递机制是声誉机制有效运行的必要条件。一方面，信用评级机构信息披露不充分，信用评级机构只提供评级报告和结果，对于与评级过程相关的评级方法、评级流程、评级人员、评级数据、评级收费方式、收费金额等，或者没有公布或者公布得不够详尽。另一方面，由于投资者自身职业、受教育程度等方面的差异造成的认知局限，导致一般投资者缺乏足够的知识和能力来识别评级机构公布的信息，使得评级市场的信号传递缺乏效率。

三、信用评级机构声誉资本机制修复的国外经验与启示

一是需要打破垄断，建立适度有序的竞争市场。金融危机后，业界普遍认为高度垄断导致了信用评级业效率低下、前瞻性不足甚至错漏频出。因此，美国和欧盟开始普遍降低行业门槛、放宽市场准入，促进评级行业的市场竞争。在机构准入方面，美国证监会改革了 NRSROs 认证制度，逐步放宽了准入条件，已经给予 10 家评级机构 NRSROs 认证资格。欧盟也建立了信用评级机构注册制度，截至 2014 年末，通过欧盟注册（37 家）和认证（4 家）的评级机构共 41 家。欧美还积极推动数据信息的公开与流动，促进结构化产品市场准入平等。

二是需要对小规模或新进入的信用评级机构实行扶持政策，建立公正公平的市场秩序。扶持建立良好的信用评级声誉，对于信用评级机构的经营及自律至关重要。由于建立和维持良好的信用评级声誉需要一定的时间和一个较长的过程，小规模或新成立的信用评级机构在声誉资本上处于弱势，与大规模的信用评级机构的竞争不在同一条起跑线上。同时，声誉资本具有可转移性，信用评级机构可以凭借其在某一评级领域的良好声誉，向其他评级领域扩张业务，拥有扩张优势。因此，小规模或新进入的信用评级机构难以与大规模的信用评级机构展开平等竞争。为此，这些新机构就只能采取其他竞争手段，如为抢占市场而采取降低信用评级标准、虚高信用等级、与发行方合谋等恶意竞争行为，从而扰乱信用评级市场秩序。因此，有必要对小规模或新进入的信用评级机构实行行业扶持。美国司法部就建议对新进入的信用评级机构进行扶持，由美国证券交易委员会（SEC）赋予其 12 个月至 18 个月的"全国认可的统计评级机构（NRSRO）"临时地位，以便其进入角色发挥作用。

三是适当地进行监管，有效应对市场失灵行为。信用评级机构在早期是以市场自律为主的，信用评级机构所进行的信用评级会使得其声誉资本增加或减少，在自由竞争优胜劣汰的法则下，信用评级机构自律监管机制充分发挥作用。但是，声誉资本约束下的自律机制也存在重大缺陷，次贷危机的教训说明，从自身利益出发，

让评级机构自身纠错很难。因此，各国在完善信用评级机构相关法律的同时，均成立了专业机构或明确了监管主体，集中了监管资源，强化了政府对评级行业的监管。在监管内容上，涵盖信用评级机构的事前准入监管、事中评级业务监管和事后退出监管。

四是强调信用评级机构的市场自律行为。2014 年，国际证监会组织（IOSCO）对阿根廷、巴西、加拿大、智利、欧盟、日本、墨西哥和美国的 26 个信用评级机构进行调查，调查《信用评级机构的基本行为准则》的哪些内容与当地的监管法律产生冲突，哪些内容是重复的、模糊的和过时的。在调查反馈的基础上，2015 年 3 月，IOSCO 对《基本准则》进行重大修订，以提高《基本准则》的适用性、规范性和统一性。其中，新增了内部控制的行为准则，将公司治理、风险管理和员工培训作为强化行为准则的三大目标之一。通过健全内部控制和增强员工培训来确保信用评级过程的质量，提高信用评级机构的公信力。信用评级机构董事会应确保信用评级机构根据《基本准则》建立、保持、记录和执行公司内部的行为准则。风险管理部门应当独立于内部审计部门，定期向董事会和高管报告，有利于他们评估政策、程序和控制的适当性。员工培训的要求进一步明确，信用评级机构应建立政策、程序和控制来确保定期举行培训，培训内容包括员工的职责、行为准则、评级方法、监管法律、评级政策、程序、内部冲突管理、监管交易工具的持有和交易以及机密信息的处理。

四、我国信用评级业声誉资本风险的差异性

一是市场需求不足导致声誉资本隐形减值。国外声誉风险来自于成熟市场下的垄断方意图通过市场合谋取得超额利润而产生，而国内评级市场恰恰相反，评级机构的市场话语权不强，面临着严重的市场有效需求不足，其业务扩张的增长点更多来自于行政化推动。部分地区仍存在市场划分，评级机构不能自主开展评级业务，被评主体不能自由选择评级机构。以小额贷款公司评级为例，一家评级机构是否能在一个地区从事小额贷款公司信用评级，尚受制于当地主管部门的推动力度。所以，评级机构更多的考虑是获得订单以及完成订单，很难自发地去维护自己的声誉资本。评级机构的生存发展与其声誉基本没有联系，而更多取决于其他。如果这种状况不加以改善，评级机构就不会重视其声誉资本，也难以积累声誉资本，声誉会在市场投票下受损。

二是评级机构存在恐慌性的扩张冲动。目前，信贷市场评级的发展更多依靠行政引导，这种行政创立式的市场需求一旦受特定政策实施周期影响，持续性就难以

保证。同时，我国评级业还面临着国外评级业巨头的渗透竞争，中国评级机构面临着较为明显的弱势后入者格局，市场后入者往往在市场份额的占领中出现"占市场、重营销、轻质量"等影响声誉资本培育的行为。在这种环境下，不少评级机构存在抓住一单是一单的想法，导致了评级活动的短期化，评级结果缺乏实用价值，评级质量缩水，评级业盈利指标的短期繁荣后面带来的可能会是市场的进一步萎缩。

三是评级同质化带来声誉资本的降低。国内评级机构暂未建立成熟成效、具有专业特色和展业差异性的商业运作模式。首先，由于市场潜在的有效需求不足，加上多数评级机构起步晚，产品适用性差，量身定制能力不强，还不能满足市场实际需求，评级机构评级产品适应性不强，技术研发能力不足，评级报告千篇一律，专业性、实用性较差。其次，评级报告不能为金融机构提供其需要的信息和结果。对于银行内部评级缺乏的内容，如大型企业集团的资信状况、关联企业互相出资情况，贷款企业还款来源和担保方式的特别评价，信用叠加和多头开户，对潜在优质中小企业的关注等，外部评级都难以有效补充。最后，技术研发能力不强，评级机构尤其是信贷市场评级机构因为规模小、实力弱，对研发投入不足，也缺少专业的技术研发人员，评级方法、评级指标等多年未变，甚至一套方法通用所有评级业务，对评级相关领域和产品缺乏前瞻性的研究。

四是外部监管和行业监管能力有待提高。在人民银行备案管理的评级机构虽然按照《中国人民银行信用评级管理指导意见》和《信贷市场和银行间债券市场信用评级规范》等文件要求制订了评级质量控制制度和内控制度，但普遍存在执行不力的问题，如实地调查和现场访谈缺乏、内部评审委员会形同虚设、评级作业时间不足、评级报告分析深度不够、风险揭示不充分、评级业务档案不齐全、未开展跟踪评级、统计报备不及时等。在当前监管约束较弱的情况下，信用评级行业的自律机制尚不完善，行业内的人员交流、教育培训不畅，行业执业技术标准和执业规范难以实现统一，评级机构的经营规范性、服务水平难以提高，不利于评级机构开展有序竞争。

五、防范声誉资本受损，维护评级行业规范健康发展的对策建议

（一）进一步完善监管标准

从监管实践看，部分业务标准亟待明确，评级业管理制度尚需进一步完善，以增强可操作性。如评级机构与征信机构业务兼营问题、新设机构如何判定其主营业

务等问题。部分机构打"擦边球"，盈利模式涉嫌违背市场公正性原则，搞虚假宣传，通过连锁加盟形式开展评级业务，对于这些机构是否予以备案，对于实际从事评级业务却不备案的机构如何处理等，尚有待于商榷。此外，社会普遍对备案制与审批制的差别认识不清，评级机构往往将备案当做资质进行营销和开拓市场，一旦评级机构出现问题，引起社会关注，监管部门的工作也会形成一定压力。

（二）开展特色和差异化服务，不断开发满足市场要求的产品，使市场更加接受评级业务，不断提升声誉资本

评级机构要加强评级理论和技术的研究与投入，借鉴吸收国外最新评级理论和技术，逐步完善评级方法和评级体系，加强数据库建设，注重数据积累和相关经验总结，并积极主动加强与金融机构和企业的交流，根据金融机构和企业的需要，加强产品创新，提供有深度的延伸服务，扩大市场深度和服务的广度。关注互联网金融等新兴业态对评级服务的需求，设计开发能够满足不同层次需求的评级产品，探索建立可持续的经营与盈利模式。基于电子商务、P2P网络信贷、网络财富管理等新型业态，以"大数据"、"云计算"等技术为手段，依托和服务于互联网信用交易的新型评级业务模式，应该引起我们的高度关注和深入研究。

（三）完善评级业的质量保障机制，强化声誉资本的约束

评级机构在目前弱势市场下应主动开展质量承诺与违约成本有限度补偿，以加强市场信心。监管部门应加强对被评主体违约率的检验，完善违约率统计标准和方法，督促评级机构提高质量和透明度。对违约率超过监测阈值的评级机构，要求其改进评级方法、评价标准，必要时要逐步公开，强化声誉资本约束。同时，结合我国实践，增加衡量信用评级机构可信度及可靠性标准，如信用评级表现的统计分析比较、重要信用评级用户的评价等，将评级质量的市场反馈与市场准入退出挂钩。通过这些措施，提高信用评级使用方的满意度和信任度，并引导被评级方的黏合度。

（四）加快市场培育，做大评级市场，开展适度竞争

一是积极创造信用产品需求，应鼓励政府部门在政府采购、招投标、项目审批、行业监管、财政资金扶持等方面带头运用信用评级、评估报告等产品，做好信用产品应用的制度安排，发挥政策叠加与导向作用，督促和引导企业参加专业信用评级。二是打破市场壁垒，发挥市场在风险防控方面的基础性作用。金融业应积极引入第三方评级，使其在信用风险研判中发挥重要的参考作用，减少重复评级。三是在现阶段，要进一步严格评级业的准入门槛，避免过多的参与方在市场份额较小的情况

下恶性竞争，引起声誉资本的下降。

参考文献

［1］夏芳．信用评级的声誉资本与付费模式［J］．征信，2013（6）．

［2］姜楠．后危机时代信用评级机构声誉资本分析［J］．征信，2014（11）．

［3］潘功胜．建设发达的中国征信业市场［J］．新金融评论，2014（6）．

［4］王晓明．构建多元化的征信市场主体［J］．中国金融，2014（23）．

［5］葛志苏．互联网金融背景下征信业市场化发展研究［J］．武汉金融，2014（12）．

［6］叶谢康．我国征信业发展轨迹与市场化路径选择［J］．福建金融，2014（2）．